평도공(平度公) 박은(朴訔) 연구

평도공(平度公) 박은(朴訔) 연구

朴 贊 洙

경인문화사

머리말

조선 태종조는, 불교 국가였던 고려 왕조가 역성혁명으로 무너지고, 조선의 정치지도이념인 유교(儒敎)는 아직 정착되기 이전의 과도기였다. 고려 말기의 내우외환을 틈타 변방 무장 세력이던 이성계(李成桂)가 신유학(新儒學; 性理學)을 접한 일부 신흥사대부들의 지원을 받아 역성혁명에 성공하기는 했으나 그는 불교이념이 지배하던 고려시대 사람이었고, 자신도 유학과는 거리가 먼 무인(武人)으로 독실한 불도(佛徒)였기 때문에 신유학이라는 이름으로 고려 말기에 유행하기 시작한 성리학에 대한 이해도 깊을 수가 없었다.

따라서 정도전(鄭道傳) 등 몇몇 개국 공신들에 의해 성리학이 새로운 왕조의 정치지도이념으로 채택되기는 했으나 유교 철학에 따른 정치기구의 개편이나 통치체제의 정비는 곧바로 이루어지지 못하여 고려 말기 체제가 그대로 계승되었다. 따라서 통치조직 또한 고려 말부터 계승되어 온, 국가 최고 정책 결정 기구인 도평의사사(都評議使司)에 의해 국정이 운영되고 있었다. 도평의사사는 '모든 군국 기무(軍國機務)를 평의한다.'는 명칭 그대로 수십 명의 재신(宰臣)과 추신(樞臣)들로 구성된 합의체로서 군국대사는 물론 일반 국정에까지 관여하게 되니 능률적인 국가 운영이 불가능하였다. 이는 개국 초기의 불안한 정세 하에서 정치·사회적 안정이 급선무로 새로운 국가에 걸맞은 정치체제 개혁에는 미처 손을 쓸 수가 없었기 때문이었다.

1·2차 왕자의 난을 통해 권력을 장악한 조선 제3대 임금인 태종 이방원은 말하자면 수성(守成)에 해당되는 군주였지만, 그 자신이 조선 왕조 창건에 결정적인 역할을 담당하였고, 획득한 왕위도 순탄한 과정을 거쳐 얻어진 것이 아니라 두 차례에 걸친 피비린내 나는 골육상잔을 통한 정변의 결과물이었다. 따라서 태종의 집권 과정은 창업 군주 못지않은 간난(艱難)의 연속이었다. 왕위를 차지하기 위해서는 골육상잔의 비극도 피할 수 없다는 권력의 속성을 체득한 태종은, 건국 초기의 임금 자리가 얼마나 취약한 것인 줄도 알게 되었고, 왕권을 유지하기 위해서는 어떠한 인정(人情)에도 흔들리지 말아야 한다는 무자비한 권력의 속성도 잘 알았다. 때문에 그의 권력에 대한 집착은 거의 병적일 정도였고, 그 결과 그가 채득한 신념은 더 이상 권력 쟁탈의 악순환이 되풀이되어서는 안된다는 것이었다.

태종의 미래 정치 구상은, 왕위가 안정적으로 순조롭게 계승되고 이렇게 구축된 강력한 왕권을 통해, 고려 말기부터 내려오는 폐정(弊政)을 일소하고 조선을 유교 통치이념 국가로 만드는 것이었다. 이를 위해 우선적으로 해야 할 일은, 당초 당(唐)·송(宋)의 정치 체제를 모방한 고려의 정부조직이 무신정권과 몽고 간섭 기를 거치면서 산만하고 비효율적인 형태로 바뀌게 되었는데, 이 낡은 통치 기구를, 의정부와 육조(六曹) 중심으로 개편하는 것이었다. 태종은 즉위 직후, 도평의사사를 의정부로 개편하고, 문하부(門下府)를 폐지하고 육조(六曹)를 승격, 강화하여 의정부·육조 중심 체제를 구축함으로써 국왕 중심 국가 경영 체제는 대략 갖추어지게 되었다. 이러한 일련의 조치는 태종이 일관되게 추진한 정책으로 그것은 후일의 《경국대전(經國大典)》 체제의 골간(骨幹)이 됨으로써 조선 왕조 오백년의 기틀이 되고 왕권 안정도 이룩할 수 있었다. 이 과정에서 태종의 생각에, 조금이라도 정책 수행에 장애가 될 요소들은 가차 없이 제거되었다. 이로 인해 태종은 후세에 권력욕의 화신(化神)처럼 비춰지기도 한다.

이런 야심만만한 태종 치하에서는 변함없는 국정의 파트너로서 시종일관 자리를 보전한 신하가 별로 없었다. 왕권 강화에 걸림돌이 된다면 과거의 어떤 공로나 인연도 고려되지 않았다. 여기에는 개국공신이나 친인척(親姻戚)도 예외일 수 없었고, 오히려 그들이 더 가혹한 처벌을 받는 경우가 많았다. 왜냐하면 그들이야말로 국왕과 지근(至近) 거리에 있어 정권을 변동시킬 수 있는 가장 현실적인 위험 집단이 될 가능성이 높았기 때문이었다. 그리하여 태종의 집권에 강력한 후원 세력이었던 민무구(閔無咎) 등 처남 4형제를 비롯하여 사돈인 심온(沈溫)과 동방 급제자였던 병조판서 박습(朴習)은 죽음을 당했고, 공신 중의 공신이라 할 수 있는 이숙번(李叔蕃)을 필두로 이무(李茂)·조희민(趙希閔)·윤목(尹穆)·유기(柳沂)·이지성 등 수많은 공신이나 중신들이 죽음을 당하거나 귀양을 갔다. 공을 이룬 후 이를 끝까지 함께 공유하며 천수(天壽)를 누리기 어렵다는 사실은 동서고금의 역사가 증명하고 있다.

그런데 태종 재위 기간 동안 친인척도 아니면서 시종여일 임금의 신뢰와 은총을 받으며 자신의 정치적 경륜을 소신껏 펴고 천수를 누린 네 정승이 있었으니, 곧 개국공신 조준(趙浚)과 남재(南在), 정사공신(定社功臣) 하륜(河崙), 좌명공신(佐命功臣) 박은(朴訔, 1370~1422)이었다. 태종은 중요한 정치적 자문을, 초·중기에는 조준과 하륜에 의지했고, 말년과 태종이 상왕으로서 실질적인 국가 권력을 좌우했던 세종 3년까지는 박은을 전폭적으로 신뢰하였다. 세종 4년 5월 9일, 전년 말에 좌의정을 사임하고 금천부원군(錦川府院君)으로 물러나 있던 박은이 병사하자 당시 사관(史官)은 졸기(卒記)에 이렇게 썼다.

> "〈세종〉 3년 12월에 병으로 의정(議政)을 사임하고 부원군(府院君)으로 자택에서 요양하였는데, 병이 깊어지자 태상왕(太上王; 태종)이 약을 보내어 문병하고, 또 계속하여 내선(內膳; 궁중 음식)을 내리고, 또 내옹인(內饔人; 궁중 요리사)을 그의 집에 보내면서 명하기를, '조석 반찬을 그가 원하는 대로 해 주되, 내가 먹는 것이나 다름없게 하라.' 하고, 태상왕 자신이 병환 중에 있으면서도 오히려 환관을 보내어 문병하게 하였다.……박은은 식견이 밝고 통달하며, 활달하고도 너그러우며, 의논이 확실하였다. 내외의 직을 역임하여 업적이 심히 많았는데, 태상왕[태종]이 크게 소중히 여겨, 큰일을 의논할 때에는 반드시 그를 참어시켰다."

위의 기사는 태종조 재상의 졸기 중 조준(趙浚)·하륜(河崙) 다음으로 장문(長文)인 1천 4백여 자에 이르는 박은 졸기(卒記)의 일부인데, 태상왕(太上王)인 태종(太宗)이 박은을 어떻게 대우했는가를 단적으로 말해 주는 대목이다. 위의 인용문에서 보는 바와 같이 태종의 박은에 대한 대우는 여느 군신(君臣) 관계에서 볼 수 없는 파격적이고 융숭한 것이었다.

태종은 마키아벨리의 군주론이나 한비자(韓非子)의 법가(法家) 사상의 전범(典範)처럼 보이는 군주인데, 그가 정권을 쟁취한 과정을 살펴보면 그의 권력에 대한 집착은 체질화된 것일 수밖에 없다. 이러한 태종이었지만 모든 국정을 독단으로 처리한 것은 아니어서 태종에게는 시기마다 의존한 인물이 있었다. 물론 자신이 정권을 잡는 데 헌신적으로 기여한 공신에 대한 특별한 예우야 당연한 것이었겠지만, 앞에서 언급했듯이 수많은 공신과 중신들이 사사(賜死)·폄출(貶黜)·투옥 당하는 상황에서 대소 국정을 함께 의논하면서 유종의 미를 거두기는 힘들었던 것이다. 그런데 박은은 시종여일 태종의 신임을 받다가 마지막에는 금천부원군(錦川府院君)에 녹훈되어 향수 53세로 생을 마감했고, 태종 또한 그 이튿날 56세로 승하했으니, 두 군신 관계는 가히 운명적이라고 할 만하다. 실제 태종 치세 20여 년을 통해 공신으로서 최고의 신임을 받아 시종이 여일했던 이는 하륜(河崙)과 박은이었다.

그런데, 태종과 박은의 특수한 관계를, 인물평에서는 "박은은 상대의 마음을 헤아려 서로 합치되게 하는 능력[揣摩]이 있었기 때문"이라고도 했다. 물론 대인 관계에서 상대의 마음을 헤아리는 것은 중요하다. 특히 신하의 운명이 임금의 말 한 마디나 기분에 좌우되는 전제정권하에서는 더욱 그렇다. 때문에 천자문(千字文)에도, "벼슬살이할 때는 '깊은 물가에 있는 듯, 얇은 얼음을 밟듯[臨深履薄]'이 하라."는 말이 있다. 그러나 이것 만이었다면 박은은 일개 아첨꾼 신하에 불과했고, 태종은 용렬한 군주의 이름을 면하지 못했을 것이다. 두 군신 간에는 보다 고차원의, 국가를 경륜하는 데 필요한 컨센서스[合致點]가 있었기에 변함없는 신뢰가 계속 유지될 수 있었던 것이다. 실제로 박은은 백성을 사랑하는 애민정신(愛民精神)을 바탕으로 백성을 위한 위민정치(爲民政治)를 자신의 정치 철학으로 삼아, 조세 경감(輕減)과 백성 진휼(賑恤), 인명을 중시한 형률제도(刑律制度)의 개선 등 무한한 인간애(人間愛)와 원대한 국가 경륜(經綸), 탁월한 정치 실무 능력 등에서 타의 추종을 불허하였다. 이 때문에 권력욕에는 무자비했지만 국가 경영과 애민사상만은 투철했던 태종의 마음을 사로잡았다. 이러한 두 군신 간의 의기투합으로 박은의 정치 경륜은 상당 부분 정책에 그대로 반영되어 건국 초기의 나라 기틀을 잡는 데 크게 기여하였다. 흔히 세종이 설치한 것으로 알고 있는, 세종조 문화의 산실(産室)인 집현전(集賢殿)도 실은 박은의 건의에 의한 것이었다.

그럼에도 불구하고 박은에 대해서는, 태종이나 태종대의 정치를 논하면서 곁가지로 언급했을 뿐, 그의 정치 경륜이나 치적에 대한 연구는 전무한 실정이다. 특히 야사(野史)에서 흔히 운위되는, "박은의 넓은 도량으로 유량(柳亮)을 구원하여 유량이 감복했다."든가, 세종(世宗)의 장인 심온(沈溫)이 죽으면서 "우리 후손들은 반남 박씨(潘南朴氏)와 혼인하지 마라."고 유언하여 두 가문이 견원지간(犬猿之間)이 되었다든가, "박은은 태종의 신임 하에 오랫동안 정권을 맡아 권력을 휘둘렀다."든가, 박은은 "재상으로서 자기의 이해가 걸린 노비 문제에 지나치게 집착했다."든가 하는 다소 부정적인 인식만이 전해질 뿐이다. 이 책에서는 당시 사실의 일차적 기록이라고 할 수 있는 실록 등 실증 자료를 토대로 박은의 선세(先世)와 생애, 그 정치 경륜과 치적을 살펴보고자 한다.

제1장에서는 먼저 반남 박씨(潘南朴氏)의 득관(得貫) 유래와 선계(先系)를 고구(考究)하여 그 연원(淵源)을 밝히고, 고려 말 우왕 즉위 초의 복잡하고도 미묘한 국내외 정치 상황 하에서 시종 친명배원(親明背元) 정책을 고수하다가 44세의 젊은 나이로 생을 마감한 아버지 반남공(潘南公) 박상충(朴尙衷)의 시문(詩文)을 통해 조선조에서 그 위상(位相)이 고양(高揚)된 이유와 경위를 살폈다. 따라서 이 장은 자료가 영성(零星)하여 독립 연구서를 꾸릴 수 없는 반남공(潘南公)의 생애가 되겠다.

제2장은 6세에 양친을 모두 여읜 고아의 몸으로 누구의 손에 양육되어 학문을 닦고, 과거에 급제하여 출사(出仕)한 후에는 역성혁명과 1·2차 왕자의 난이란 격변기를 거치면서 태종 이방원과의 인연이 어떻게 맺어졌는지를 검토했다. 그리고 태종이 즉위한 뒤에는 임금의 변함없는 신임을 받아 급기야는 재상의 지위에 올라 세종 3년 말까지 그 정치 경륜이 조선 초기 정치에 어떻게 투영되었는가를 일별(一瞥)하였다.

제3장은 그 시문(詩文)을 통해 본 조은의 정치사상을 검토하고, 성리학의 성립과 전래 과정을 약술(略述)하였고, 제4장에서는 애민사상에 입각한 위민정치(爲民政治)의 구체적 사례와 치적을 통해 그 정치 경륜을 사례 중심으로 서술하였다. 그리고 5장에서는 야사(野史)에서 전해지는 조은의 부정적 기록인 노비 소송 문제와 청송 심씨(靑松沈氏)와의 문제를 실증적인 자료를 통해, 관련 설화의 실체를 구명함으로써 박은에 대한 올바른 이해에 접근하고자 하였다.

선조를 기리는 것은 사손으로서 그만 둘 수 없는 일로, 선조의 사적과 덕행을 드러내 밝히지 않는다면 불인(不仁)이라고 하였다. 그러나 지나치게 미화하여 타인의 기롱(譏弄)을 받는 것도 옛사람들이 경계한 바이므로 역사학도로서의 객관성을 유지하려 노력했고, 일반 독자를 위해 존칭도 생략했다. 그러나 아무래도 후손 독자가 많을 것이므로 본서의 주인공 두 분은 반남공(潘南公)과 조은(釣隱)으로 표기하였다.

내 필생의 과업이란 생각에 80이 가까워 일을 시작했으나 책을 마무리하기까지에는 어려움이 많았다. 나이가 드니 몸이 말을 듣지 않아 오래 책상에 앉아 있을 수도 없고 눈도 침침하여 방대한 자료를 검토하기가 쉽지 않았기 때문이다. 이러한 처지의 나에게 큰 도움을 준 것은 반남박씨 대종중(大宗中) 전 종사역(宗史役; 朴太緒)께서 《조선왕조실록》에서 조은(釣隱) 관련 자료를 빠짐없이 찾아 출력해 놓은 자료집이었다. 물론 사료(史料)로 인용하기 위해서는 원문(原文)을 하나하나 대조하는 과정을 그쳐야 했지만, 그 자료집이 없었다면 훨씬 더 많은 시간과 노력을 소모했을 것이기 때문에 본서의 저술은 그만큼 늦어졌을 것이다. 이점에 대해 깊이 감사드린다.

차 례

머리말

제1장
가계(家系)와 선대(先代)

Ⅰ. 박은(朴訔)의 선세(先世) 가계(家系)

1. 반남박씨(潘南朴氏)의 득관(得貫)

한국에 현존하는 40여개 본관(本貫)의 모든 박씨(朴氏)는 신라 시조 박혁거세(朴赫居世)에서 비롯되었다고 한다.《삼국사기(三國史記)》에는 박혁거세 거서간(朴赫居世居西干)으로 표기되어 있는데, 통설로는 "둥근 박 같은 것에서 나왔기 때문에 성을 박(朴) 씨로 했고 이름이 혁거세라고 했다."는 것이다. 그러나 이는 후대에 붙여진 중국식 성명 풀이로, 당초에는 성(姓)이란 것이 없었고 이름만으로 통했다. 이를 풀이하면, 박(朴; 朴→밝다)과 혁(赫; 빛날 혁)은 '밝다'의 음[朴]과 뜻[赫]이 중첩된 것이고, 거세(居世)와 거서(居西)는 발음이 비슷한 상사음(相似音)이 겹쳐진 것이며, 간(干)은 임금이나 군장(君長)을 뜻하는 퉁구스어의 칸[干; 징기스칸 등]에서 유래한 것으로 "태양같이 빛나는 거세(居世) 임금"이라는 의미로 이름이 거세이다.

고대에는 성이 없이 이름만으로 통용되었으니 우리도 예외가 아니었다. 삼국시대를 전후한 시기에 한자와 중국 문화가 본격적으로 전래되면서 여러 주요 씨족들이 중국식 성을 갖게 되었는데, 여기에는 중국에서 귀화한 성, 중국 성씨를 모방한 성도 있지만, 남쪽에서 왔다고 해서 남씨(南氏)로 성을 삼았다든지, 통일신라 말기의 해상왕(海上王) 장보고(張保皐)와 같이 자신의 이름자인 궁복(弓福)을 파자(破字)하여 활궁(弓)이 들어간 장(張; 중국의 大姓)을 성으로 삼고 복(福)을 연음(延音)하여 보고(保皐)로 했다는 등 그 유래가 다양하다.

혁거세왕 후손들도 '밝다[赫]'에서 취음(取音)한 박(朴)으로 성을 삼았다. 따라서 박씨는 중국식 성(姓)을 모방하지 않은, 동이족(東夷族) 고유의 성씨가 되었다. 신라는 시조왕 이후 석씨(昔氏)를 거쳐 김씨(金氏)에게로 왕위가 넘어갔지만, 박씨는 왕비족의 지위를 계속 유지함으로써 남녀의 권한이 거의 대등했던 신라 일대(一代)를 통하여 왕족으로서의 위상에 변함이 없었다. 이러한 사실은 신라 말기에 세 명의 박씨 왕[神德·景明·景哀]이 등장한 데서도 알 수 있는데, 이는 모계사회(母系社會)의 유풍(遺風)이 온존(溫存)하여 모계 혈통도 부계(父系) 못지않게 중요시되었기 때문이다.

박씨들은 신라 하대(下代) 이후 한반도 각지에 흩어져 살게 되었는데, 반남 박씨(潘南朴氏)는 고려 후기에 나주(羅州) 반남현(潘南縣)의 호장(戶長)을 지낸 박응주(朴應珠)를 시조로 삼는다. 고려 중기까지 왕족의 후예(後裔)나 귀족 등 지배 계층을 제외한 일반 백성들은 대부분 성이 없이 이름만으로 살았으니, 당시는 이름만으로도 생활에 아무런 불편이 없는 시대였기 때문이다.

또 성이 있는 이들도 본관(本貫)을 칭하게 된 시기는 씨족마다 달랐다. 이들이 고향에만 거주하는 한, 본관, 즉 관향(貫鄉)이란 것을 필요로 하지 않았으니, 나주(羅州)에 살면서 "나주에 사는 누구요."라고 자신을 소개할 필요가 없었기 때문이다. 그러나 이들이 중앙 관계(官界)에 진출하거나 객지에서 타인과 상대할 때, 혹은 관(官)에 자신의 신분을 밝히려 할 때는 자연히 자신을 "반남에서 온 박가요." 혹은 "경주에서 온 김가요." 하면서 자기소개를 할 필요가 있어 반남 박씨·경주 김씨 등의 호칭이 생기게 되었고 여기에서 관향이 비롯되었다.

여러 박씨들은 대부분 고려조에 득관(得貫)했는데, 반남 박씨가 밀양(密陽)·죽산(竹山)·순천(順天) 등 박씨 들에 비해 득관이 다소 늦은 까닭은 중앙 관계 진출이 고려 말기에야 이루어졌기 때문이다. 단언할 수는 없지만, 반남 박씨도 아마 2세(世; 及第公 朴宜) 때 가장 먼저 관향을 사용했을 것이다. 급제공으로 통칭되는 것으로 보아 과거(科擧) 급제 이력의 소유자임을 알 수 있는데, 과거에 응시하려면 응거자(應擧者)의 신분을 밝히는 서류에 반남이라는 출신지[貫鄕]를 반드시 기재(記載)했을 것이기 때문이다.

이렇게 반남에 사는 박씨 일족은 2세 박의(朴宜) 때에 비로소 그 존재를 중앙에 드러내게 되었고, 고려 공민왕 22년(癸丑年, 1373)에 발행된 4세 박수(朴秀; 密直公)의 계축호적(癸丑戶籍, 癸丑戶口라고도 한다.)에 '본은 반남이다.[本潘南]'라고 기록됨으로써 비로소 관향이 등장하게 된다. 물론 여기서의 반남은 '출신지로서의 반남'을 말하는 것이었겠지만, 5세 박상충(朴尙衷; 文正公) 또한 자신의 호를 반남으로 칭함으로써 반남이 본관으로 굳어졌다. 이 계축호적에는 박수 내외의 고(考)·조(祖)·증조(曾祖)·외조(外祖)의 인적 사항이 친가·외가 할 것 없이 동등하게 수록되어 있다. 그리고 출가한 딸이나 시집 온 며느리는 반남군부인(潘南郡夫人) 박씨(朴氏)·화평군부인(化平郡夫人) 김씨(金氏) 등으로 그 본관을 밝히고 있는데, 이것이 조선 후기에는 택호(宅號)라는 이름으로 정착되었다. 이렇게 외외가(外外家)나 출가(出嫁) 여인들의 본적을 밝히는 것 역시 모계사회의 유풍이다.

박수의 증조가 바로 반남 박씨의 시조 박응주(朴應珠; 반남현 戶長)이다. 박응주가 호장을 지냈기 때문에, 동래 정씨(東萊鄭氏)·한산 이씨(韓山李氏)·진성 이씨(眞城李氏)·흥양 류씨(興陽柳氏)·여주 이씨(驪州李氏)·여산 송씨(礪山宋氏) 등과 함께 아전(衙前; 吏) 출신으로서 명문(名門)이 되었다고 하여 조선 시대 '팔리(八吏)' 중 하나로 일컫는다.

다 알다시피 고려 건국 초기는 호족연합(豪族聯合) 정권이었다. 자연 지방 통치도 미숙하여 큰 고을에는 중앙에서 관원이 파견되었지만, 작은 고을은 그 지역 유력 호족들에게 호장(戶長)·부호장, 호정(戶正)·부호정 등의 향직(鄕職)을 주어 지방을 통제하고 부세(賦稅) 징수 등의 책임을 지웠다. 6대 성종(成宗) 대 이후 차차 지방 통제가 강화되면서 중앙 관원의 파견이 늘어났지만 여전히 호장·부호장 책임 하에 놓인 지역도 많아 이들이 실질적인 목민관(牧民官; 守令)이었다. 따라서 이들의 자손은 과거를 통해 품관(品官)이 될 수 있었다. 그런데 조선이 건국되면서 사정이 달라졌으니, 모든 고을에 중앙의 관원을 파견하여 수령에게 사법·행정권을 부여하고, 향직(鄕職)인 호장 이하에게는 행정 실무 역(役; 아전[吏]의 職任)을 맡겨 중인(中人) 신분으로 고착(固着)시킨 것이다. 물론 이들 중 일부는 조선 왕조에 협력하여 사대부 가문으로 승격한 이들도 있었지만, 본향(本鄕)에 그대로 살고 있던 토성(土姓) 성씨들은 거개가 아전 신분으로 고정되었다.

계축호적은 반남 박씨의 관향(貫鄕)이 명시된 최고(最古)의 기록이기 때문에 이를 확대 해석하여 그 후손들은 "우리 반남 박씨는 고려 공민왕 22년(1373)에 밀직공께서 비로소 반남으로 득관했다." 느니, 혹은 더 나아가 "고려 공민왕 때 국가에서 각 성씨(姓氏)에게 본관을 정해 주었다."는 등으로 추단(推斷)하기에 이르렀다. 그러나 득관이란 국가에서 여러 성씨들에게 동시에 일률적으로 부여할 수 있는 성질의 것이 아니요, 반남 박씨가 고려 공민왕 22년에 득관한 것도 아니다. 하지만 이 계축호적은 반남 박씨로서는 유일한 보첩(譜牒)의 근거가 된 것임에는 틀림없다. 물론 그 선대(先代)도 있었겠지만, 보첩을 만들 당시에는 이 계축호적 이외의 다른 증빙할 만한 자료가 없었으므로 박응주를 시조로 삼은 것이고, 방계인 3세 박환무(朴環茂)와 4세 박려(朴麗)가 포함된 것은 이들이 박수의 3촌·4촌으로 촌수가 아주 가까워 다른 문적(文籍)이 없더라도 친족이라는 확인이 가능했기 때문이다. 따라서 이 호적이야말로 반남 박씨 보첩의 근거가 되는 것이다.

앞에서도 언급했지만, 관향이란 지방 출신이 중앙 관계에 진출하게 되자 그 필요성에 의해 형성된 것이라 득관의 시기는 각 성씨에 따라 달랐다. 예를 들면, 경주 김씨(慶州金氏)는 고려 초기에 득관했겠지만, 반남 박씨는 고려 후기, 2세 박의(朴宜) 이후에야 중앙에 그 존재를 드러냈을 것으로 추측되는데, 그렇다고 반남 박씨의 득관이 박의로부터 비롯된 것도 아니다. 반남이란 관향이 공인을 받기까지는 그 후 상당한 시일이 필요했을 것이다. 또 다른 계통의 같은 성씨가 동일 지명을 사용할 때는 국가에서 이를 조정해 주는 경우도 있었으니 반남 박씨의 관향이 반남에서 나주(羅州)로 바뀌었다가 다시 반남으로 환원된 것도 그런 이유 때문이었다.

그리고 계축호적에 박수의 '본관이 반남[本潘南]'으로 되어 있다
고 해서 반남 박씨의 관향이 이때에 고정된 것도 아니었을 것이
다. 그 이유는 박수의 아들이요 박은의 아버지인 5세 박상충(朴尙
衷)이 반남이라는 호를 사용한 사실에 주목할 필요가 있다. 반남
이 관향으로 확정된 뒤라면 박상충이 자신의 호를 반남으로 하지
는 않았을 것이기 때문이다. 물론 여기에는 반론이 있을 수도 있
다. 반남 선생이란 호칭이 최초로 등장한 것은, 박상충이 이인임
(李仁任)의 친원 정책에 반대하다가 고문을 받은 장독(杖毒)으로
유배 도중 운명하자 동지적 입장에 있던 삼봉(三峰) 정도전(鄭道
傳)이 애도하면서 지은 〈반남 선생을 곡하다[哭潘南先生]〉라는 제
문(祭文)인데 이 글을 지은 것이 계축호적의 작성 연대보다 2년 뒤
인 1375년이다. 정도전이 존경하는 선배의 이름을 바로 부를 수
없어 '반남 출신 선생'이란 존칭으로 쓴 것을 후인들이 호로 추정
(推定)한 것이 아니냐는 반론도 나올 수 있으나 이는 그렇지 않다.
고려 말기 신흥사대부 관료들 사이에서는 너도 나도 호를 갖는 것
이 일종의 유행처럼 되었으니, 반남이 호가 아니었다면 필경 박상
충은 다른 호를 사용했을 터이고, 정도전은 그 호를 불렀을 것인
데 다른 호는 보이지 않는다는 사실이다. 호는 자신이 좋아하는
의미나 글자, 고향, 혹은 자신과 연고가 있는 지명이나 글자를 가
지고 만드는 것이 통례지만 관향이 정해진 뒤 자기의 관향을 통째
로 호로 사용하는 경우는 없는 법이다.

그러나 어쨌든 계축호적에 관향이 반남으로 적혀 있으니 그 이
후 언젠가 반남 박씨란 관향이 통용되고 있었던 것임에는 의문의
여지가 없다. 그리고 반남과 나주(羅州)를 오가던 반남 박씨의 관

향이, 조선 태종 13년(1413) 주현(州縣)을 통폐합하면서 반남이 나주에 흡수되자 시조 박응주의 후손들은 자신들의 관향을 말할 때 반남보다 나주가 더 널리 알려진 이름이므로, 후손 박은(朴訔)의 청원에 의해 한때 나주 박씨로 공인을 받기도 했다. 그러나 나주에는 박응주 직계 이외에 나주를 관향으로 쓰는 다른 박씨—사실 이들 박씨는 혈연적으로 반남 박씨와 가장 가까운 박씨였을 것이다.—도 있었으므로 이들과 구별하기 위해 반남으로 환원했는데 이 때문에 현행 인명사전 등에 반남 박씨 인물이 나주 박씨로 표기된 경우가 많다.

2. 조은(釣隱)의 선세(先世)

다음으로 반남 박씨 득관의 기원이 되는 계축호적(癸丑戶籍)의 검토를 통해 그 친인척의 선세(先世)를 알아보자.

　"홍무(洪武) 6년, 공민왕 22년 계축년(1373) 12월 일. 〈개경〉 북부(北部) 상오관산(上五冠山) 3리(三里) 임자년(1372) 호구준(戶口準). 봉익대부(奉翊大夫) 밀직부사 상호군(密直副使上護軍)으로 치사한 박수(朴秀) 나이 78세. 본(本)은 반남(潘南), 부(父)는 진사(進士) 양온령 동정(良醞令同正) 윤무(允茂), 조부는 급제(及第) 의(宜), 증조부는 호장(戶長) 응주(應珠)이며, 외조부는 전중내급사 동정(殿中內給事同正) 오순공(吳順公)으로 본은 화순(和順)이다. 처는 화평군부인(化平郡夫人) 김씨(金氏)로 본은 광주(光州), 장인은 검교 군기감(檢校軍器監) 정(晶), 처조부는 산원동정(散員同正) 종(宗), 처 증조

부는 대상(大相) 립(立)이며, 처 외조부는 급제(及第) 홍석구(洪錫
九)로 본관은 남양(南陽)이다. 장남 상충(尙衷)은 나이 42세, 계사년
(1353, 공민왕2)에 을과(乙科) 제이명(第二名)으로 급제하여 관직은
봉상대부(奉常大夫) 전리총랑 지제교 겸 성균직강(典理摠郞知製敎
兼成均直講)인데, 문효공(文孝公) 이곡(李穀)의 딸에게 장가갔다.
장녀 반남군부인(潘南郡夫人) 박씨(朴氏)의 남편은 중현대부(中顯
大夫) 지정선군사(知旌善郡事) 안길상(安吉常, 常은 祥으로도 씀)
으로 본은 광주(廣州)인데, 갑신년(1344)에 을과 제이명으로 급제하
였다. 차남 상진(尙眞)은 나이 35세, 경자년(1360)에 진사, 을사년
(1365, 공민14)에 을과 제삼명으로 급제하여 관직은 통직랑(通直郞)
기거사인 지제교 겸 성균박사(起居舍人知製敎兼成均博士)이다. 삼
남 상견(尙繭; 뒤에 尙褧으로 개명]은 나이 28세로 사온직장(司醞
直長)이다. 차녀 반남군부인(潘南郡夫人) 박씨(朴氏)는 19세로 남
편은 선덕랑(宣德郞) 장흥고사 겸 성균학유(長興庫事兼成均學諭)
유백유(柳伯濡)인데 본은 서천(瑞川)이며, 기유년 을과 제일명으로
급제하였다."[1]

계축호적은 박은의 조부요, 반남 박씨 4세인 박수(朴秀)가 봉익
대부(奉翊大夫) 밀직부사 상호군(密直副使上護軍)으로 치사(致仕)
한 뒤 1372년(壬子) 현재, 개성 북부(北部) 상오관산(上五冠山) 3리
(三里)에 거주하고 있다는 호구 조사 기록인데, 이를 근거로 이듬
해인 공민왕 22년 계축년(1373, 洪武6년) 12월 어느 날 전사(傳寫)
한 것으로 박은의 조부 박수는 당시 78세였고, 아버지 박상충(朴尙
衷)은 42세로 봉상대부(奉常大夫) 전리총랑이다. 증조 박윤무(朴允

---

1) 반남박씨 세적편(世蹟篇) 4세 (世) 박수(朴秀; 밀직공<密直公>)의 계축호
   구(癸丑戶口)

茂)는 순유진사(諄誘進士)로 양온령 동정(良醞令同正)을 지냈고, 고조부는 급제(及第) 박의(朴宜)며, 반남 박씨의 시조로 호장(戶長)을 지낸 응주(應珠)는 박은의 5대조이다.

고대 인물들 중 별다른 기록이 없는 경우 혼맥(婚脈)과 묘지의 소재 지역은 당사자의 신분과 활동 무대를 추정할 수 있는 중요한 단서가 되는데, 이 계축호적은 반남 박씨의 초기 혼맥 관계 등 당시의 사회상을 유추(類推)할 수 있는 많은 자료를 제공하고 있다. 즉, 본인[朴秀]과 처(妻)의 3대 직계와 외조(外祖), 그리고 아들 3형제[尙衷·尙眞·尙褧]의 당시 이력까지 기록되어 있어 이를 통해 초기 반남 박씨의 신분적 위상과 중앙 관계(官界) 진출 시기를 추단할 수 있음과 아울러 고려시대의 관습을 이해하는 데도 도움이 되는 귀중한 자료이다.

즉, 고려시대 친족제(親族制)는 조선 후기의 '부계 친족제(父系親族制)'와는 다른, 부계(父系) 우위의 '양측적 친족제(兩側的親族制)'로서, 즉, 부계 중심이기는 하지만, 호주와 그 처의 인적 관계가 똑 같은 비중으로 다루어지고 있다는 것이다. 당시에는 인척(姻戚)을 친족(親族)과 동격으로 인식하여 같은 성(姓)이라는 동종(同宗) 의식보다는 촌수가 가까우냐 머냐에 따른 혈족(血族; 조선시대 후기에는 親族을 혈족이라 하였다.) 의식이 훨씬 중요시되었다. 이러한 현상은 단순히 재산의 남녀 균분상속(均分相續)뿐만 아니라 법적 지위도 남녀가 거의 대등했음을 나타내는 것이다.

이 계축호적은 국가 공문서인만큼 그 기록의 신빙성만은 일단 신뢰해도 좋을 것이다. 반남 박씨가 중앙 관계에 출입하게 되는 것은 고조(高祖)인 2세(世) 박의(朴宜)로부터 시작된 듯한데, 박의는 급제(及第)라고는 했으나 <고려예부시등과록(高麗禮部試登科錄)>에도 보이지 않고, 다른 기록도 없어 급제 후 어떤 관직을 역임했는지 더 이상 이력을 찾을 수 없고, 묘소 또한 실전(失傳)되었기 때문에 최종 거주지가 어디였는지 추정할 단서도 없다. 아마 객지에서 미관말직에 근무하다가 생을 마쳤기 때문에 묘소도 실전된 것이 아닐까 하는 추단이 가능할 뿐이다.

반남 박씨 가승(家乘)에 의하면 대개 그 급제 시기를 고려 후기 원종대(元宗代, 1259~1274)로 잡고 있다.2) 다음, 순유진사(諄誘進士)로서 양온령동정(良醞令同正)을 역임한 증조인 3세 박윤무(朴允茂)는 진사로서 양온령동정이란 직함을 받기는 했으나, 다 알다시피 고려시대 동정직(同正職)은 5~6품 이하의 하급 산직(散職)이고, 검교직(檢校職)은 참상(參上) 이상 재추(宰樞) 급의 산직이었다. 산직이란 직무가 없는 명예직으로 특히 고려 말기에는 남발되었으니, 검교나 동정직을 얻었다고 해서 객지 생활을 꾸려갈 경제적 기반은 되지 못했을 것이다. 따라서 박윤무의 주 생활 근거지는 본향인 반남이었을 것이고, 때문에 졸한 뒤 묘소도 고향에 남을 수 있었던 게 아닌가 하는 추단이 가능하다.

박수의 외조는 전중내급사동정(殿中內給事同正)을 지낸 오순공(吳順公)인데 오순공은 화순 오씨(和順吳氏)의 시조이다. 그리고 처(妻)는 화평군부인(化平郡夫人) 김씨(金氏)인데, 처부(妻父)는 검교군기감(檢校軍器監) 정(晶), 처조(妻祖)는 산원동정(散員同正) 종

---

2) 예부시등과록(禮部試登科錄; 許興植著 《高麗科擧制度史研究》 附錄Ⅱ)에는 일부 급제자의 이름이 나와 있으나 박의(朴宜)의 이름은 보이지 않는다.

(宗), 처 증조(曾祖)는 대상(大相) 립(立)이다. 박수의 외조인 오순 공은 동정직, 처부인 김정(金晶)은 검교직(檢校職)을 역임했고, 처 조인 김종(金宗)은 동정직을 역임했으며, 처 증조인 김립(金立)은 향직(鄕職)인 대상(大相)이다.

앞에서 언급했듯이 동정직은 하급 관료, 검교직은 고급 관료에 게 주는 일종의 명예직인 산직으로 정직(正職)이 아니며, 대상이란 직위 역시 호장(戶長)과 같은 향직(鄕職)이니, 본가와 처가 및 처외 가가 지방 호족으로서 문벌(門閥)이 비슷하고, 본가·외가·처가의 거주 지역도 반남·화순·광주 등 인접 지역이었다는 데서,3) 그리 고 윤무의 묘소가 본향인 반남에 남아 있다는 것 등 여러 상황을 종합해 볼 때, 반남 박씨는 3세까지 활동 무대가 본향인 나주(羅 州) 인근 지역을 크게 벗어나지 못했음을 알 수 있다.

그러다가 4세[秀]가 되면 밀직부사라는 고위직[正3品]에서 치사 (致仕)하여 개성에 적(籍)을 두게 되는데 이때부터 박씨가 비로소 중앙 관료로 확고하게 뿌리를 내려 당대 제1의 석학(碩學)인 가정 (稼亭) 이곡(李穀)과 사돈 관계를 맺고, 세 아들과 두 사위가 모두 품관(品官)으로 현요직(顯要職)에 나아가며, 이 중 4명이 급제자(及 第者)로 신흥사대부 가문으로서의 위상을 굳혔음을 알 수 있다.

이상을 정리한다면, 이 계축호적이 반남 박씨 득관(得貫)의 근거 자료가 되었음이 틀림없으니, 그 이유는 이른바 각종 〈반남박씨가승 (潘南朴氏家乘)이란 것도 이 범위를 벗어난 내용이 없기 때문이다.

---

3) 나주를 중심으로 보면 외가의 본향인 화순은 동쪽, 처가의 본향인 화평 (化平)인데 화평은 광주(光州)의 고지명으로 나주의 동북쪽에 있는 인접 고을이다.

당시에는 일반적으로 족보나 가첩(家牒)의 개념도 없어 대다수의 씨족들은 일족의 촌수를 밝히는 보첩(譜牒)도 만들 줄 몰랐을 뿐만 아니라 아직《주자가례(朱子家禮)》도 보급되지 않는 상황이었으므로 부모상도 100일 탈상이 법제화되어 3년 상을 치르는 사람이 있으면 특기할 정도였다. 그리하여 글줄이나 읽을 줄 아는 집안에서도 친가나 외가 할아버지의 이름이나 종조(從祖)나 백숙부(伯叔父)의 이름 정도를 아는 것이 고작이었다.

반남 박씨 또한 당연히 시조 박응주(朴應珠)의 아버지·할아버지도 있었겠지만, 이 계축호적은 증조(曾祖)를 상한(上限)으로 했기 때문에 그 이상은 알 수가 없어 박응주가 시조가 되었는데, 시조의 자세한 이력이나 배위(配位) 또한 알 길이 없다. 그리고 출가한 두 딸을 공히 '반남군부인(潘南郡夫人) 박씨(朴氏)'로 호칭하고 있는 데서 여자도 남자와 같이 출가(出嫁)하게 되면 본관과 성씨를 명기하여 그 소종래(所從來)를 드러내었고, 이것이 훗날 택호(宅號)의 연원(淵源)이 되었던 것이다.

이상을 다시 정리하면, 반남 박씨는 2세 박의(朴宜)가 비로소 개경에 출입하기 시작하다가 관향(貫鄕)인 반남현을 떠나 근기(近畿) 지방으로 이주한 것은 아마도 4세쯤일 것이다. 4세 박수(朴秀)가 중앙 관계(官界)에 진출하여 3품관이란 고급 관료로 재직할 때에, 같은 향리 출신 중 하나인 한산 이씨(韓山李氏) 가문과 과갈(瓜葛; 姻戚)의 관계를 맺게 되어 5世 박상충(朴尙衷)이 당대 일류 석학이었던 가정(稼亭) 이곡(李穀)[4]의 사위가 되고, 22세 때인 공민왕 2년

---

4) 가정(稼亭) 이곡(李穀)의 사위 : 이곡은 도평의사사(都評議使司)의 서리(胥吏)로서 충숙왕 7년(1320) 문과에 급제하고 이듬해 정동성 향시(鄕試)

(1353) 4세 연상의 처남인 목은(牧隱) 이색(李穡)과 동방(同榜)으로 급제함으로써 그 존재를 드러내게 되었다.

반남 박씨는 이렇게 신진 사류들과 인척 관계를 맺어 여말 신흥 사대부 가문으로서의 지위를 굳히게 되었고, 다음 박은이 조선조에 들어와 태종 때에 좌의정을 역임함으로써 드디어 삼한 갑족(三韓甲族)의 반열에 오르게 되어 앞에서 언급했듯이 한산 이씨(韓山李氏)·동래 정씨(東萊鄭氏)·진성 이씨(眞城李氏)·흥양 류씨(興陽柳氏) 등과 함께 8리(吏) 중의 한 성씨로 불리어지게 된 것이다.

Ⅱ. 아버지 박상충(朴尙衷)

1. 반남공 박상충의 생애와 시문(詩文)

(1) 반남공의 환력(宦歷)

조은의 아버지 반남공은 고려 충숙왕(忠肅王) 복위 1년(1332) 공

에 합격했으나 그 이듬해(1322) 회시에서 낙방했는데, 11년 뒤인 충숙왕 복위 2년(1333)에 원(元)의 제과(制科)에 재차 응시하여 제이갑(第二甲)으로 급제, 원나라 한림국사원 검열(翰林國史院檢閱) 등 문한직(文翰職)을 역임한 당대 고려 최고의 지식인이었다. 단정할 기록은 없지만, 박상충도 가정의 문하에 출입하다가 스승의 눈에 들어 사위가 되었는지 모르겠다. 논어(論語)에도 "남용(南容)이 백규(白圭) 시를 자주 외자 조카 사위로 삼았다"는 말이 있듯이 옛날부터 똑똑한 문하생을 사위로 삼는 일은 흔히 있는 일이었다.

암현(孔岩縣) 마산리(馬山里) 집에서 태어났다.5) 어려서부터 학문
에 전념하여 경사(經史)에 박통하고 특히 시를 잘 짓는다는 명성
이 있어 모두들 과시(科試)의 장원(壯元) 감으로 지목했다고 하였
는데, 당대의 석학 가정(稼亭) 이곡(李穀)의 맏사위로 발탁된 것도
아마 이런 명성과 무관하지 않았을 것이다. 공민왕(恭愍王) 2년 임
진(1352) 5월의 과거에서 22세의 이른 나이로 을과 제2명[榜眼; 차
석]으로 합격했는데, 이때의 장원은 26세의 손위 처남 목은(牧隱)
이색(李穡)이었으니 처남인 목은과는 동방급제이다. 이는 후대에
잘못 전해진 "박상충은 목은의 제자이다."라는 오기(誤記)를 바로
잡을 수 있는 결정적인 증거가 되는 것이다.

　반남공은 경사(經史)에 밝고 시를 잘 하는데다가 성품이 학구적
이었으므로 공민왕의 흥학(興學) 정책에 꼭 필요한 인물이었다. 그
리하여 공민왕 4년에 성균관에 뽑혀 들어가 4~5년 동안 재직하면
서 학유(學諭)에서 시작하여 학록(學錄)·학정(學正)을 거쳐 박사

---

5) 공암현(孔岩縣)…태어났다 : 마산리라는 지명은 도처에 많다. 반남 박씨
　족보에는 마산리가 고향인 반남현 인근에 있는 것으로 추정했으나 공암
　현은 거기에 없다. 그런데 한강 하류의 공암현에는 마산리란 지명이 없
　고, 인접 김포군(金浦郡)에 마산리가 있는데, 언젠가 행정 구역 변경으로
　공암에서 김포로 편입된 것이 아닌가 하는 추측은 가능하나 이 또한 단
　언할 수 없다. 종래의 반남 박씨 족보에는 마산리를 고향인 반남 인근에
　도 마산리가 있다고 하여 나주 관내 지명으로 비정(比定)하기도 했다.
　'공암리 집'이라고 한 것은 원문에 '공암리제(孔岩里第)'로 되어 있기 때
　문인데, 제(第)란 주로 출생지를 표시할 때 당시에는 외가(外家)에서 출
　생하는 경우가 많으므로 이에 대비하여 본가를 의미할 때 많이 쓰이는
　데, 아버지 박수가 개성 오관산리(五冠山里)로 이주하기 전에 마산리에
　살았는지도 모르겠다.

(博士)에 이르렀다. 그 후 상서도사(尙書都事)·대부시승(大府寺丞)·봉거서령(奉車署令)·전교시승(典校寺丞) 등의 관직을 두루 역임하고 공민왕 12년(1363) 7월에 지금주사(知錦州事; 錦山 군수)로 나가 삼년 동안 재직하면서 치적을 올렸는데, 이때 장인인 가정 이곡(李穀)의 문집인 《가정집(稼亭集)》을 간행하기도 했다.

임기를 마치고 공민왕 14년 2월에 조정에 들어와 삼사판관(三司判官)에 보임되고, 2년 뒤 예의정랑(禮儀正郎)이 되어 사전(祀典)을 만들었다. 이전까지는 제사 의례(祭祀儀禮)를 기록한 전적이 어지럽고 순서가 없어 여러 번 포고할 시기를 놓쳤는데, 예를 관장한 제공(諸公)들이 살펴서 바로잡고자 하였으나 할 수 없었다. 반남공이 예무(禮務)를 맡게 되자 옛 전적을 참고해 앞뒤 순서에 따라 편차하여 손수 베껴 사전(祀典)을 만드니 뒤에 이 임무를 계승한 이들이 비로소 근거할 바가 있게 되었다. 훗날 임효선(林孝先)은 매번 "박 선생이 기록한 책이 없었다면 내가 어찌 의례(儀禮) 업무를 감당할 수 있었겠는가."라고 칭탄하였다.

이해(1367) 12월, 또 성균박사(成均博士)를 겸하여 여러 신진 사대부들과 함께 성리학을 창명(倡明)하였다. 즉, 공민왕 10년(1361) 홍건적의 난을 겪은 이래로 학교가 오래도록 피폐해졌으나 미처 복구하지 못했다가 공민왕이 부흥시키고자 전해인 병오년(1366)에 국학(國學)을 마암(馬巖) 북쪽 숭문관(崇文館) 옛터로 옮겼다. 이에 이르러 명륜당(明倫堂)과 동서무(東西廡) 등 건물을 세우고 당대 명유들을 뽑아 다른 관직과 함께 학직(學職)을 겸하게 하였다. 목은(牧隱) 이색(李穡)이 대사성을 겸하여 수장이 되었고, 박상충과 포은(圃隱) 정몽주(鄭夢周)·척약재(惕若齋) 김구용(金九容)·정재(貞

齋) 박의중(朴宜中)·도은(陶隱) 이숭인(李崇仁) 등이 모두 타직에 있으면서 학관(學官)을 겸하였다.

매일 명륜당에 앉아 유학(儒學) 경전을 나누어 수업하고 강학을 마치면 서로 함께 의심스러운 곳을 논란, 변석(辨析)하고 절충하여 반드시 정자(程子)·주자(朱子)의 뜻에 부합하기를 힘썼다. 이에 동방의 성리학이 크게 일어나 학자들이 기송(記誦)·사장(詞章)의 구습을 제거하고 심신성명(心身性命)의 이치를 궁구(窮究)하는 학문인 정주학(程朱學), 즉 성리학(性理學)을 종주(宗主)로 삼으니 유풍(儒風)과 학술이 찬연히 일신되었다.

여러 관직을 거쳐 공민왕 18년(1369)에 조열대부(朝列大夫) 성균사예(成均司藝)로 승진하여 지제교(知製教)를 겸하였고, 이듬해 아들 은(訔)이 태어났다. 공민왕 20년(1371) 중의대부(中議大夫) 태상소경 보문각응교 겸 성균직강 지제교(太常少卿寶文閣應教兼成均直講知製教)에 승진했다가 이듬해 봉상대부(奉常大夫)로 승진하여 전리총랑(典理摠郎)으로 성균직강(成均直講)을 겸하였다.

그 이듬해인 공민왕 22년(1373) 7월에는 어머니 화평군부인(化平郡夫人) 김씨(金氏)의 상을 당했는데, 12월에 전교시령(典校寺令)으로 승진했다. 당시 고려 사회는 아직 《주자가례(朱子家禮)》가 일반화되기 전이라 사대부들도 삼년상을 모실 수 없었고, 관리들에게 주는 휴가도 대개 1백일이 되면 즉시 기복(起復; 상복을 벗고 출사함)하도록 했기 때문에 반남공은 《주자가례》에 따른 상제(喪制)를 지키려고 했지만 되지 않아 할 수 없이 직에 나아갔다. 그러나 마음속으로는 슬픔을 간직하고서 삼년상을 마칠 때까지 육류(肉類)를 입에 대지 않았다 한다. 12월에 중현대부(中顯大夫) 전교령 지제교(典校令知製敎)가 되었다.

공민왕 23년(1374) 봄, 지공거(知貢擧) 염흥방(廉興邦) 주관 하의 과거에서 정몽주(鄭夢周)와 함께 동지공거(同知貢擧)가 되어 선비를 뽑았다. 그런데 이해 9월에 공민왕이 시해당하는 사건이 발생함으로써 고려 조정은 친명(親明)이냐 친원(親元)이냐의 양단(兩端) 외교의 소용돌이에 휩쓸리게 되었다.

당시의 동북아시아의 국제 정세로 보나, 성리학을 신봉하는 신진 사대부의 일원인 개인적인 신념으로 보나 반남공은 친명배원(親明排元) 정책을 주장하지 않을 수 없었다. 특히 강개한 성품과 큰 절개로 처신과 벼슬살이에서 반드시 올바른 도(道)를 지향했던 반남공으로서는 일신의 안위는 고려되지 않았다. 이에 국정을 그르친 당시 집권자를 처벌하라는 과감한 소를 올렸는데, 이것이 《동문선(東文選)》에 수록된 '북원 사신 물리치기를 청하는 소'가 반남공의 운명을 결정하게 되는데, 이에 대해서는 후술하기로 한다.

(2) 반남공 박상충의 시문(詩文)

반남공은 과거에 급제하기 전부터 시문을 잘 한다는 명성이 있었고, 출사해서는 선배들로부터 인정을 받았다. 즉 고려시대에는 과거를 보일 때에 그 고시관(考試官)을 미리 지명하였으므로 잡음이 없을 수 없었는데, 이를 시정하기 위해 공민왕 후기에는 종전의 과거시험 출제 방식을 바꾸어 중국의 제도처럼 과거 실시 하루전에 고시관을 임명하여 출제하게 하니 주문(主文; 지공거)과 고시관(同知貢擧)들이 출제(出題)를 어렵게 여겼다.

갑인년(1374, 공민왕23) 봄 과거를 거행하게 되자 동정(東亭) 염홍방(廉興邦)이 사석에서 "박상충이나 정몽주가 아니라면 출제(出題)할 수 없을 것이다."고 말하여, 결국 주문은 염홍방이 되고 동지공거로 박상충과 정몽주가 선발되어 과거를 주관하였으니, 당시 학문을 인정받음이 이러하였다. 그러나 현전하는 것은 6편의 시와 이른바 '북원 사신 물리치기를 청하는 소[請却北元使疏]' 두 편, '조계선사 운감에게 드리는 시에 대한 서문[贈曹溪禪師云鑑詩序]'이 전부이다. 그 이유는 저술한 것이 얼마 되지 않은 때문이기도 하겠지만, 40대의 젊은 나이에 갑자기 횡액을 당하고 고아 남매만 남게 되니 시문을 수습할 주체가 없어《동문선(東文選)》이나 《고려사(高麗史)》등 공적인 기록과 타인의 시문집에 수록된 편린(片鱗)을 수습한 것들뿐이기 때문이다. 그리하여 그 숫자는 얼마 되지 않지만《동문선》이나《고려사》에 채록(採錄)되었다는 것 자체가 그 시문의 문학적 수준과 역사적 가치가 높다는 것을 의미한다. 그 중에 문(文)인 '북원 사신 물리치기를 청하는 소[請却北元使疏]'는 별도의 장에서 다루기로 한다.

그러면《동문선》과 기타 문헌에 실린 여섯 편의 시문을 통해 그 내용을 살펴보기로 하자. 먼저 시의 주제가 된 상대 인물이 어떤 사람이며 언제 지어졌는가도 불분명한 다음 두 편의 시를 보자. 앞의 시는 '전라도로 유학 가는 어떤 사람을 전송하며[送人游學全羅道]'라는 제목의 오언 율시(五言律詩)이다.

강해에서 한 해 넘도록 이별했으니
부평 같은 삶이 꿈 속 같도다

전란은 아직도 끝나지 않았는데
문장으로 마침내 무얼 할 건가
세도는 오르내리지만
천심은 바르고 또 공정하다네
사문(斯文; 유학, 성리학)은 반드시 망하지 않으리니
가는 길이 곤궁하다 탄식 말게나

江海經年別	浮萍一夢中
干戈猶未戢	鉛座竟何功
世道升還降	天心正且公
斯文應不喪	愼莫歎途窮

위의 시는 전라도로 유학 가는 어떤 지인(知人)을 전송하는 것이다. 고려 말기에는 중앙의 교육 체계가 무너져 지방의 산사(山寺)에 가서 독서하는 이가 많았는데 이 경우를 말한 듯하다. 전쟁으로 어수선하고 세상사는 부침이 많아 앞길이 험난하지만, 천심은 공정하고 유학(儒學; 性理學)은 영원할 것이니 글을 배운 자로서 이에 전념하여 공효(功效)를 세우라는 당부를 하는데, 그 내용 중에 "전란이 아직 끝나지 않았다."는 말은, 당시에 연해를 중심으로 심각했던 왜구(倭寇)의 침입은 아닌 것 같고 아마도 공민왕 10년과 11년에 홍건적(紅巾賊) 침략 전쟁의 끝자락 즈음인 듯한데, 확신할 수가 없다. 아무튼 세상은 어수선하지만 학문에 전념하라는 당부의 뜻을 담고 있다.

다음, '경상도 안렴사로 나가는 송명의(宋明誼)라는 인물을 전송하며[送宋明誼按廉慶尙道]'라는 시는,

영남은 신라의 옛 땅
마을에는 태고의 백성
진시(陳詩)로 교화가 미침을 알 수 있고[6]
나라 제사는 시절에 따라 대행하네[7]
해는 거문고와 노래 소리 울리던 땅에 고요하고
이내는 초목이 피어나는 봄에 자욱하네
조용히 성인의 교화를 펴리니
무슨 일로 정신을 소모하리오

嶺南新羅境	鄕閭太古民
陳詩知世敎	秩祀代時巡
日靜絃歌地	烟深草木春
從容宣聖化	何事損精神

라 하여, 유서 깊은 천년 고도 경주에 부임하여 민심을 살피면서 임금을 대신하여 나라 제사를 받들되 부디 성인(聖人)의 교화를 펴는 것에 전력하라는 당부의 글이다. 송명의란 인물에 대해서는 《고려사(高麗史)》와 《고려사절요(高麗史節要)》에 공히 보이지 않아 어떤 인물인지는 알 수 없으나 시 내용으로 보아 동료나 후배에게 당부하는 뉘앙스를 풍기고 있다. 고려의 안렴사는 조선의 관찰사와 같이, 관내 수령의 현부(賢否)를 살펴 출척(黜陟)하는 일을 위시하여, 조세 수납, 민생의 질곡(桎梏), 형옥(刑獄)의 감찰 등의 기능을 맡아 보았으나, 한 지방을 책임지는 관원이 아니라 수시로

---

6) 진시(陳詩)로…알 수 있고 : 시나 민요를 수집해 보면 민심을 알 수 있다는 말이다. 진시(陳詩)는 시를 모아 조사하는 것으로, 민요나 동요로써 민정을 살핀 고사에서 유래한 말이다.
7) 나라 제사는…대행하네 : 지방관은 계절에 따라 국왕을 대신하여 관할 지역에 있는 전 왕조의 사당이나 산천에 제사를 지낸다는 말이다.

파견하는 사신의 임무[使命之任]이며, 품계(品階) 또한 5품에 불과해 큰 고을인 주목(州牧)의 수령보다 낮은 관내 순찰 직이었다. 따라서 조선시대의 관찰사와는 위상이 달랐다.

이상 두 편의 시는 어려운 고사의 인용이나 작시(作詩)에 기교를 부림이 없어 누구나 이해할 수 있는 평범한 내용이다. 다만, 반남공이 이들 시에서 강조하고 싶었던 말은, 시구 끝 부분의 '사문(斯文; 性理學)이 장구할 것'이라든가 '성인(聖人)의 교화를 펼 것'을 기대하는 등 유학 진흥에 대한 열망이다. 여기에서 반남공은 음풍농월(吟風弄月)하는 시인이기보다 유학 진흥을 자신의 평생의 소임(所任)으로 생각하고 언제나 실천에 충실했음을 알 수 있는데, 이는 반남공이 급제 후 초사(初仕)부터 성균관 직에 보임되고, 다른 직에 있으면서도 항상 학관(學官)을 겸했다는 이력과도 관련이 있다.

다음은 '하남왕의 사신 검교 영석 곽구주를 전송하며[送河南王使郭檢校永錫九疇]'라는 칠언 율시(律詩)이다.

> 하남에 정사를 나눠 맡아 군사를 통솔하니
> 중흥의 여러 장수들 모두 그 아래 따르네
> 천지가 정돈되어 높낮음이 나뉘었고
> 강한이 조종하듯[8] 여러 나라 회동하네
> 중한 책임 담당하는 이윤의 뜻을 누가 알리
> 시절이 위태하니 공명의 충성을 바치려 하네

---

8) 강한이 조종하듯 : 강수(江水)과 한수(漢水)가 바다로 모여든다[江漢朝宗于海]는 말이 있는데, 이것은 여러 제후(諸侯)들이 천자(天子)를 우러러 보고 따르는 것을 의미한다.

돌아가거든 잘 남쪽 평정하는 정책 보좌하소
청사에 꽃다운 이름 길이 전하리

分政河南獨總戎	中興諸將盡趨風
乾坤整頓分高下	江漢朝宗有會同
任重誰知伊尹志	時危自許孔明忠
君歸好贊平南策	靑史應傳不世功

앞부분은 하남왕의 덕을 기리고, 후반부는 곽구주로 하여금 하남왕을 잘 보좌하라는 내용이다. 하남왕이란 원나라 말기 한족(漢族)의 반란을 진압하기 위해 황하 이남, 즉 하남 지역 왕으로 봉해진 확확첩목아(擴廓帖木兒)를 말한다. 그는 양부(養父) 찰한첩목아(察罕帖木兒)의 뒤를 이어 천하총병관(天下摠兵官)이 되었으며, 순제(順帝) 24년(1364)에 패라첩목아(孛羅帖木兒)가 대도(大都)에 진주(進駐)하여 황태자가 태원(太原)으로 도망치자, 1365년(공민왕14)에 황태자를 옹위하고 패라첩목아를 정벌하여 순제가 패라첩목아를 복주(伏誅)하는 데 큰 공을 세워 원나라의 좌승상이 되었다. 곧이어 한족의 반란이 중국 도처에서 일어나자 원(元)은 그를 하남왕에 봉하여 이를 진압하게 한 것이다.

고려에서는 1366년(공민왕15) 3월에 밀직제학(密直提學) 전녹생(田祿生)에게 김제안(金齊顔)을 수행시켜 황태자의 환도(還都)를 축하함과 동시에 하남왕에게도 가서 빙문(聘問)하게 했는데, 황태자는 고려 사신이 하남왕과 사사로이 교류하는 것을 꺼려하였으므로 김제안만 가게 되었고, 하남왕은 그 답례로 김제안이 귀국하는 편에 곽구주를 딸려 보냈던 것이다.9)

이 시는 하남왕의 공덕을 극찬하여 상(商)나라 시조 탕왕(湯王)

의 현상(賢相)인 이윤(伊尹)에 비유하기까지 하고, 곽구주에게는
하남왕을 성실히 보좌하여 후세 역사에 그 명성을 길이 전하라고
당부하고 있다. 그런데 이후 불과 2년 뒤에는 주원장(朱元璋)이 건
국한 명(明)이 중국 대륙의 주인이 되자 공민왕이 친명배원 정책
으로 급선회하게 되지만, 이때까지만 해도 고려의 종주국은 원나
라였다. 그러므로 성균관 학관을 겸하고 있던 당대 제일의 명사들
인 이숭인(李崇仁)·김구용(金九容)·박의중(朴宜中) 등도 함께 곽영
석을 전송하면서 시를 지어 그를 기리고 있다.

　다음은 '상승 경효왕 만장[上昇敬孝王挽章]'인데, 경효왕은 공민
왕으로 공민왕의 죽음을 애도한 만시(輓詩)이니, 공민왕이 시해된
직후에 지은 것일 것이다.

　　연경의 잠저(潛邸) 때부터 인망이 쏠려
　　첫 정사 어진 명성이 고금에 으뜸이셨네
　　경연에서 홍범편의 지극한 논의 듣자왔고
　　종묘에서 주현(朱絃; 음악)으로 끼치신 소리를 듣네
　　龍潛燕邸萃人心　　　　　　初政仁聲冠古今
　　洪範經筵聞至論　　　　　　可憐臣子淚盈襟

　반남공은 왕 2년 5월에 급제하여 왕이 시해될 때까지 공민왕의
신임을 받아, 20여 년 간 내외 요직을 두루 거치면서 그 개혁정책
에 참여했으니 숭모(崇慕)의 정이 남달랐을 것이다. 위의 시에도
나타났듯이, 공민왕은 충숙왕(忠肅王)의 아들이며 충혜왕(忠惠王)

----

9)《高麗史 卷41 恭愍王世家4》

의 동생으로 원의 수도 연경(燕京)에서 자랐는데, 잠저 시절[江陵
大君]부터 내외의 중망이 있었다. 충혜왕이 난정(亂政)을 일삼다가
폐위된 뒤, 진작부터 후계자 논의 과정에서 유력한 후계자로 거론
되다가 조카인 충정왕(忠定王)·충목왕(忠穆王)의 뒤를 이어 왕위
에 올랐다. 즉위 초에는 과감한 개혁으로 폐정을 일신하여 치적이
많았으니, 특히 배원친명(排元親明) 외교와 학교 진흥 정책은 두드
러진 것이었는데, 이는 신흥사대부인 반남공의 이념과도 합치되
는 것으로서 이런 개혁 군주의 갑작스런 시해에 대한 좌절과 실망
감은 남달랐을 것이다. 이 시는 중망을 받고 즉위한 현군(賢君)이
어진 정사를 펴서 만백성이 혜택을 입고 온 누리가 희망에 가득
찼었는데, 갑자기 승하한 데 대한 애통함과 각별한 사랑을 받았던
외로운 신하가 눈물을 지으며 그리워하는 심정을 읊은 것이다.

  그리고 마지막 다음 칠언 절구(絶句)는 이인임(李仁任)이 공민왕
의 친명 정책에 반하여 다시 북원을 섬기려 할 때, 시종(始終) 친
명배원 정책을 주창하여 동지적 입장을 견지한 좌대언(左代言) 임
박(林樸)에게 준 것으로,

> 충신과 의사는 대대로 전해 와
> 종묘사직과 생령이 계승된 지 오백년에
> 어찌 간인이 나라를 팔아먹을 줄 생각이나 했으며
> 앉아서 역당으로 하여금 편안히 잠잘 수 있게 하랴
> 忠臣義士世相傳   宗社生靈五百年
> 那料奸人能賣國   坐令逆黨得安眠

라는 내용에서 보듯, 나라를 팔아먹는 간인 이인임을 함께 토벌하

자는 충분애국의 심정을 직설적으로 토로한 시이다. 김의(金義) 사건이 일어난 뒤 이인임이 친원 정책을 노골화하여 백관으로 하여금 연명으로 우왕의 왕위 계승 승인을 요청하는 청원서를 원에 보내려고 할 때, 반남공은 임박·정도전(鄭道傳) 등과 함께 이에 반대하다 함께 화를 입었다. 임박이 이 시에 어떻게 화답했는지는 알 수 없으나, 반남공보다 1년 뒤[1376, 우왕2]에 유배 도중 죽었다.

이 외에 '부모를 뵈러 안동 고향으로 귀근(歸觀)하는 생원 김자수(金子粹)[10]를 전송한[送金子粹生員歸觀安東]' 7언 절구(絶句)가 있으니.

> 호연히 돌아갈 뜻이 흰 구름 뜬 가을에 일어나니
> 태학의 학생들을 만류할 수 있으리오
> 양친을 모시는 데 아마 겨를이 없으리니
> 어찌 영호루에서 한번 취할 수 있겠는가
>
> 浩然歸志白雲秋　　　　大學諸生可得留
> 侍奉高堂應不暇　　　　那堪一醉映湖樓

라는 시이다. 이 시의 주인공인 김자수(1351~1413)는 본관이 경주(慶州) 자는 순중(純仲) 호는 상촌(桑村)인데, 안동(安東) 출신으로 공민왕 23년(1374) 반남공이 정몽주와 함께 동지공거가 되어 과거를 맡았을 때 급제한 인물이다. 이 시는 아마도 지공거의 문생으로서가 아니라, 이보다 앞서 반남공이 성균관 학관을 겸직할 때 가르치던 태학생으로 있던 김자수가 부모를 뵈러 갈[歸觀] 때 지

---

10) 《永嘉誌》 및 《慶北儒學人物誌》

어 준 시인 듯하다. 김자수는 급제 후 여러 벼슬을 거쳐 형조전서 (刑曹典書)에까지 이르렀으나 고려 국운이 기우는 것을 보고 관직 을 버리고 고향 안동으로 돌아가 은거하다가 조선이 건국한 뒤, 태종이 형조판서로 불렀으나(1413) 나가지 않고 자손들에게 무덤 을 만들지 말라는 유언을 남기고 자결했다고 하니 지조가 매우 높 았던 인물로 보인다.

그리고, 제목만 남아 있는 '고향으로 낙향한 경렴정 탁광무(卓光 茂)를 추억함[憶卓景濂亭光茂]'이란 시가 있다고 전하지만 내용을 알 수 없다. 탁광무의 관향은 광주(光州), 호가 경렴정(景濂亭)으로 고려 말에 좌사의대부(左司議大夫) 예의판서(禮儀判書)를 역임했 고, 절조와 문명이 높아 여러 명사들과 수창한 시가《동문선(東文 選)》에 많이 나온다.

이상 여섯 편의 시를 통해서 살펴본 바와 같이 하남왕의 사신 곽구주를 전별한 시 외에는 대부분 충분 애국의 염이나 유학[性理 學]의 진흥을 기대하는 내용이 주류를 이루고 있다. 따라서 이들 시는 시인묵객(詩人墨客)들이 화조월석(花朝月夕)에 음풍농월(吟 風弄月)한 시들과는 거리가 멀다. 그리고 수창한 상대도 임박·김 자수·탁광무 등 당대에 절조(節操)로 이름 높던 이들이다. 여기에 서 그 행장에, "의롭지 않은 부귀를 멸시했다."라고 한 인물평이 과찬이 아님을 알겠다.

2. 청각북원사소(請却北元使疏) 문제

(1) 14세기 중엽 동아시아의 국제 정세

유목민족이 세운 원(元)나라는 선진 문화민족인 한족(漢族)을 효율적으로 통치하기 위해, 중국식 정치제도를 채택하고, 주자학(朱子學)을 장려하며, 원에 대한 저항 정도에 따라 각 민족들을 차별 대우하면서 1백년 가까이 중국 대륙을 지배하였다. 그러나 14세기 중반이 되자 활기찬 유목민족의 기풍은 한족의 중국 문화에 동화되어 역동성을 잃은 데다, 왕조 말기적 모순의 노정(露呈)으로 지배층 간의 권력 다툼, 통치력의 이완(弛緩), 재정의 궁핍 등으로 국정이 걷잡을 수 없는 혼란에 빠지게 되었다. 이 틈을 타서 한족의 저항운동이 각처에서 봉기하게 되었는데, 여러 반몽(反蒙) 세력 중 백련교도(白蓮敎徒)를 기반으로 일어난 주원장(朱元璋)이 1368년 명(明)을 건국하고 북벌(北伐)을 단행하자, 원은 더 이상 버티지 못하고 자기들의 본향(本鄕)인 몽고 초원으로 쫓겨 가 명맥을 유지하니 이것이 이른바 북원(北元)이다.

이렇게 중국 대륙의 주인이 바뀌는 전환기에, 장기간 원의 영향 하에 있던 고려로서는 어떤 외교정책이 실익(實益)이 될 것인가라는 선택의 기로에 놓이게 되었다. 역사의 순리를 따르자면 앞으로 대륙을 지배할 신흥세력과의 우호가 우선이었지만, 백여 년간 계속된 원과의 질긴 인연도 무시할 수 없었던 것이니, 지배 계층의 상당수는 직간접적으로 원과의 인연 속에서 성장한 사람들이었기 때문이다.

공민왕(恭愍王)은 원 황실(元皇室)의 외손으로 원조(元朝)의 부마(駙馬) 격이었지만, 일찍이 영명(英明)하다는 평을 듣던 그대로 천하대세의 흐름을 읽는 안목이 있었다. 공민왕 18년(1369) 4월, 명(明)이 사신을 보내 천하가 평정되었음을 알려오자, 5월에는 과감하게 원의 지정(至正) 연호를 정지하고, 이듬해 7월부터 명의 홍무(洪武) 연호를 사용하기 시작했으며, 8월에는 몽고식 의관복식(衣冠服飾)을 중국식으로 바꾸어 친명배원(親明排元) 외교 노선을 분명히 하였다. 이리하여 명과 고려 사이에는 우호가 성립되고 신흥 사대부 계층의 열렬한 지지를 받았으나 이에 반대하는 친원 세력의 반발도 은연 중 무시할 수 없었고, 또 궁지에 몰린 북원은 세력을 만회하고자 고려 조정 내의 복잡한 정세를 이용, 고려에 사신을 보내오기도 했으므로 공민왕의 입장을 난처하게 만들기도 했다.

물론 친명 정책은, 그 후 돌발 사태의 빈발, 명태조(明太祖) 주원장(朱元璋)의 생트집과 무리한 요구로 조선 건국 이후까지 삐걱거리기는 했지만 당시 동아시아 정세로 볼 때 한반도가 추구해야 할 외교노선인 것만은 분명했다.

(2) 김의(金義) 사건의 전말

그러던 중 공민왕 23년(1374) 4월, 명(明)은 예부주사(禮部主事) 임밀(林密)과 자목대사(孶牧大使) 채빈(蔡斌)을 보내 탐라(耽羅)의 목마(牧馬) 2천 필을 보내라고 요구하였다. 이 요구에 따라 9월 2일, 채빈 등은 3백 필 ─ 일설에는 2백 필 ─ 의 말을 이끌고 귀환 길에 올랐다. 이때 밀직부사(密直副使) 김의(金義)로 하여금 이들을 요동(遼東)에 있는 명의 거점인 정료위(定遼衛)까지 호송하게 하고, 장자온(張子溫) 등을 동행해 보내 통호(通好)를 허락해 준 것에 사례하게 하였다. 그런데 그 20일 뒤인 동월 22일, 친명 외교(親明外交)의 주역이었던 공민왕(恭愍王)이 시해(弑害) 당하는 비상사태가 돌발하였다. 이 공민왕의 급서(急逝)는 고려의 외교정책을 다시 요동치게 만들었다.[11]

우호적이었던 공민왕이 시해되었으니, 명(明)으로서는 공민왕의 죽음에 대해 죄를 물을 것이 분명한데, 어떤 자가 이인임(李仁任)에게 "재상으로서 책임을 면할 수 없을 것이다."라고 겁을 주니, 이인임은 국가대사보다 자신의 안위(安危)를 우선으로 생각하게 되어 일이 헝클어지기 시작했다. 즉 공민왕이 시해된 뒤, 이인임은 찬성사(贊成使) 안사기(安師琦)에게 채빈 일행을 전별한다는 명목 하에 뒤따라가게 했는데, 그 후 김의는 요동(遼東)의 개주참(開州站; 鳳城)에 이르러 채빈을 죽이고, 채빈의 아들과 임밀을 압송하여 3백필 공마(貢馬)를 몰아 북원(北元)으로 달아나니, 김의의 행동은 누가 보아도 안사기의 사주를 받은 것으로 인식되지 않을 수 없었다.

그렇다면 김의란 어떤 인물인가. 김의는 원래 호인(胡人)으로 본명은 야열가(也列哥)인데, 몽고족인지 혹은 원(元) 치하의 거란족 또는 여진족인지는 분명히 알 수 없으나 김의도 퉁구스계 호인(胡人)으로 고려 말에 빈번하게 귀부(歸附)했던 인물 중의 한 사람이었다. 김의는 고려에 귀화하여 김씨(金氏) 성을 하사 받고 벼슬하

---

11) 《高麗史》 世家44 恭愍王7

여 밀직부사란 고위직에 올라 공민왕 생존 시에 왕명을 받들어 명사 호송의 임무를 띠고 사신과 함께 출발했는데[12] 이들 일행이 미처 고려 국경을 나가기 전에 공민왕이 시해를 당한 것이다.

김의는 그 출신 성분으로 볼 때 결코 명나라에 우호적이라고는 할 수 없는 인물이었다. 게다가 귀국하는 명나라 사신 채빈은 이르는 곳마다 주사(酒邪)를 부리고 김의에게 행패가 심하였다고 《고려사》에 기록되어 있으니, 채빈에 대한 김의의 감정이 좋을 수가 없었다. 이런 상황에서 이인임이 밀령(密令)을 주자 김의는 주저 없이 채빈 부자를 죽이고 정사(正使) 임밀을 체포하여 끌고 가던 말을 탈취해서 북원으로 달아난 것이다. 이렇게 되니, 채빈 일행과 동행하여 명나라로 사신 가던 장자온 등은 되돌아왔고, 채빈의 피살 소식을 들은 이인임은 기다리고 있었다는 듯이, 이해 12월, 북원에 사신을 보내 공민왕의 부음(訃音)을 알렸다.

반면, 명과의 국교는 단절되어 공민왕의 부음을 전할 수도 없게 되었는데, 문제는 사람들이 명에 가기를 꺼린다는 것이었다. 이에 반남공은 정몽주 등과 함께 판종부시사(判宗簿寺事) 최원(崔源)을 설득하여 명에 사신으로 가서 위기에 처한 대명 관계를 잘 수습해야 한다고 종용하니, 최원은 "국가를 위한 일이라면 일신(一身)의 안위를 생각할 여지가 없다."고 하면서 명에 가기를 자원하게 되었다. 이렇게 되자 이인임도 어쩔 수 없이 우왕 원년(1375) 정월에 최원을 명에 보내 고애(告哀; 공민왕의 부음을 알림)하게 되었는데 예상했던 대로 명은 최원을 구금하였다.

---

12) 후일 김의는 뒤에 명나라에 귀순하여 지휘(指揮)가 되었다고 한다.《高麗史》列傳44 反逆5 金義列傳 및 《東史綱目 卷15下》우왕 1년.

한편 북원은, 그 동안 반원 정책을 펴던 공민왕이 죽고 또 김의 까지 귀부(歸附)하자, 고려에 대한 영향력 만회의 호기라고 생각해서 심왕 고(瀋王暠)의 손자 탈탈불화(脫脫不花)를 고려왕으로 삼아 들여보내겠다고 공언(公言)하였다. 이 소문은 김의가 북원으로 도망갈 때 따라 갔던 종자(從者)들 일부가 귀국함으로써 확인되었는데, 이들 귀환자들은 반역자 김의의 수하(手下)였음에도 불구하고 이인임과 안사기는 그들의 죄를 불문에 붙였을 뿐 아니라 이들을 후대(厚待)하기까지 하자, 반남공은 상소하여 안사기의 죄를 바로 잡아야 한다고 극론하였다. 이에 궁지에 몰린 안사기는 자살하였고, 이인임은 찬성사(贊成事) 강순룡(康舜龍) 등이 한 짓이라 핑계 대고 이들을 귀양 보냄으로써 사건을 무마하였다.13)

그러면서 또 이인임은 북원(北元)의 마음을 돌려 탈탈불화가 고려왕이 되려는 야욕을 저지해야 한다는 명분하에, 종친(宗親)·기구(耆舊; 원로 재상)·문무백관과 회맹(會盟)하고, 연명으로 우왕(禑王)의 승인을 청하는 글을 북원에 올리려 했는데, 반남공과 임박(林樸)·정도전(鄭道傳) 등은 어떤 형식으로든 명맥이 다한 북원에 사신을 보내 통교하는 것은 선왕(先王; 공민왕)의 친명배원 정책에 반대되는 일이며, 명을 자극하는 것이라 하여 반대하고 서명하지 않았다. 이인임은 이에 대해 "서명하지 않는 것은 지금 임금[禑王]을 인정하지 않고 탈탈불화를 돕는 것이라."는 논리를 내세우면서 자신의 계획대로 이 연명서를 북원에 보냈다.

북원은 물에 빠진 자가 지푸라기 하나라도 잡으려 하는 처지였

---

13) 《高麗史》 列傳126, 姦臣列傳2, 李仁任傳.

으므로 기다렸다는 듯이 5월에 사신을 보내면서, "왕을 시해한 죄
를 용서하고 신왕[禑王]의 즉위를 인정한다."는 것이었다. 이 사건
으로 고려 조정은 또 한 번 요동치게 되었으니, 공민왕의 친명정
책을 주도하던 친명 유학자(儒學者)들은 모두 귀양을 가거나 파직
되고, 무장(武將) 중심의 친원(親元) 보수파가 주도권을 잡게 된 것
이다.14)

(3) 북원 사신 접대를 둘러 싼 논란

북원 사신이 오게 되자 이인임 등은 신진 유학자들의 반대를 물
리치고 정도전으로 하여금 맞이하게 하였는데, 정도전은, "사신을
포박하여 명(明)으로 압송하겠다."고 호언하다가 귀양을 갔다. 그
러자 대사성(大司成) 정몽주도 글을 올려 북원 사신 영접의 부당
성을 논했고, 반남공 또한 판전교시사(判典校寺事) 겸 우문관직제
학(右文館直提學)으로 있으면서 매우 간절하고도 문제의 핵심을
지적한 강경한 소를 올렸다.15)

이상과 같은 유신(儒臣)들의 줄기찬 반대로 집권자들도 어쩔 수
없이 강계(江界)에 머물고 있던 북원 사신을 받아들이지 않고 위

---

14) 《高麗史》列傳126, 姦臣列傳2 李仁任列傳 및 列傳26 朴尙衷列傳·列傳
   30 鄭夢周列傳·列傳32 鄭道傳列傳 列傳 등 참조.
15) 《高麗史》列傳26 朴尙衷列傳·列傳30 鄭夢周列傳 및 《東文選》卷52 奏
   議. 문제의 핵심을 지적했다는 말은 정몽주의 소는 친명정책은 선왕[공
   민왕]의 유지를 받드는 것으로 다시 원(元)을 섬기는 것은 부당하다는
   친명외교의 당위성을 주장하는 데 그친 반면, 박상충의 소는 그러한 정
   책으로 몰고 간 책임자[이인임을 암시]를 처벌하라는 것이었다.

로하여 돌려보냄으로써 북원사(北元使) 영접 문제는 일단락되는
듯이 보였다. 그러나 이인임의 보복이 곧 이어 시작되었으니, 계
기는 간관(諫官) 이첨(李詹)과 전백영(全伯英)의 상소로 촉발되었
다. 즉, 우왕 원년 6월에 우헌납(右獻納) 이첨과 좌정언(左正言) 전
백영이 상소하여 이인임·지윤(池奫) 등을 죽여야 한다고 주장한
것이다. 이 상소로 인해 이첨은 지춘주사(知春州事)로, 전백영은
지영주사(知榮州事)로 좌천되었다. 7월 초에 상호군(上護軍) 우인
열(禹仁烈)과 친종호군(親從護軍) 한리(韓理)가 이인임의 뜻에 영
합하여,

> "간관이 재상을 논핵(論劾)하는 것은 작은 일이 아니다. 간관이
> 옳다면 재상이 죄가 있는 것이고, 재상에게 죄가 없다면 간관이 잘
> 못이니 그 시비를 명백히 변별(辨別)하지 않을 수 없다."

라고 하였다.16)

이에 따라 이첨과 전백영을 옥에 가두고, 최영(崔瑩)과 지윤을
시켜 국문하자 진술 내용이 정당문학 전녹생(田祿生)과 판전교시
사(判典校寺事) 박상충에게 관련되어 이들도 잡혀 들어가 지윤 등
으로부터 혹독한 고문을 당하였다. 이인임이, "이 무리들을 죽일
필요까지는 없다."고 하여 귀양 보냈지만, 두 사람은 모두 장독(杖
毒)으로 유배 도중에 운명하니, 박상충이 숨을 거둔 곳은 개성 도
성(都城) 밖 동남쪽 청교역(靑郊驛)이었다.

이 사건에 연루되어 기거사인(起居舍人)으로 있던 반남공의 동

---

16) 《高麗史》 列傳126, 姦臣列傳2 李仁任列傳.

생 박상진(朴尙眞)도 이첨·전백영 등과 함께 곤장을 맞고 귀양을
갔고, 또 정몽주·김구용(金九容)·이숭인·임효선(林孝先)·염정수(廉
廷秀)·염흥방(廉興邦)·박형(朴形)·정사도(鄭思道)·이성림(李成林)·
윤호(尹虎)·최을의(崔乙義)·조문신(趙文信) 등이 자기[이인임]를 해
치려고 모의하였다 하여 모두 귀양 보냈다. 이 사건으로 신흥사대
부들은 큰 타격을 입었다.

(4) 북원 사신 물리치라는 소[請却北元使疏]의 검토

비록 대간에게 언관(言官)으로서의 면책 특권이 있다고는 하더
라도, 이인임을 직접 죽이라고 탄핵한 대간(臺諫)은 지방관으로 좌
천되었다가 결국 유배의 명을 받는 데 그친 반면, 그 말에 연루된
반남공과 전녹생은 목숨을 잃은 것에 대해 많은 사람들은 의아해
한다. 이첨과 전백영이 언관의 직분을 다하기 위하여 집정자를 주
벌(誅罰)하라고 발론하게 된 배경에는 반남공과 전녹생의 어떤 특
별한 역할이 있었을 터인데, 이를 유추할 수 있는 관련 자료가
《동문선(東文選)》에 보이는 이른바 '청각북원사소(請却北元使疏)'
두 편이다.

이 소는 우왕(禑王) 1년(1375) 봄과 여름, 두 차례에 걸쳐 집권자
이인임이 북원과의 국교를 재개하고 그 사신을 받아들이려 하자
이를 반대하여 국사를 그르친 주모자를 처벌하라며 올린 것이다.
이 두 편의 소와 이첨 등 간관이 올린 소를 비교해 보면, 이첨 등
의 소에는 이인임(李仁任)과 지윤(池奫)을 직접 거명하여 죽이라고
한 반면, 반남공의 소에서는 직접 거명하지는 않고 그 책임자를

처벌하고 친명외교를 복원하라는 것이었는데, 이인임 등은 이첨 등 대간이 상소한 언근(言根)이 반남공의 상소라고 본 것이다. 다음 두 소의 주요 내용을 검토해 보자.

① 북원 사신 물리치라는 소[請却北元使疏; 一次]

<前略> 선왕(先王; 공민왕)께서 막 돌아가시어 장례도 치르기도 전에, 명나라의 사신이 아직 국경에 있음에도 불구하고, 갑자기 북쪽 나라를 섬기려는 의론을 일으켜 사람들을 현혹시킨 자는 누구이며, 정료위(定遼衛)에서 보낸 사신을 제멋대로 죽인 자는 누구이며, 거짓말을 퍼뜨려 사신을 맞이하려는 정료위 군사로 하여금 도망가게 하고서 구하지 아니한 자는 또 누구이며, 선왕의 명령에 따라 사신을 호송한 이는 비단 김의(金義)뿐이 아닌데, 대신으로서 선왕의 명령을 받들어 안주(安州)에 이르러서 스스로 돌아온 자는 또 어떤 사람이며,17) 서북의 군사로 하여금 정료위를 치려고 한 자는 또 어떤 사람입니까.18) 김의의 상서(上書)를 찢어서 그 말을

────────

17) 정료위(定遼衛)에서…또 누구이며 : 이 일련의 사건은 김의가 채빈을 죽인 뒤의 급박했던 상황을 말하는 듯하다. 이인임은 김의가 북원으로 달아난 뒤 재상 김서(金湑)를 시켜 북원에 조공(朝貢)을 바쳤고, 오계남(吳季男)은 국경을 지키다가 명의 관할 하에 있던 정료위(定遼衛) 군사 세 사람을 죽였으며, 동지밀직사사(同知密直司事) 장자온(張子溫)을 채빈 일행에 뒤따라 명나라에 가서 조공(朝貢)하는 길이 통하게 된 것을 사례하게 하고 이어 관복(冠服)을 청하였는데, 김의가 압록강 건너 개주참[봉황성]에서 채빈을 죽이고 북원으로 달아나자 장자온은 명나라로 가지 않고 도망해 돌아왔다. 《高麗史》 列傳30 鄭夢周列傳.

18) 이 내용은 《고려사》에서 상고할 수 없으나 당시에 찬성사 지윤(池奫)이 서북면 도원수(西北面都元帥)가 되었으니 아마도 지윤의 소위일 것으로

막고는 이른바 제멋대로 사람을 죽인 자[19]와 반적 모당(母黨)의
죄를 불문에 붙인 것[20]은 무슨 까닭이며, 김의가 반(叛)한 지 한
달이 넘었어도 조정[明]에 보고하지 않음은 무슨 까닭이었습니까.
최원(崔源)이 사신으로 간 것이 과연 모두 대신의 뜻에서 나온 것
입니까.[21]

　이제 또 들으니, 북쪽 사신이 김의와 더불어 반(叛)한 자와 함께
돌아왔다고 하는데, 반적이 스스로 돌아온 것은 이미 죄가 있음에
도 본국에서는 묻지 않으리라는 예상에서가 아니겠습니까. 그렇
다면 김의가 반할 때 반드시 그렇게 하도록 시킨 자가 있을 것이
니, 이것은 곧 위급한 일로 국가의 존망에 관계되는 하나의 큰 기
미입니다. 사세가 이러하니 비록 지극히 어리석은 자라도 그 이해
와 시비의 소재를 잘 알 것인데도, 지금 말하는 자들은 조금도 여
기에 대해 언급을 않으니, 이것은 화환(禍患)을 매우 두려워하기

추측된다. 《高麗史節要》 권30 辛禑 1년 4월.

19) 이첨(李詹)의 상소를 보면, "지윤이 김의의 편지를 입수한 후 임금께 올
　리지 않고 몰래 인임에게 주었다가 전하께서 여러 번 찾은 뒤에야 아뢰
　면서 '백성들이 알고 의혹을 갖지 않게 하기 위함이었다.'고 가탁하였습
　니다."라고 하였는데, 내용상 다소 차이가 있으나 이와 관련된 것인 듯
　하다. 《高麗史》 列傳30 李詹列傳.

20) 김의의 어미와 처를 순군부(巡軍府)에 가두고 장차 죽이려고 했는데, 사
　헌부가 아뢰기를 '김의는 비록 반역을 했으나 부녀자가 어찌 알았겠습
　니까? 청컨대 죽이지 마소서.'라고 하였으므로 목숨은 살려주고 적몰
　(籍沒)하여 관비(官婢)로 삼았다. 《高麗史》 列傳44 反逆5 金義列傳.

21) 최원(崔源)이…것입니까 : 김의 사건 후 이인임은 공민왕의 상사(喪事)
　를 명에 알리기를 꺼렸는데, 이에 박상충·정몽주 등이 설득하여 최원이
　공민왕 부음을 전하고 우왕의 승습을 청하기 위해 명에 갔다. 《高麗史》
　上同 李仁任 列傳.

때문입니다. 이치로 말한다면, 순리를 따르면 길할 것이요, 역리 (逆理)를 따르면 흉할 것이며, 형세로 말한다면 남쪽[明]은 강하고 북쪽[北元]은 약하니 이것은 사람마다 다 같이 아는 바이건마는, 대저 순리를 버리고 역리를 좇음은 천하의 불의이며, 강한 자를 배반하고 약한 자를 친함은 오늘의 그릇된 계책입니다.

신하로서 사대(事大) 외교를 한 선왕의 뜻을 배반하고 심지어는 천자의 사신을 죽이고 그 말을 빼앗았으니, 그 죄악이 이보다 더 심한 것이 있겠습니까. 그럼에도 불구하고 한두 신하가 불충한 마음을 품고 나라를 팔아서 사리(私利)를 도모하고는 그 죄악으로 인한 재앙을 국가에 돌려, 반드시 종묘사직이 망하게 하고, 생민이 도탄에 빠지게 하였으니, 어찌 슬프지 않겠습니까. 사세가 이 경지에 이르렀으니, 전하께서는 충성스럽고 곧은 두세 대신과 함께 일찍이 분간(分揀)하여 처리하지 않는다면 장차 종묘사직을 어찌할 것이며, 장차 민생들을 어찌할 것입니까.<下略>

② 다시 올린 소[復上疏; 二次]

작은 나라가 큰 나라를 섬겨 죄책(罪責)을 면한다면 가한 일입니다. 지금 면하지 못할 큰 죄가 넷이나 된다는 것을, 어리석은 신도 오히려 알고 있는데, 하물며 대신으로서 모를 리가 있었겠습니까. 그러나 한번 힐책을 받을까 두려워하는 마음에서 의리를 돌아보지 않게 되면 무릇 환난을 피할 만한 것이라면 못할 짓이 없게 됩니다. 그리하여 마음에 가린 바가 있게 되면 비록 보통 사람보다 뛰어난 슬기가 있다 하더라도 도리어 어리석은 자의 소견만도 못할 것입니다. 신은 청컨대, 그 죄를 따져 면하는 방도를 말씀 드리겠습니다.

정성을 다해 순종하여 명나라를 섬긴 것은 선왕의 뜻이었는데, 선왕께서 돌아가시던 날에 드디어 북쪽 나라[北元]를 섬길 의론을 일으켜, 신하가 되어 군부(君父)의 뜻을 위반하고 전하로 하여금 명나라에 죄를 얻게 하였으니, 이것이 그 첫째 죄목입니다.

오계남(吳季南)이 북방을 지켰을 때, 제멋대로 정료위(定遼衛) 사람을 죽이고 유언비어를 퍼뜨려 그 군사를 놀라게 하였는데, 곧 그 죄를 덮고는 악을 편들어 재화(災禍)를 불러 국가를 위태롭게 하였으니, 그 두 번째 죄목입니다.

김의는 사신을 죽이고 공(貢) 바치는 말을 빼앗아 반란을 일으켰으니, 천하에 커다란 악이어서 사람마다 죽이기를 원하는 바이거늘, 이제 김의와 함께 반(叛)했던 자가 왔는데도 곧 불문에 붙이어 그 죄가 국가에까지 미치게 하여, 비록 종묘사직이 멸망되고 백성을 죽여도 구제할 줄을 모르니, 그 죄의 세 번째입니다.

김의가 반(叛)한 지 한 달이 넘었는데도 명나라 조정에 보고하기를 달가워하지 않았으며, 또 최원(崔源)이 떠날 때에 감히 임금의 명령을 어기면서 국경을 나가지 못하게 함으로써 그럭저럭 여러 달을 경과케 하여 명나라로 하여금 더욱 의심하게 하였으니, 이것이 네 번째 죄입니다.

이러한 네 가지의 죄목 중 한 가지만 있다 하더라도 족히 멸망을 당할 것인데, 하물며 이러한 네 가지 죄가 갖추어졌음에도 불구하고 죄를 다스리지 못하고, 같이 그 화를 당하고자 함은 무슨 까닭입니까. 전하께서 능히 대신 중의 충성스럽고 올곧은 이와 더불어 의논하여 분간한다면 그 죄는 반드시 돌아갈 곳이 있을 것입니다. <中略> 종묘사직과 민생의 편안하고 위태로움이 이 한 번의 처사에 달렸사오니, 한번 이 기회를 잃어버린다면 후회한들 미칠 바이겠습니까.

③ 북원 사신 물리치라는 소[請却北元使疏)]의 검토

이상 두 편의 상소가 조선시대의 선현(先賢)들이 반남공을 칭탄(稱歎)하게 된 근거 자료인데, 중국의 주인이 명으로 교체되었으니 대세에 따라 오랑캐인 북원(北元)을 배척하고 문화 선진국인 중화(中華)를 섬기는 것은 순리라는 논리이다. 이런 역사의 순리를 거스르는 것은 반역임에도 불구하고 대신이 반역 행위를 하고 있으니 반역의 원인을 제거해야 한다는 것이 상소의 요지이다.

그 구체적 내용을 검토하면, 첫 번째 상소는, 공민왕(恭愍王)이 시해당하고 난 뒤 김의(金義)의 배반 등 친명(親明) 정책과 배치되는 조치가 빈번히 일어났는데 이를 그대로 두었다가는 앞으로 큰 국난을 초래할 것이니 충직한 두세 대신과 현안을 분간하여 현명하게 대처함으로써 종묘사직의 위난(危難)을 조속히 구해야 한다는 것이었다. 그러나 조정에서 아무런 조치가 없을 뿐만 아니라 김의의 배반을 합리화하고 친원 정책을 노골화하자 재차 소를 올렸는데, 이번에는 이름은 거론하지 않았지만 그 동안 집권자[李仁任]가 저지른 죄목을 조목조목 열거하고 있다.

즉, 첫째, 선왕(先王; 공민왕)의 친명 외교정책을 저버림으로써 선왕과 명나라에 죄를 얻었다. 둘째, 오계남(吳季南)이 북변(北邊)을 지키면서 명(明)의 정료위(定遼衛)와 충돌함으로써 장차 국가에 화란을 초래할 죄를 저질렀다. 셋째, 김의와 그 당여(黨與)들을 처

벌하지 않은 죄. 넷째, 김의의 반역 사실을 즉시 명에 보고하지 않
아 명의 의심을 사게 한 죄목 등을 조목조목 열거하고 속히 충직
한 두세 대신과 함께 죄상의 근원을 따져 죄인을 가두고 진상을
명에 보고한다면 종묘사직과 민생이 편안하게 될 것이라는 내용
으로 이름은 직접 밝히지 않았지만, 바로 당시 집권자인 이인임을
처벌하라는 것이었다.

그런데 이들 상소 제목은 '청각북원사소(請却北元使疏)'라고 되
어 있으면서도 실제 내용에 있어서는 북원 사신 물리치라는 말은
한 마디도 없다. 이 때문에 후손 박태보(朴泰輔)도 이 점을 의심하
여 이 외에 분명 다른 소(疏)가 있었을 것으로 추단하였다. 그러나
이외에 다른 소가 있었다기보다는 '청각북원사소'라는 소의 명칭
은 《동문선》을 편찬할 때 자료를 《고려사》에서 취하면서 전후 사
정을 참작하여 적당히 붙여진 이름이고, 처음 제목은 아니었을 것
이다.

박상충은 사단(事端)의 원인을 훤히 알아 그 근원이 이인임(李
仁任)이 비밀리에 북원을 도운 데서 생성된 것인데, 당시 정몽주
등의 상소는 김의 사건 관련자나 북원 사신 물리치는 문제 등만
언급하여 그 뒤에 있는 병통의 근원인 이인임에 대해서는 직접 지
적하지 않으므로 박상충은 첫 번째 상소에서는 친명 배원청책의
중요성과 당위성을 역설하고 이에 배치되는 김의의 반역 등에 대
한 처벌을 주장한 것이고, 여기에 대한 조치가 없자 두 번째 소에
서 구체적인 죄목을 열거하고 그 병통의 근원[이인임]을 처벌하라
는 것이었다. 반남공의 이 상소를 접한 이인임은 반격할 기회를
모색하다가 간관(諫官) 이첨(李詹)과 전백영(全伯英)의 상소가 있

자 이를 빌미로 일망타진하는 계기로 삼은 것이다.

3. 반남공 박상충에 대한 후대의 평가와 추숭(追崇)

(1) 선현(先賢)들의 평가

이상과 같이 반남공은 강개한 성품과 큰 절개로 국사를 위해 목숨을 바쳤기 때문에 후대에 그가 죽은 후 추숭해야 한다는 논의가 잇따라 일어났다. 그 단초를 연 것은 공양왕 3년(1391) 겨울 12월, 겸전의시승(兼典醫寺丞) 방사량(房士良)의 상소이니, 그는 시무(時務) 열 한 조목을 상소하면서 그 중에,

> "큰 공로의 유풍(遺風)은 만세의 사직을 부지해 주는 주춧돌이고, 충의(忠義)의 기운은 만대의 난적(亂賊)을 꺾는 도끼입니다. 원컨대 지금부터는 왕실에 공이 있고 사직에 충성한 자로서 불행하게 형벌을 받아 죽은 이들, 예컨대 안우(安祐)·이방실(李芳實)·김득배(金得培)·박상충(朴尙衷) 등은 소급하여 관직을 추증하고 특별히 제물(祭物)을 하사하시어 올곧은 영혼을 위로하소서."

라고 하여, 공민왕 11년(1362) 홍건적 격퇴에 혁혁한 공을 세우고도 김용(金鏞)의 농간에 의해 죽음을 당한 안우·이방실·김득배 세 장수와 친명 배원 정책을 주장하다가 화를 당한 반남공(朴尙衷) 등에게 관직을 추증하고 임금이 제사를 지내줄 것을 청하니, 공양왕이 깊이 받아들였으나[22] 이때는 고려가 망하기 7개월 전이라

미처 예전(禮典)을 시행할 겨를이 없었다.

결국 고려가 망하고 조선이 건국된 뒤 유교(儒敎)가 조선의 국시(國是)가 되자 반남공은 재평가를 받게 되었다. 고려시대에 충신·열사가 무수히 많지만, 조선(朝鮮)에 와서 가장 숭앙을 받은 이는 정몽주·반남공 두 사람이다. 정몽주가 고려 왕조와 운명을 같이한 대절(大節)이 있기는 하지만, 고려와 운명을 함께 한 충신은 이외에도 무수하다. 그런데 유독 두 사람을 앞세우는 이유는 조선이 성리학을 정치지도이념으로 채택한 유교 국가이기 때문이다.

정몽주는 선배인 목은(牧隱)이 그 성리학 그 강학(講學)에 대해 "달가(達可; 鄭夢周의 字)는 이(理)를 논함에 횡설수설해도 이(理)에 합당하지 않는 것이 없다.[夢周論理 橫說竪說 無非當理]"라고 칭찬함으로써 '동방이학(東方理學)의 조(祖)'로 추앙되었고, 반남공 또한 공민왕 후반기, 목은·포은과 함께 성균관에서 제생(諸生)을 교회(敎誨)하면서 '심신성명(心身性命)의 학(學)' 즉 성리학(性理學)의 이치를 연구하여 성리학을 종주(宗主)로 삼음으로써 유풍(儒風)과 학술을 일신시켰다. 그리고 마지막에는 국가를 위해 이적

---

22) 이때 함께 거명된 안우(安祐)·이방실(李芳實)·김득배(金得培) 세 장수는 공민왕 10년 홍건적이 침입했을 때 이를 격퇴하여 나라를 위기에서 구한 이들이다. 그럼에도 불구하고 이들의 공로를 시기한 김용(金鏞)이 왕명을 사칭(詐稱)하여 이들을 죽였다. 결국 사실이 탄로날까 두려워한 김용은 개성 장패문(長霸門) 밖 홍왕사(興王寺)에 임시로 머물고 있던 공민왕까지 시해하려다가 실패하자, 오히려 자신의 일당들을 모두 죽이고 난을 진압한 공으로 일등공신이 되었다. 그러나 얼마 후 잔당 90여 명이 체포되면서 그 진상이 밝혀져 최영(崔瑩)에게 잡혀 처형되었다.《高麗史》世家 卷46 恭讓王 3年 및《高麗史》卷131 叛逆列傳 金鏞.

(夷狄)을 배척하다가 유명(幽明)을 달리하였다.

그리고 무엇보다 '북원 사신 물리치기를 청하는 소[請却北元使疏]'가 《동문선(東文選)》에 실려 조선시대의 지식인이라면 누구나 그 글을 읽고 그 기개와 절조를 흠모하게 된 때문이었다. 같이 화를 당한 야은(埜隱) 전녹생(田祿生)은 반남공보다 지위가 높은 선배로 문무겸전한 재상이었지만, 성균관에서 도학(道學)을 창도(唱導)한 실적이 없고, 특히 상소문 같은 근거 자료가 없어 후세에 주목을 받지 못했는데, 이를 그 후손들은 큰 여한으로 여긴 것이다.

동방의 주자(朱子)로 추앙 받는 퇴계(退溪) 이황(李滉)은 반남공의 6세손인 소고(嘯皐) 박승임(朴承任)에게 보낸 편지에,

> "나는 학식이 낮고 견문이 없어 우리 역사 속에서 원(元)나라 섬기기를 반대한 반남공(潘南公)의 상소를 보고는 마음이 매우 격동했는데, 효성 있는 그대 형제들의 선조가 되는 줄은 몰랐다."

하였고, 우계(牛溪) 성혼(成渾)은 두 사람을 이렇게 평했다.

> "정몽주는 호매하기가 비할 데가 없는데다 충효의 큰 절개가 있었고,…… 박상충은 성품이 강개해서 큰 절개가 있었는데, 처신과 벼슬살이에서 반드시 올바른 도로 행동하였고, 의롭지 못하면서 부귀한 이를 멸시하였다."

(2) 조선시대의 포장(褒獎)

반남공에 대한 숭모(崇慕)의 열기는 조선 후기 성리학 이념의

심화(深化)와 더불어 더욱 고양(高揚)되었는데, 숙종조(肅宗朝)에
와서는 드디어 국가의 은전(恩典)을 받기에 이르렀다. 즉, 숙종 7
년(1681) 봄에 영중추부사(領中樞府事) 송시열(宋時烈)이 경연(經
筵)에서, 조선이 예의지방(禮義之邦)이 된 것은 여말(麗末) 정몽주
와 박상충의 공이라 칭탄하고, 시립(侍立)해 있던 후손 박태보가
부연(敷衍) 설명하자, 숙종이 이를 받아들여 대신들로 하여금 수의
(收議)하게 하여, 시호를 문정(文正)이라 추증하고, 반남공의 고택
이 있던 마을인 개성 오관산방(五冠山坊)에 사당을 세워 제사를
드리니 이것이 오관서원(五冠書院)의 효시이다. 박상충에 대한 후
대 사가(史家)의 평가23)는 이러하다.

  "천품이 고요하고 말이 적었으며 자질이 뛰어났다. 강개한 포부
  가 있어 생업(生業; 먹고 사는 문제)에 대해서는 말하지 않았다. 성
  리학(性理學)에 조예가 깊었고 천문학을 자득(自得)하여 성명학(星
  命學)에도 정통하였다. 집에서는 효도하고 우애가 있었으며, 임금을
  섬김에는 충성과 의리로 하였다. 관직을 맡았을 때는 부지런하고 삼
  가 조금도 마음에 거리낌이 없어, 의롭지 않고서 부귀하게 된 이를
  멸시하였다. 고려의 운이 끝나려 할 때 그 존망의 기틀이 북원을 섬
  기자는 논의에 있다는 것을 훤히 알고서 분발하여 자신의 안위를
  돌아보지 않고 앞장서서 그 근원을 격파하려 하다가 화를 당하였
  다."

끝으로 언급하고 넘어가야 할 부분이 있으니, 일부 학자들 간에
'박상충이 이색의 문하생(門下生)'이라는 그릇된 인식이 있는데,

---

23) 후대 사가(史家)의 평가 :《高麗史節要》禑王 卽位年.

앞에서 보았듯이 두 사람은 동방급제이다. 동방급제 관계가 사제
(師弟) 관계로 될 수는 없는 법이니 이는 분명 잘못이다. 이렇게
된 연유는 양촌(陽村) 권근(權近)이 반남공 몰 후 2~30년이 지난
뒤 정도전(鄭道傳)의 문집인《삼봉집(三峰集)》의 서문을 지었는데,
목은(牧隱)이 성균관 대사성으로 있을 때 당시 성균관의 학관직
(學官職)을 겸임하여 유학을 창도(唱導)한 인물들을 열거하면서 선
후배 차서(次序)를 무시하고 가장 연장자인 반남공을 이색의 제자
인 정도전·이숭인(李崇仁)의 뒤에 병기하고 이들 모두를 '당 위에
오른 자들[升堂者]'로 정의(定義)하였다. 당 위에 오른 자란,《논
어》〈선진(先進)〉에 보이는 '입실승당(入室升堂)'에서 유래된 말로,
자로(子路)가 언행이 거칠어 동학들 사이에서 제대로 대우를 받지
못하자, 공자가 제자들에게 "유[由; 子路]는 마루[堂]에는 올라갔는
데 아직 방[室]에 들지 못했을 뿐이다.[由也 升堂矣 未入於室也]"라
고 하여 자로를 높이 평가하여, "자로는 좀 거칠기는 하지만 상당
한 수준에 이른 사람이니 무시하지 말라."고 자로를 두둔하여 한
말이다. 이 말의 의미는 학문이 최고의 수준에는 도달하지 못했지
만 상당한 수준에 이른 것을 의미한다. 이 대화가 공자와 그 제자
들 간에 있었던 일이기 때문에 유학자들 간에는, '상당한 수준에
오른 사람' 혹은 '훌륭한 제자' 등의 의미로 확장되었다.

　이 글이《삼봉집》과 권근의 문집인《양촌집(陽村集)》에 수록되
어 후인들 간에 널리 읽혀지고 이로 인해 제자라는 인식이 기정사
실화 되었다. 이 때문에 반남공의 10세손인 현석(玄石) 박세채(朴
世采)까지도 그 통설을 그대로 받아들이니 정설로 굳어질 수밖에
없었다. 그 후 이긍익(李肯翊)이 지은《연려실기술(燃藜室記述)》서

원조(書院條)에 반남공을 모신 오관서원(五冠書院)을 설명하면서 '박상충은 목은의 문하생이다.'라고 단정하기까지에 이르렀고, 이렇게 잘못된 속설이 《전고대방(典故大方)》 등에 그대로 인용되어 세상에 유포되었다. 흔히들 목은(牧隱)과 포은(圃隱)의 관계를 '사우 관계[師友; 스승과 친구 같은 사이]'라 칭하는데, 포은도 목은 밑에서 성균관 학관을 지낸 일은 있으나 포은을 목은의 제자라고 말하는 사람은 없듯이, 반남공과 목은도 그런 관계였다. 더구나 반남공은 포은 정몽주보다 나이는 5년 연상이고, 급제는 7년이 앞서는 선배이다.

제2장
조은(釣隱) 박은(朴訔)의 생애와 사환(仕宦)

Ⅰ. 생장과 수학(受學)

1. 고아(孤兒)로 자라나서

박은은 고려 공민왕 19년(1370) 아버지 반남공과 어머니 한산
이씨(韓山李氏) 사이에서 출생하였다. 출생지는 계축호적(癸丑戶
籍)의 주소지인 개경 북부(北部) 오관산방(五冠山坊) 3리였는지, 아
니면 당시 많은 관습대로 외가였는지 알 수는 없다. 박은이 태어
날 때는 촉망 받는 신흥 사대부 가문의 장손(長孫)이었지만, 5세
때 모친을 여의고, 6세 때(1375)는 부친마저 횡사(橫死)하여 젖니
[乳齒]를 갈 어린 나이에 천애(天涯)의 고아가 되었는데, 궁금한 것
은 양친을 여읜 이들 고아 남매(男妹)가 누구의 손에 양육되어 학
업을 닦고 성인이 되어 출신(出身)하게 되었느냐이다.

지금 상식으로는 밀직부사(密直副使)로 치사한 조부 박수(朴秀),
혹은 삼촌 상진(尙眞)이나 상경(尙褧) 등의 가호(加護)를 받았을 것
으로 상정할 수 있다. 그러나 이러한 인식은 성리학적 사고와《주
자가례(朱子家禮)》가 사회 전반을 지배하고 통용되었던 조선 후기
적 인습(因習)에서 비롯한 것이다. 조선 전기에는 고대로부터 내려
오던 모계사회의 유풍이 온존(溫存)하여 자녀들이 어느 정도 성장
할 때까지 처가살이를 하여 손위 자식 몇 명은 외가에서 생장하는
것이 일반적인 관행이었다.1) 목은 이색도 외가인 영해에서 출생

했고, 태종 때 폐세자 된 양녕대군(讓寧大君)은 양친이 건재했음에
도 불구하고 외가에서 출생했음은 물론, 어린 시절을 외가(外家;
閔氏家)에서 보냈다. 하물며 박은 남매는 양친을 모두 여읜 고아
임에랴.

설사 친가 조부모에게 양육되었다고 하더라도 조모 화평군부인
(化平郡夫人) 김씨(金氏)는 아버지보다 먼저 사망하였고, 조부 또
한 고령이라 조부모의 양육을 받은 기간은 그리 길지 않았을 것이
다.2) 그렇다고 이들 남매가 모두 함께 외숙인 목은의 집에서 생장
한 것 같지는 않다. 이때 외조모 함창군부인(咸昌郡夫人) 김씨(金
氏)가 이미 타계했기[1371년 사망] 때문인지, 다른 어떤 이유가 있
었는지는 모르겠으나 후술하는 바와 같이, 손위 누이는 박은과는

---

1) 처가살이를…관행이었다 : 조선 전기까지 외가에서 출생하고 생장하는
   것은 일반적인 관습이었다. 우선 박은의 외조부인 가정(稼亭) 이곡(李
   穀)의 예를 보더라도 당시의 풍습이 확연히 드러난다. 이곡은 외가인 홍
   례부(興禮府; 울산)에서 출생하여 생장하고 학업을 닦는 동안 같은 한반
   도 동남 해안의 영해(寧海) 지역과 내왕이 있었고 그곳 절에서 독서한
   일까지 있어 그 인연으로 영해 호족인 진사 김택(金澤)의 눈에 들게 되
   어 그 사위가 되었다. 급제 후에는 안동 사록참군사((安東司錄參軍事)로
   부임하게 되자 자연 안동과 울산의 길목에 있는 영해의 처가에 일시 정
   착하게 되고 여기서 장남 이색(李穡)이 외가인 영해 괴시리(槐市里)에서
   출생하게 되었다. 때문에 영해 괴시리에는 목은을 기념하는 사당이 있다.
2) 계축호적은 공민왕 22년 계축(1373)에 작성되었는데, 그해에 할머니 화
   평군부인 김씨의 상을 당했고, 그때 조부인 밀직부사 박수의 나이는 78
   세의 고령이었다. 그 이듬해 7월 부친 상충의 상을 당했다. 그 후 어디에
   도 박수의 몰년(沒年) 기록은 찾을 수 없으나 당시 79세의 고령임을 감
   안할 때, 단언할 수는 없지만 고아 된 손자를 그리 오래 양육하지는
   못했을 것이다.

떨어져 다른 사람의 집에서 양육되고 있었다.

당대 제일의 문호(文豪)였던 외숙인 목은(牧隱) 이색(李穡)은 그때그때 겪은 사실이나 일상생활의 주변 잡사(雜事) 또는 생각한 것들을 시로 남긴 것이 많은데, 목은은 생질(甥姪) 박은과 생질녀에 대해서도 4편의 시를 남기고 있어 이 시편(詩篇)들은 고아가 된 박은 남매의 양육을 유추할 수 있는 단서가 된다. 그리고《목은시고(牧隱詩藁)》는 총 35권인데 전후의 시들을 검토해 보면 대개 저작 연대순으로 편집되어 있는데, 이렇게 편차(編次)될 수 있었던 것은 목은 자신이 평소에 지은 시를 앞으로 문집 편찬할 것을 염두에 두고 원고를 잘 정리해 놓았기 때문이었다. 이들 시제(詩題)의 앞뒤에 있는, 저작 시기가 분명한 시들을 근거하면 이들 남매의 유년기 활동도 어느 정도 추정이 가능하다. 우선《목은시고》권16에 수록된 생질녀(甥姪女)를 두고 지은 시 '슬프도다[哀哉]'를 보자.

① 슬프도다 나의 외생[甥姪女]이여
　어린 딸은 더욱 의지할 곳이 없어
　기구하게 거처를 바꾸었는데
　哀哉我外甥　　　　　　有女尤失憑
　崎嶇易居處
② 다행히 몇 겹 산 너머에 있는지라
　바로 가서 어루만져주고 싶지만
　내 병세가 더치는 것이 괴로워
　우선 가동(家童)을 너에게 보내
　나의 애타는 심정을 전하노라
　봄풀이 나서 도로에 가득하게 되면

남여를 탈 수가 있을 터이라
내 의당 가서 너를 찾아볼 테니
너는 문에 나와 나를 맞을지어다

幸隔山幾層	徑欲往撫背
苦此病勢陵	且遣蠻童去
達我心炭氷	草生滿道周
籃輿可以乘	我當往省汝
汝其出門應	

③ 네 아버지 성질은 곧음을 숭상했으니
　재앙을 당한 것 또한 천명이로다
　아우가 있고 또 누이동생도 있어3)
　가풍이 퍽이나 근엄했었더니
　슬프다 너는 성질이 천진한데
　길이 막힌 듯 왕래는 못하지만

汝父性尙直	罹凶亦天命
有弟又有妹	家風頗修整
哀汝出天眞	往來如道梗

④ 네가 남의 양육을 받음으로 인해
　네 천성을 능히 보존하고 있으니
　네가 자라서 시집을 가는 때는
　복사꽃 피는 화창한 봄날이리라

由汝養於人	保汝能順性
汝長可適人	桃夭春日靜

⑤ 어찌 네 혼기를 늦어지게 하랴
　인륜은 의당 스스로 바루어야지

肯使汝愆期	人倫當自正

---

3) 아우가…누이동생도 있어 : 이는 박상충의 형제자매 5남매를 지칭한 것이다.

위의 시는 훗날 영동인(永同人) 김포(金苞)에게 출가한 박은의
손위 누이가 출가하기 전, 홀로 어떤 친인척의 집에 의탁해 양육
되고 있는 정상을 읊은 것으로 대개 부친을 여읜 4년 후인 우왕
4년(1378) 경에 지은 것으로 보이는데,[4] 남의 집에 붙여 사는 생질
녀(甥姪女)의 가련한 모습을 애처롭게 여기는 외숙의 애틋한 심경
(心境)이 잘 드러나 있다.

①에서 "슬프도다 나의 외생이여, 어린 딸은 더욱 의지할 곳이
없어, 기구하게 거처를 바꾸었는데"라는 표현으로 보아, 처음 고
아가 된 뒤에 어떤 집 - 조부 박수(朴秀)의 슬하? - 에서 양육되다
가 또 어떤 사정이 있어 거처를 옮긴 듯하다. "어린 딸은 더욱 의
지할 곳이 없어, 기구하게 거처를 바꾸었는데"라는 표현에서 '더
욱[尤]'과 '기구하게[崎嶇]'라는 말에 주목할 필요가 있다. 이런 용
어들은 평범한 상황을 뜻하는 말이 아니고, 일이 겹겹으로 꼬였을
때 탄식조의 푸념에 섞여 나오는 한탄의 표현이다. 여기에서 우리
는 "네 동생 박은은 양육할 곳을 찾아 정착하였지만 너의 양육 문

---

4) 우왕 4년(1378)…보이는데 : 목은(牧隱) 이색(李穡)은 시 짓기를 좋아하
   여 일상의 느낌이나 겪은 일들을 시로 남긴 것이 많아《목은고(牧隱
   藁)》의 2/3를〈목은시고(牧隱詩藁)〉가 차지한다. 그리고 이 시들은 연보
   와 완전히 일치하지는 않지만, 대부분 시간순으로 편집되어 있어 시작
   (詩作) 연도를 유추(類推)할 수 있는데, 생질녀를 불쌍히 여기는 '애재
   (哀哉)'라는 이 시의 앞뒤에는 우왕이 즉위한 뒤 목은이 진강(進講)한 서
   경(書經; 조선시대의 經筵) 관련 시가 많이 나오고, 또 목은과 친교가 있
   는, 뒤에 이방원(李芳遠)의 장인이 된 민제(閔霽; 1339~1408)의 내방을
   받아 지은 '사성 민제가 내방하다.[閔霽司成來訪]'라는 시에 '사성도 이
   제 사십일세[司成今不惑]'라는 구절이 있어 우왕(禑王) 4년(1378)으로 추
   정한 것이다.

제는 어려움이 많아 여기저기로 옮겨 다니지 않을 수 없었다.”라는 뉘앙스를 은연 중 풍기고 있기 때문이다.

다음 ③에서 “네 아버지 성질은 곧음을 숭상했으니, 재앙을 당한 것 또한 천명이로다. 아우가 있고 또 누이동생도 있어 가풍이 퍽이나 근엄했었더니”라 하여 매부인 반남공 생존 시의 그 집안 가풍이 근엄하면서도 화목했던 모습을 회상하고 있다. 어떻든 이들 고아가 처음에는 함께 살았으나 어떤 사정으로 각기 다른 수양자(收養者)들에 의해 흩어지지 않을 수 없게 되니, 앞에서 본 바와 같이 “기구하게 거처를 바꾸었다.”는 표현이 나오게 된 것이다. 만일 남매가 함께 생장하고 있다면 분명 동생 박은에 대한 언급도 있을 터인데 시편(詩篇) 전체를 통해 그런 말이 없는 것을 보면 동거하고 있지 않음이 분명하고, 시제(詩題)가 ‘슬프도다[哀哉]’로 된 것도 우연이 아니라 고아 생질들이 따로따로 떨어져 살아야 했던 가련한 정상을 표현한 외숙의 애틋한 심정의 발로임이 분명하다.

그런데 바뀐 거처란 누구네 집이고 어디였을까? 물론 외가인 목은의 집은 아니다. ②의 “다행히 몇 겹 산 너머에 있는지라.”라고 한 것으로 보아 같은 개경(開京) 권역 내의 어느 지역인 듯한데, 그렇다고 삼촌인 상진(尙眞)이나 상경(尙褧)의 집에 의탁한 것도 아닌 것 같다. 만일 삼촌 집이라면 ④에서 보이듯 “네가 남의 양육을 받음으로 인해[由汝養於人]”라는 구절에서 보이듯 단언할 수는 없지만, “남에게 양육을 받는다.”는 표현을 쓰지 않았을 것이기 때문이다. 지금은 병이 나서 못 찾아보지만 내년 봄 날씨가 따뜻해지면 찾겠다는 말과 함께 ④에서 “어찌 네 혼기(婚期)를 늘어지게 하랴. 인륜은 의당 자연 바루어지리.”라는 말로 생질녀가 비록 고아지만 결혼은 해야 할 것이고 그 임무는 자신의 몫이라는, 혼사(婚事) 걱정을 끝으로 시를 끝맺고 있어 생질녀가 미구에 출가할 나이가 되었음을 암시하고 있다.

그리고 그 2~3년 뒤에 "시집가는 박씨네 딸을 보내면서[送朴氏女適人]"라는 시에,

> 외삼촌은 지금 늙고 쇠했다만
> 커서 시집가는 모습이 어여뻐
> 바다로 돌아가는 한강 물이요
> 활짝 맑게 갠 만 리 하늘이라
> 예전에 집안의 화를 당하였다만
> 뒷날엔 세상의 영화를 누리겠지
> 병중이라 너를 전송하기 어려워서
> 말없이 홀로 정을 머금고 있노라
> 外氏今衰老　　　　憐渠壯有行
> 漢江□□海　　　　萬里放新晴
> 往日遭家禍　　　　他年享世榮
> 病中難送汝　　　　默默獨含情

라 하여, 외숙 목은이 고아로 자란 생질녀가 출가하여 행복하기를 바라는 시이다. 앞의 시에서 "어찌 네 혼기를 늦어지게 하랴."라는 말이 보이듯이 이 혼사(婚事)의 성사에는 아마도 외숙 목은의 역할이 컸을 것이다. 그런데 공교롭게도 목은 자신은 병이 나서 직접 결혼식에 참석은 못하고 한 편의 시로 불우했던 생질녀의 장래에 행복이 가득하기를 염원하고 있다. 시에는 고아로 자라 성인이 되어 가정을 꾸리게 되는 생질녀를 대견해 하면서 앞으로는 모든

영화가 함께하기를 바라는 외삼촌의 간절한 소망이 담겨 있다. 이 시는 《목은시고》 권30에 있는데, 이 시 가까이에 '현릉 8주기(週忌)'란 내용의 시가 있어, 이 일은 우왕 7년(1381) 전후일 것이니, 여자 출가(出嫁) 연령을 16~7로 추정한다면 생질녀가 고아가 된 것은 대개 동생 박은보다 3~4세 위로 10세 미만이었을 것이다.

2. 생장과 수학(受學)

그렇다면 고아가 된 박은은 어디서 생장하고 학업을 닦았을까? 여식(女息)이라면 결혼 전 여공(女工; 부녀자의 일)을 익히고 부덕(婦德)을 닦아 출가하면 문제가 근본적으로 해결되지만, 매제인 반남공의 가문을 이어나갈 유일한 사자(嗣子)인 박은의 양육 문제는 외숙인 목은에게 있어서 무거운 책무(責務)가 아닐 수 없었다.

앞에서 잠시 언급했지만, 성리학 이념이 사대부의 일상을 지배하게 되는 조선 후기가 되면 부계 친족제(父系親族制) 개념이 강화되어 외가의 영향력이 상대적으로 약화되지만, 부계(父系) 우위의 부모 양측적 친족제(父母兩側的親族制)로 호주와 그 처의 인적 관계가 똑 같은 비중으로 다루어지고 있었던 고려시대의 관습에서는 인척(姻戚)은 친족(親族)과 동격으로 인식되어 같은 성(姓)이라는 동종(同宗) 의식보다는 친가건 외가건 누가 고아가 된 생질들에게 관심과 애정, 그리고 경제력이 뒷받침 되느냐에 따라 양육의 주체가 결정되었다.

이에 대해서는 외숙 이색의 생질 박은에 대한 사랑과 기대가 남

달랐음을 보여주는 몇 편의 시가 있어 저간의 사정을 유추(類推)
할 수 있는 단서를 제공하고 있다.
　다음의 조은 관련 시를 보자.

　　　우리 생질은 기린의 뿔과 같고요
　　　그 아비는 용머리의 다음인데
　　　세상 경시하다 구학에 버려졌고[5]
　　　가문 전함은 위태롭기 그지없네
　　　적적한 풍경은 산사의 밤이요
　　　아스라함은 해문의 가을이로다
　　　잘 배워서 선친의 뜻 계승하여
　　　후일에 의당 태학에 유학해야지

　　　吾甥似麟角　　　　　乃父亞龍頭
　　　輕世遂塡壑　　　　　傳家如綴旒
　　　寂寥山寺夜　　　　　縹渺海門秋
　　　好學繼先志　　　　　他年當出游

　　　까닭 없이 내 얼굴 붉어지어라
　　　가고파도 내 머리는 이미 희었네
　　　서책 끼고 태학에 유학할 적엔
　　　남 따라서 천자도 배알했었는데
　　　질병 앓은 지가 지금 몇 해던고
　　　일각이 삼추같이 지루도 하여라

---

5) 과거에서 차석을 한 박상충이 직언을 하다가 화를 당한 것은 일컫는 말
　이다. 용머리[龍頭]란 장원(壯元)을 가리킨 말이니 '용머리 다음'이란 박
　상충이 제이인(第二人)으로 급제한 것을 말한 것이다. 공민왕 2년(1353)
　의 과거에서 목은이 장원을 했고, 박상충이 차석이었다. 《高麗禮部試登
　科錄》

길은 막히고 몸 또한 노쇠하거니
무슨 도리로 다시 멀리 놀아 볼꼬

無端赤我面	欲去白吾頭
鼓篋游庠序	隨行拜冕旒
呻吟今幾歲	頃刻似三秋
路梗身衰老	何從更遠游

위의 시제(詩題)는 '향사(鄕寺)로 독서하러 가는 박생(朴甥)을 보내면서[送朴甥讀書鄕寺]'[6]라는 제목에서 볼 수 있는 바와 같이, 이 시는 외숙 이색이 산사(山寺)로 독서하러 가는 생질 박은을 보내면서 지은 시인데, 이 시가 공민왕 서거 6주기를 맞아 지은 시와 가까이 있고, 시구 중에, "시시각각 사모하는 마음은 하루 같은데, 아득한 우주 안에 승하한 지 육 년일세[羹牆耿耿如一日 宇宙悠悠今六年]"라는 구절로 보아 우왕 6년(1380)이니 박은 12세 전후일 때 지은 것으로 보인다.

앞의 시는 생질 박은에 관련된 내용이고, 뒤의 시는 생질에 대한 시를 짓고는 이미 노인이 된 목은 자신의 젊은 시절 추억을 회상한 것이다. 그 첫 구절에서 "우리 생질은 기린의 뿔과 같고요"라고 하여, 비록 촉망(囑望)하는 생질의 씩씩한 모습에 대한 외숙의 수사적(修辭的) 표현이라고는 하지만, 이 한 마디로 박은이 어릴 때부터 출중한 기품과 자질을 타고났음을 미루어 알 수 있다. 기

---

6) 이 시는《牧隱集》牧隱詩藁 卷19 <追記安東映湖樓夜飮>와 앞에 편집되어 있는데, 그 중에 "잠깐 사이에 십구 년이 흘렀어라[回頭十九載]"라는 구절이 있다. 공민왕(恭愍王) 홍건적의 난으로 안동에 몽진(蒙塵)한 것이 1361년 12월이니 19년 뒤라면 우왕 5년(1379) 경이다.

린은 고대 중국에서는 신성한 동물로 여긴 귀한 존재인데, 중국
양(梁)나라 문인(文人) 서릉(徐陵)이 어린 아이일 때 승려인 보지
(寶誌)가 와서 보고 머리를 어루만지면서, "이 아이는 천상(天上)의
석기린(石麒麟)이다."라고 한 데서, 잘 생긴 아이의 대명사로 쓰이
게 되었고, 훗날에는 재주와 기상이 비상한 아이를 칭하는 말로
'기린아(麒麟兒)'라는 용어가 생기게 되었다. 그래서 옛날 사람들
은 아주 귀한 것을 '봉황의 부리'‥'기린의 뿔'이라 칭했는데 여기
에서 외숙 목은의 눈에 비친 박은의 모습이 어릴 때부터 어떻게
인식되었는지를 짐작케 한다.

  다음에 이어지는 "그 아비는 용머리의 다음인데, 세상 경시하여
구학(溝壑)7)에 버려졌고, 가문 전함은 위태롭기 그지없네"라는 구
절은 아버지 박상충이 과거에서 2등[第二人]으로 급제하여8) 당대
에 촉망을 받았으나 직언을 하다가 화를 당하였으니 가문의 운명
이 오직 이 어린 박은에게 달려 있는데, 그 정경을, "적적한 풍경
은 산사의 밤이요, 아스라함은 해문의 가을이로다."라고 표현하여
백 척 간두에 선 가세(家勢)를 걱정하면서도 "잘 배워서 선친의 뜻
계승하여 후일에 의당 태학(太學)에 유학해야지"라는 말로 격려와
기대감을 나타내고 있다.

―――――――――
7) 구학(溝壑) : 여기서는 구학이 단순히 구렁텅이란 의미가 아니라, 자신의
  신념을 지키면서 나라를 위해 몸 바치는 각오를 말한다. 《맹자(孟子)》
  〈등문공 하(滕文公下)〉에, "지사는 대의(大義)를 위해서 항상 구렁텅이
  속에 시신(屍身)이 뒹굴게 될 각오를 한다.[志士不忘在溝壑]"라고 하였다.
8) 2등[第二人]으로 급제하여 : 공민왕 2년(1353) 5월 이제현(李齊賢)과 홍
  언박(洪彦博)이 과거를 주관할 때 이색(李穡)과 함께 급제했는데, 이색
  이 장원(壯元), 박상충이 차석이었다.

그리고 그 얼마 후에 지은 '생질 박은이 방학이 되어 와서 뵙기에 기뻐서 짓다[甥朴訔下學來見 喜而志之]'[9]라는 시가 보인다.

동몽의 수업 마치고 방학을 맞아
기쁜 기색 듬뿍 안고 돌아왔구나
옛날과 달리 제법 말도 잘 하는데
길이 느껴지는 것은 또 춘풍이라나[10]
성인(成人; 어른)의 예법은 우선 차치하고
성인(聖人)이 될 공부의 기초를 다져야지
외삼촌이 충심으로 고해 주노니
머리 위에 푸른 하늘이 있느니라[11]

課罷童蒙學	歸來喜氣濃
能言非舊日	永感又春風
且置成人禮	須基作聖功
舅翁忠告處	頭上有蒼穹

이 시는 그 첫 구절에 "동몽의 수업 마치고 방학을 맞아, 기쁜 기색 듬뿍 안고 돌아 왔구나."라고 하여, 방학이 되어 돌아온 생질 박은이 몰라보게 성숙해진 모습을 보고 대견해 하며 지은 것으로 생질에 대한 외숙의 사랑이 물씬 풍겨 나는 시구이다. '동몽의 수업'을 마치고 방학이 되어 돌아왔다고 했으니, 역시 박은의 10여

9) 《牧隱集》 牧隱詩藁 卷28

10) 춘풍이라나 : 그 동안 배운 내용에 대해 목은이 묻자 박은은 《논어》 선진(先進)에 나오는 "늦은 봄날에 기수(沂水)에서 목욕하고 무우(舞雩)에서 바람 쐰 뒤에 노래 부르며 돌아오겠다."고 한 증점(曾點)의 기상이 가슴에 와 닿는다고 대답한 것인 듯하다.

11) 푸른 하늘이 있느니라 : 원대한 청운(靑雲)의 뜻을 가지라는 충고이다.

세 이후의 일인 듯한데, 이것이 위에서 인용한 향사(鄕寺)로 독서 하러 갔던 때의 다음 방학인지 어떤지는 단언할 수 없지만, 이 두 편의 시를 통해 유추할 수 있는 사실은, 박은의 양육과 교육은 외숙 목은의 책임 하에 이루어지고 있었다는 것이다.

박은을 공부하러 산사로 보낸 이도 목은이요, 박은이 방학을 맞아 돌아온 집도 목은의 거소(居所)였다. 따라서 박은은 외숙 목은의 주도하에 양육되고 수학한 것으로 보이는데, 박은과 내외종간이 되는 종덕(種德)·종학(種學)·종선(種善) 3형제 중 종덕과 종학은 모두 십여 세 연상(年上)으로 이때는 이미 과거에 급제했을 터이니 나이가 비슷한 셋째 종선과 거처를 함께 하며 수학했을 가능성이 많다. 향사에서 독서한 기록 외에는 자료가 없어 단언할 수는 없지만, 당대 제일의 석학인 외숙도 틈틈이 사랑하는 생질을 직접 교회(敎誨)했을 것임은 의심의 여지가 없다.

그리고 박은이 독서하러 간 향사(鄕寺)가 개경 인근의 산사인지, 어느 시골의 산사인지는 분명하지 않지만, 몽고란 이후, 대부분의 공공(公共) 교육체계가 무너진 고려 말기에는, 산사에 들어가 공부하는 것이 보편화되어 목은도 급제 전에 고향인 충청도 한산(韓山)의 산사뿐만 아니라 경기·황해도 등 여러 지방 산사에서 독서한 기록이 있는 것[12]을 보면, 산사 독서가 일종의 유행이었음을

---

12) 산사에서…있는 것 : 목은 연보와 《목은시고(牧隱詩藁)》 권17에 의하면, 과거에 응시하기 전, 한산(韓山)의 숭정산(崇井山)을 비롯하여 교동(喬桐)의 화개산(華蓋山)은 14세 때에, 한양(漢陽)의 삼각산(三角山)은 17세 되던 해 봄에, 견주(見州)의 감악산(紺嶽山)은 그해 가을에 있었던 곳이며, 청룡산(靑龍山)은 그해 겨울에 있었던 곳이다, 서주(西州)의 대둔산(大芚山)은 18세 때에 있었던 곳이고, 평주(平州; 평산)의 모란산(牡丹

알 수 있다. 그리고 박은의 산사 독서는 두어 살 손위인 외사촌 형 종선(種善)과 행동을 같이 했을 가능성이 많다.[13] 더구나 고아인 박은에게는 어디를 가나 남의 집이니 산사 독서야말로 최적의 수학 처였을 뿐만 아니라 고려 후기에는 산사에 경사(經史)에 해박한 유능한 스승도 많았다. 그 근거로 몽고란 이후에는, 유사(儒士)들은 과문(科文)만 익힐 뿐 경전(經傳)이나 사서(史書)에 능통한 자가 없어 중앙의 태학(太學)에서도 경사(經史)를 가르칠 교수가 부족하므로 산사(山寺)의 승려를 초빙해 오는 경우도 있었다. 그렇다고 박은의 공부가 산사에서만 이루어진 것은 아니었다. 박은은 아래에서 볼 수 있는 바와 같이 십이도(十二徒)에서 공부한 흔적도 있다.

이상과 같이 박은의 생장과 수학에 있어서 외숙 목은의 보살핌은 절대적이었지만 후대로 내려오면서 그 노고는 거의 무시되어 박은은 6세 고아 스스로 분발(奮發)하여 학업을 닦아 출세한 것으로 되어 있는데 이는 사실이 아니다. 이렇게 된 배경에는 여러 가지 요인을 상정할 수 있으나 첫째, 부계(父系) 중심 친족만을 혈족이라고 인식한 조선 후기의 관습은 외가를 상대적으로 과소평가한 경향 때문이고, 둘째, 조선 중후기 당쟁이 격화된 이후, 목은 이색의 후손들은 주로 동인(東人; 뒤에 南人)에 속한 반면, 반남 박씨

山)은 19세 때에 있었던 곳이다.…이들 일곱 산에서의 성공(成功)을 거두어 태학에 진학할 수 있었기 때문이다.

13) 외사촌 형 종선(種善)과…가능성이 많다. :《목은시고(牧隱詩藁)》권18에 있는 '시야기행(是夜紀行)'이란 제하(題下)의 시에 "산사로 글 읽으러 가는 자식[셋째아들 種善]을 보내노니…너는 장차 네 아비 본받기만 전공해야지[送子讀書山寺中…汝且專攻師乃翁]라는 시구가 있다.

의 주류는 주로 서인(西人)에 속하여 박은에 대한 목은의 공로를 가능한 폄하(貶下)하고 무시하려는 경향에서 온 결과였다.

이상에서 본 바와 같이 조은이 산사에서 독서를 하고 있지만 그 수학 처는 산사 독서만이 아니라 개인의 사숙(私塾),이나 공공 교육 기관인 십이도(十二徒; 文憲公徒) 등을 거치기도 했다. 박은 23세 때 금주지군사(錦州知郡事)로 부임하여 지어 걸어놓은 오언 장편 '금주현판(錦州懸板)' 시 중에,

> 삼한(三韓)에 군자 계시니
> 봄날 동헌(桐軒)에서 편안히 지내네[14]
> 나에게 유가(儒家)의 도를 가르쳐 주시어
> 내가 부도덕함을 미워할 수 있었네

| 三韓有君子 | 高臥桐軒春 |
| 誨我孔孟道 | 吾能惡不人 |

라고 하여, 동헌(桐軒)에게서 유가(儒家)의 도(道)를 가르침을 받아 불교의 부도덕함을 깨우치게 되었다고 했는데, 동헌은 윤소종(尹紹宗, 1345~1393)의 호이다. 윤소종은 목은 이색(李穡)의 제자로 장원급제하여 문명(文名)이 있었는데, 이단(異端)을 배척하고 성리학(性理學)을 창도하는 데 앞장선 인물로 유명하다. 윤소종은 나중에 목은과 정치 노선을 달리하여 폐가입진(廢假立眞)과 조선 개국에 협력했다가 개국 이듬해 병조전서(典書)로 재직 중 49세로 죽었다.

---

14) 삼한(三韓)에…편안히 지내네 : 단언할 수는 없지만, 호가 동헌(桐軒)인 윤소종(尹紹宗)을 지칭하는 듯하다. 윤소종은 여말 선초에 성리학으로 이름이 높았다.

박은이 윤소종의 개인 사숙에 들어가 배웠는지, 윤소종이 십이도
나 성균관의 학관(學官)으로 있을 때 수학(受學)했는지는 정확하지
않다. 박은이 성리학적 가풍(家風)에서 생장했으나 부친을 너무 일
찍 여읜 탓으로 부친으로부터 친자(親炙; 직접적인 가르침)를 받
을 기회가 없었고, 외숙 이색은 순수한 성리학자가 아니었다. 박
은은 성리학을 윤소종으로부터 전수받아 일생 동안 성리학 정치
이념에 충실했으므로 위의 시구(詩句)가 나온 것이다.

그리고, 그가 과거를 보기 위해 제출한 서류에 '문헌공도(文憲公
徒) 성균진사(成均進士)[15]'라고 자신의 학력을 밝힌 것으로 보아
그가 산사 독서 외에 문헌공도로 수학하였고 성균관에 진학하여
진사시에 합격한 것임을 알 수 있다. 여기서 성균진사란 진사시에
합격하여 성균관에 재학 중인 자를 의미하지만, 문헌공도에 대해
서는 좀 더 자세한 설명이 필요하다.

즉, 문헌공도란 본래의 의미는, 고려 문종 때에 최충(崔冲)이 세
운 사학(私學) 십이도(十二徒) 중의 하나인 최충도(崔冲徒)를 뜻하
는데, 문헌(文憲)이란 최충의 시호이기 때문에 그가 죽은 뒤 붙여
진, 최충이 세운 사학(私學)의 명칭이다. 그런데 고려 후기에는 문
헌공도·십이도·구재(九齋) 등등 서로 다른 별개의 용어가 동의어
로 사용되고 있어 《고려사》를 읽는 이들에게 많은 혼란을 주고
있다. 이에 대한 이해를 돕기 위해서는 고려 후기의 교육 제도를
간략히 살펴볼 필요가 있다.[16]

고려 말기에 비록 공교육이 황폐했다고는 하지만, 향교·구재(九

---

15) 문헌공도(文憲公徒) 성균진사(成均進士) : 《潘陽世稿》 卷4 對策
16) 이하는 朴贊洙著《高麗時代 教育制度史 研究》(2001, 경인문화사 刊) 참조.

齋)·태학(太學) 등의 명맥은 유지되고 있었다. 원(元)나라에 유학하다 부친상을 당하여 귀국한 이색은 상중에 있으면서 공민왕 원년(1352)에 주요 국정에 대한 5개조의 개혁안을 건의했는데 이것이 유명한 복중상소(服中上疏)[17]로서 그 중 교육 개혁으로는 교육 기관의 정상화가 교육 진흥과 인재 양성의 관건(關鍵)임을 주장하였다. 즉,

　　"벼슬길에 오르는 자가 반드시 급제하지 않아도 되고, 급제한 사람은 반드시 국학(國學)을 거칠 필요도 없으니, 누가 즐겨 지름길을 버리고 어려운 길을 따라가겠습니까? 바라옵건대 명확한 조례(條例)를 내려서 지방에서는 향교(鄕校)로부터, 중앙에서는 학당에서 그 재능을 상고하여 십이도(十二徒)에 올리면, 십이도에서는 또 모두 상고하여 성균관(成均館)에 올려서 일정한 기한을 정해 놓고 그 덕(德)과 기예(技藝)를 닦는 과정을 마친 다음 예부(禮部)에 나아가게 해서, 합격자는 예(例)에 따라 관직을 주고, 합격하지 못한 자도 출신(出身)할 계제(階梯)를 주되, 현직에 있으면서 과거를 보려는 자만 제외하고, 그 나머지는 국학의 학생이 아니면 시험에 참여하지 못하게 한다면 옛날에는 불러도 오지 않던 자들이 이번에는 가라고 해도 가지 않을 것이니, 이렇게 되면 인재가 배출되어 아무리 써도 부족하지 않을 것입니다."

---

17) 복중상소(服中上疏) : 이색(李穡)은 생원(生員)의 신분으로 원나라에 유학하던 중 1351년 부친상[李穀]을 당하여 귀국했다가 이듬해(공민왕 원년)에, 복중에 있으면서 전제(田制)의 개혁, 국방 계획, 교육의 진흥, 불교의 억제 등 당면한 여러 정책에 대한 시정 개혁에 대한 건의를 하여 새로 즉위한 고려의 폐정을 일신하려는 야심찬 임금에게 깊은 인상을 주었다. 《高麗史》卷115 李穡列傳

라 하여 벼슬길의 문란함과 인재 부족 원인이 교육의 부실로 인한 것인데, 그 처방은 공교육의 정상화에 있음을 설파하고 있다. 이색의 주장에 의하면, 초등 교육 기관인 향교(鄕校)와 학당(學堂)에서 중등 교육 기관인 십이도로 올리고, 십이도에서는 또 성적을 상고(詳考)하여 성균관(成均館)에 올려서 일정한 기한을 정해 놓고 그 덕(德)과 기예(技藝)를 닦는 과정을 마친 다음 예부(禮部) 즉 예부시(禮部試; 文科)에 나아가게 함으로써 학생이 아니면 과거에 응시하지 못하게 한다면 학교 교육은 정상화되고 인재는 넘쳐날 것이라는 내용이다.

주지하다시피 고려는 귀족제사회로 급제(及第)를 영예롭게 여기기는 했지만, 이색의 지적과 같이 그것이 출사(出仕)의 필수 요건은 아니었기 때문에 문음(門蔭) 출신들도 얼마든지 출사하여 재상의 지위에 오를 수 있었다. 박은의 아버지 반남공을 죽게 한 권신 이인임(李仁任)도 급제자가 아니었다. 또 과거 응시자도 정규 교육 과정을 필수로 하지 않아 공교육 과정을 이수할 필요도 없었기 때문에 교육이 침체하여 성균관은 황폐화되고 학문이 경시되었다. 따라서 인재도 부족해진 것이니, 공교육 과정을 정상화시켜 이 문제를 해결하자고 복중 상소에서 건의했는데, 홍건적의 난이 끝난 뒤 성균관을 새로 중건하고 공교육을 강화함으로써 공민왕 중후기에 잠깐 성균관 교육이 강화되었다. 박은도 산사 독서, 십이도(文憲公徒), 성균관의 교육과정을 거쳐 급제하게 되는데. 고아 출신의 박은이 이러한 과정을 거쳐 과거 급제의 관문을 통과할 수 있었던 것은 외숙 이색의 뒷받침이 절대적이었을 것이다.

그렇다면 박은이 스스로 밝힌 문헌공도와 이색의 복중 상소에 나오는 십이도(十二徒)는 어떤 관련성이 있는지를 살펴보아야 되겠는데, 결론적으로 말하면 고려 후기의 십이도·구재(九齋)·문헌공도 등은 동일 대상에 대한 다른 호칭으로서 이들은 고려 문종(文宗; 1047~82) 대에 성립했다고 하는 사학 십이도(私學十二徒)에 그 연원(淵源)을 두고 있다.

즉, 고려시대에는 초기부터 문인 관료들이 사숙(私塾; 서당)을 열어 제자를 길렀고, 국가에서는 이를 장려하여 그 실적에 따라 전선(銓選; 인사 고과)에 반영하기까지 했다. 이렇게 되자 사학은 더욱 번창하고 설립자의 개인 역량과 열성에 따라 도(徒)라고 칭할 정도로 학생이 운집하게 되었는데, 도는 신라의 화랑도(花郎徒) 등에 기원을 둔 것으로 '무리'라는 의미로서 다수(多數)를 지칭하는 용어이다. 이 도는 문운(文運)이 융성하게 된 12세기 중·후반의 문종 대에 전성기를 이루었다. 그 대표적인 것이 해동공자(海東孔子)로 일컬어진 최충(崔沖)의 문헌공도(文憲公徒)였고, 문헌공도는 골목을 메울 정도로 학생들이 모여 들자 한 곳에 다 수용할 수 없어 9개 반으로 나누어 여기저기에 분산시켜 교육하니 이것이 이른바 구재(九齋)이다.

이렇게 도(徒)라고 칭할 수 있는 것이 문헌공도를 비롯하여 12개나 되어 십이도(十二徒)란 명칭이 생기게 되었다. 그러나 십이도의 번성은 국학(國學; 國子監)의 침체를 야기하게 되었으므로 예종(睿宗)은 국자감에 7개의 전문 강좌를 개설했는데 이것이 이른바 칠재(七齋; 후기에는 七館))이다. 국가에서 국자감 부흥에 주력하게 되니, 사학(私學)은 상대적으로 침체를 면할 수밖에 없었고, 또 사학의 속성상 대부분 설립자의 사망과 함께 유명무실하게 되었다. 그 결과 십이도 중 문헌공도 같은 전통 있는 일부 사학은 선배들이 이끌어주어 그 전통이 전승되었지만 대부분의 사학은 무신난(武臣亂; 鄭仲夫의 난)에 이어 계속되는 몽고의 침략을 겪으면서 거의 소멸되었다. 다만, 전통 있는 문헌공도의 구재(九齋)는 고려 후기까지 이어져 왔는데, 한 뿌리에서 시작된 구재는 각기 독자적으로 전승되어 오다가 대부분 소멸되고, 많은 인재가 배출된 성명재(誠明齋) 등 몇몇 재만이 겨우 하과(夏課)라는 행사를 통해 유대감(紐帶感)과 명맥을 유지하게 되었다. 그리고, 고려 말기에 허물어진 교육 체계를 수립하는 과정에서 정부에서는 이 유구한 전통을 가진 사학을 공교육으로 편입시키고 국가에서 그 운영에 재정적 지원을 함으로써 사학이 자연스레 관학(官學)으로 전환되어 국립 중등 교육 기관으로 자리매김 되었다.

앞에서도 언급했지만 이를 요약하면, 고려 전기에는 사학십이도(私學十二徒)가 있었으나 대부분 소멸되고 그 중 몇몇 도만 계승되었는데, 그 중에서 문헌공도(文憲公徒)는 가장 대표적인 사학으로 학생이 운집하자 구재(九齋)로 분반(分班)하여 가르치던 것이 고려 말에 와서는 십이도·구재·문헌공도가 동일한 의미로 불리어지게 되었고, 이것은 관학체제 내에 중등 교육 과정으로 편입되었다.

II. 조은 박은의 관직 생활[宦歷]

1. 급제(及第)와 출사(出仕)

앞에서 살펴본 바와 같이 외숙 목은의 극진한 가호(加護)를 받으며 부지런히 학업을 닦은 조은은 고려 우왕(禑王) 11년(1385) 4월에 16세의 어린 나이로 진사시 회시(會試)에서 제2인으로 합격하고, 3년 뒤인 창왕(昌王) 1년(1388) 10월에는 밀직제학(密直提學) 정도전(鄭道傳)과 지신사(知申事) 권근(權近)이 주관한 전시(殿試)에서 병과(丙科) 제2인[18]으로 급제하니, 당시 나이 19세였다.

조은이 급제하기 4개월 전인 6월에는 이성계의 위화도회군(威化島回軍)으로 우왕이 쫓겨나고 그 아들 창왕이 즉위하는 정변이 일어나 이성계 일파가 정권을 장악했는데 이성계의 책사(策士)는 정도전이었다. 정도전은 이색의 문인이었고, 조은의 아버지 반남공[朴尙衷]의 죽음에 '반남 선생을 곡한다[哭潘南先生]'라는 제문을 지어 충심으로 애도했지만, 이때에 이르러서는 고려 왕조를 뒤엎어야 한다는 혁명 계획을 굳혔기 때문에, 어떻게든 고려 왕조를 부지시켜 보려는 스승인 이색과도 정치적으로 대립 관계에 있었다.

조은 연보(年譜)에 의하면, "9세(1378, 우왕4)에 판숭복도감사(判崇福都監事)에 제수되었다."고 했는데, 이는 음서(蔭敍)에 의한 관

---

18) 병과(丙科) 제2인 : 총 33인 중 제5위의 우수한 성적이다. 고려의 과거에는 갑과가 없고 을과·병과·동진사(同進士)로 구분했는데, 이것이 조선시대 갑과·을과·병과로 바뀌었다. 갑과가 3인, 을과가 7인, 동진사가 23인으로, 고려 병과 제2인은 제5위에 해당한다.

직 제수이기는 하나 기록상에 오류가 있는 듯하다. 우선 고려시대의 음서제도를 보면, 고려는 귀족제적 유습(遺習)이 강하여 5품 이상의 실직(實職)을 지낸 고관에게는 한 사람의 후손에게 음직을 제수할 수 있는 권한이 주어지는데, 잘 알다시피 고려는 조선 후기와 같은 부계 중심적(父系中心的) 친족제(親族制)가 아닌, 양측적(兩側的) 친족제도로서 음서의 수혜자는 아들 이외에도 수양자·손자·사위·외손자·조카·외생(外甥)·동생 등 3촌 이내의 내외 후손 및 방계 친인척을 망라할 정도로 광범위하였고, 피음(被蔭) 연령도 이르게는 10세 미만에 주어지기는 하나 실제로 관직에 나아가는 것은 15세 전후로 간단한 테스트를 거쳐 출사시켰다.

조은은 정3품직인 판전교시사(判典校寺事)를 역임한 반남공의 외아들이고, 외숙이 재신(宰臣) 급이며 나이도 9세가 되었으니 음직(蔭職)을 받을 요건은 충분히 갖추어졌다고 하겠다. 그러나 고려 말기에 관제가 문란했던 사실을 감안하더라도 이 기록을 그대로 믿을 수는 없을 것 같다. 즉, 판숭복도감사란 숭복도감 판사(判事)를 의미하며, 판사는 고위직이 겸하는 관직이다. 숭복도감(崇福都監)은 공민왕 때 설치된 임시 관청으로 도감(都監)이란 명칭에서 알 수 있듯이, 흥복도감(興福都監)·전보도감(典寶都監)·변정도감(辨正都監) 등과 함께 어떤 목적 사업을 위해 임시로 설치되었던 관아(官衙)[19]인데, 6년(1380)에 폐지되었다고 했으니, 혹 판관의 오기(誤記)로도 생각할 수 있겠으나 판관 또한 종5품의 참상 실직(參上實職)으로 9세의 소아(小兒)가 음서로 제수 받을 수 있는 관직이

---

19) 숭복도감(崇福都監)은…관아(官衙) : 《高麗史》 百官志 諸司都監各色

아니다. 따라서 권무직인 녹사의 오기(誤記)로 인한 것인지도 모르
겠다. 다만 조은이 급제 후 구전(口傳)으로 권지 전교시교감(權知
典校寺校勘; 9품)에 제수되었다가 이해 12월에 6품직인 선덕랑(宣
德郎) 후덕부 승(厚德府丞)에 초탁(超擢)된 것은 급제 전에 받았던
음서직의 가자(加資; 資級 즉 品階를 더함)에 의한 것임은 분명하
다고 하겠다.

위화도 회군 후 임금인 우왕은 책임을 지고 쫓겨났지만 그 뒤를
아들 창왕(昌王)이 계승한 것은 이색과 회군의 한 주역이었던 조
민수(曹敏修)의 주장에 의한 것인데, 이때 이색은 수상인 문하시중
(門下侍中)에 올라 실권은 없었지만 형식상 어린 왕을 대신하여
국사를 총람(總攬)하는 위치에 있었다. 그러나 회군 이후 군사권을
장악하고 있던 이성계의 추종 세력인 개혁파들은 전제개혁 등 혁
명적인 조치를 통해 권문세족이 점유하고 있는 토지를 몰수하여
자신들의 경제적 기반을 구축하려 한 반면, 이색·조민수 등은 고
려의 옛 제도를 함부로 고치게 되면, 고려 왕실의 기반을 위태롭
게 할 위험성이 있다고 생각했기 때문에 전제(田制) 개혁은 운영
상의 폐단만을 시정하려는 입장을 취하였다. 그 때문에 창왕이 즉
위한 뒤 이색은 여흥에 물러가 있는 우왕을 알현하기도 했고, 한
걸음 더 나아가 명나라의 후원을 얻어 고려 왕실을 유지시켜 보려
고 창왕의 친조(親朝)와 명의 감국(監國)을 요청하려고도 하였
다.[20]

20) 창왕의 친조와…요청하려고도 하였다 : 창왕 1년 9월, 이색은 고려 왕실
을 공고히 하기 위해 수상으로서 창왕의 친조(親朝)와 전일의 원(元)나
라가 고려를 감독하듯 고려를 감독해 달라는 감국(監國)을 추진하였다.

한편, 우왕은 이성계를 제거하고 왕위를 되찾으려는 음모를 꾸미다가 발각되는 등, 신구(新舊) 세력의 갈등이 표출되어 고려의 정국은 극심한 혼돈 상태에 빠지게 되었다. 정도전 일파의 입장에서는 이색 등 보수파는 타도해야 할 수구세력이었으므로 이들은 특단의 조치를 취하지 않는 한 권력을 장악할 수 없다고 생각하였다. 그 방책으로 나온 것이 폐가입진(廢假立眞) 문제, 즉 우왕과 창왕은 신돈(辛旽)의 자손이니 가짜라는 구실을 붙여, 왕씨 종실(宗室) 중에서 임금을 세워야 한다는 것으로 20대 왕 신종(神宗)의 7대손인 공양왕(恭讓王)을 세운 것이다. 공양왕 옹립에는 고려 충신의 표상(表象)이라고 할 수 있는 정몽주도 적극적인 협력자였다.

이렇게 되자 우왕의 아들 창왕을 옹립한 이색은 책임을 면할 수 없게 되었으니, 심지어는 신돈의 자손인 줄 알면서 창왕을 세운 것은 왕씨의 혈통을 끊으려 한 반역 행위라는 모함도 받았고, 윤이(尹彝)·이초(李初)의 사건21)에 연루되기도 했으며, 1392년 7월,

---

친조는 어린 임금이 추운 겨울에 먼 길을 갈 수 없다는 태후의 반대로 실현되지 않았다. 이색은 감국이나마 청하고자 첨서밀직(簽書密直) 이숭인(李崇仁)과 함께 명나라에 가게 되었는데, 자신이 없는 동안 이성계 일파가 변을 일으키지 않을까 염려하여 이성계와 동행하자고 하였다. 이성계는 두 사람이 함께 나라를 비울 수 없다고 하여 대신 아들 이방원을 동행시켰다. 결국 이 사명(使命)은 명의 소극적인 반응으로 성공하지 못하였다. 《東史綱目》 창왕 즉위년 10월)

21) 윤이(尹彝)·이초(李初)의 사건 : 고려 말(1390) 죄를 짓고 명나라로 도망가서 이성계가 옹립한 공양왕은 왕씨(王氏)가 아니라 이성계의 인척이고, 이성계가 장차 명을 치려는 계획을 꾸미고 있는데, 이색 등 고려의 재상들이 이성계를 반대하다가 죽음을 당하거나 유배되었다는 등의 말로 고발한 사건을 말한다. 이 사건에 연루되어 이색은 청주로 귀양을 갔으나 홍수가 나는 바람에 풀려났다. 결국 이 사건은 무고(誣告)로 결

고려가 망하고 조선이 건국된 뒤에는 고려 말에 난을 도모하려 했다는 56인[22] 중 한 사람으로 지목되기까지 하였다, 이러한 격동 속에서 조은은 시통례문부사(試通禮門副使)를 거쳐 공양왕 4년 2월에 봉선대부(奉善大夫)의 품계에 올라, 23세라는 겨우 약관(弱冠)을 면한 나이에 개성소윤(開城少尹)에 제수되었다.

급기야 이해 7월, 이성계가 "고려의 국사를 임시로 맡아본다."는 구실로 고려권지국사(高麗權知國事)란 직함으로 역성혁명에 성공하니 곧 조선의 건국이었다. 그 다음 달인 8월에 박은은 지금주사 겸 권농방어사(知錦州事兼勸農防禦使)로 나가게 되었는데, 금주는 지금의 충남 금산(錦山)으로 일찍이 그 아버지 반남공이 그곳 수령으로 있으면서 외조부 이곡(李穀)의 문집인《가정집(稼亭集)》을 간행한, 조은과는 인연이 깊은 고을이다. 이 즈음에 이색의 둘째 아들이요, 조은에게는 외사촌 형이 되는 이종학(李種學)이 당시 실권자였던 정도전 일파에게 장살(杖殺)되는 횡액을 당하기도 하였다.

이러한 정치 환경 속에서 조은의 입지는 좁아질 수밖에 없었고, 역성혁명의 소용들이 속에 휩쓸려 지방관으로 부임하기는 했으나 그 태생적 한계로 볼 때 신왕조에 대해 우호적인 입장은 아니었을

론이 났지만, 혁명파들은 이를 계기로 이색 일파 등 반대 세력을 제거하려는 계책을 더욱 굳혔다.

22) 난을 도모하려 했다는 56인 : 이성계의 즉위에 부정적이었던 56인의 고려 구신(舊臣)을 말한다. 태조 원년 7월 28일(丁未)의 이성계 즉위 교서 내에 유사(有司)의 말을 빌어 "우현보(禹玄寶)·이색(李穡)·설장수(偰長壽) 등 56인이 고려 말기에 도당(徒黨)을 결성하여 반란을 모의해서 맨 처음 화단(禍端)을 일으켰으니, 마땅히 법에 처하여 장래의 사람들을 경계해야 될 것입니다."라는 내용이 있다.

것이지만, 그렇다고 역성혁명이라는 큰 소용돌이 속에서 반기를
들 형편은 더욱 아니었다.

2. 태종(太宗) 이방원과의 관계

(1) 태종과의 인연

그런데 아이러니하게도 이 즈음, 조선 건국의 한 주역이었던 이
방원(李芳遠)과 운명적이라고 할 수 있는 친교가 맺어지는데, 아래
에서 볼 수 있는 바와 같이 인연이 맺어지게 된 배경에는 몇 가지
요인이 작용했을 것임을 유추(類推)할 수가 있다.

첫째, 여말 선초라는 격변기에 정치적 입장은 서로 달랐다고 하
더라도 두 사람은 5년 간격으로 급제한 선후배 사이의 문유(文儒)
로서23) 함께 4~5년간 중앙 관료로서 근무했으니 서로 면식(面識)
이 있었을 것이다. 그런데 두 사람이 동지적 관계로 발전하게 된
배경에는 박은의 인물됨을 잘 알고 있던 이방원의 처남인 민무구
(閔無咎)·민무질(閔無疾) 형제가 다리를 놓았을 가능성이 많으니,
이러한 추단은 다음과 같은 사실에서 유추(類推)가 가능하다.

즉, 태종 7년 7~8월 사이, 개국(開國)·정사(定社)·좌명공신(佐命

---

23) 5년 간격으로…문유(文儒)로서 : 이방원은 우왕 9년(1383) 4월, 우현보
　　(禹玄寶)의 장시(掌試)에서 급제하였고, 박은은 창왕 즉위년(1388) 10월
　　정도전(鄭道傳) 장시에서 급제했다. 그리고 연령은 태종이 3년 연상이
　　었다. 許興植 著《高麗科擧制度史硏究》부록 Ⅱ <高麗禮部試登科錄>

功臣) 및 영의정부사(領議政府事) 이화(李和) 등이 상소하여, 민무구·민무질·신극례(辛克禮) 등이 종친 사이에 이간을 꾀했다고 그 죄를 청했는데,―사실 이 사건은 당시의 여러 가지 정황으로 미루어 볼 때, 외척 세력의 발호를 극도로 혐오하는 태종이 이를 미연에 방지하기 위해 조종함으로써 발단된 사건이었을 개연성이 농후하다.― 조은은 조정이 민무구 등의 탄핵으로 시끄러울 때, 좌군도총제부 동지총제 집현전직제학(左軍都摠制府同知摠制集賢殿直提學)으로 판예빈시사(判禮賓寺事)를 겸하고 있으면서 병을 칭탁하고 여기에 동조하지 않았다. 이에 대간(臺諫)이 민씨들과의 친분 때문에 박은이 그들에게 아부하여 입을 다물고 있다고 공격하자, 박은은 수직(守直; 행동의 감시를 받는 상태) 중에 소를 올려 해명하고 있다. 그 가운데,

> "젊은 나이[早年]에 술을 좋아하다가 우연히 무구(無咎)와 상종하게 되었는데 그것으로 인연하여 잠저(潛邸) 시에 작은 충성을 바치게 되었습니다.……무구는 실로 신의 오랜 친구로서 포의(布衣) 시절부터 지금까지 이르렀으니 정리(情理)가 비록 얕다고는 할 수 없습니다.……24)

라고 했으니, 박은은 민무구와 단지 술친구일 뿐만이 아니라 스스

---

24) 민무구의 나이는 알 수 없으나 바로 손위 누이인 원경왕후(元敬王后)가 1365년생이니 민무구는 아마도 1367~1368년생 쯤으로 추측되고, 그 동생인 민무질은 1370년생인 박은과 동갑이거나 한두 살 차이가 날 것이니 동년배로 보이는데,《태종실록》여기 저기에 민무질이 박은의 친구라는 말이 자주 등장하는 것을 볼 때 두 형제와 공히 친밀했던 것으로 보인다.《潘陽世稿》卷4 上疏 <拘囚陳狀>

로 해명하기를, "실로 신의 오랜 친구로서 포의(布衣) 시절부터 지금까지 이르렀다."고 했으니, 민씨와의 인연은 조은이 19세로 과거에 급제하기 이전부터 친교를 맺어온 절친한 사이라는 것을 알 수 있고, 또 그것으로 인연하여 "잠저(潛邸) 시에 작은 충성을 바치게 되었다."고 했으니, 태종과의 인연도 민무구를 통해 맺어졌다는 것을 알 수 있다.

민무구의 아버지 민제(閔霽)는 과거에 급제한 문유(文儒)로서 조은의 외숙이며 그 후견인인 목은 이색보다는 9세 연하의 후배이나 《목은시고(牧隱詩稿)》에 가끔 등장하는 것으로 보아 두 사람 간에 친분이 두터웠던 것으로 추측되는데, 이러한 두 집안 간의 친교 분위기가 조은과 나이가 비슷한 민무구·민무질 형제와의 접촉에 가교(架橋) 역할을 했을 것으로 보인다. 그리고 이들 민씨 형제들을 매개하여 자연스레 이들의 자형(姊兄)인 이방원과 알게 되었고, 이러한 인연은 당시 세자 자리를 어린 이복동생에게 빼앗기고 앙앙불락 울분의 나날을 보내며 기회를 엿보고 있던 야심만만한 왕자와 동지적 관계로 발전되었을 것이라는 추측은 어렵지 않다.

다음으로, 조선 건국 세력들 간의 갈등과 대립은 집권층과 대척점(對蹠點)에 있던 이방원과 가까워질 수 있는 공간을 만들어 주었다는 점이다. 즉, 이성계의 다섯째 아들 이방원은 이성계의 여러 아들 중에서 조선 건국에 가장 공이 많은 주역 중 한 사람이었음에도 불구하고 왕자라는 신분 때문에 개국 공신이 되지도 못했고, 조선이 건국된 직후에 결정된 세자 자리는 겨우 열 한 살짜리 이복동생 방석(芳碩)에게 돌아갔으며,25) 권력은 정도전(鄭道傳)·남은(南誾)·심효생(沈孝生; 세자 방석의 장인) 등 실세(實勢) 트리

오에 독점되었으므로 이방원은 권력의 핵심에서 비껴 나 있었을 뿐만 아니라 신변의 위험마저 느낄 정도였다.

여기에서 조선 건국 초 세자 책봉에 관해 잠시 짚고 넘어갈 할 필요가 있다. 이성계가 즉위한 직후인, 태조 1년(1592) 8월 중순, 공신 배극렴(裵克廉)·조준(趙浚)·정도전(鄭道傳) 등은 "세자를 세워 국본(國本)을 튼튼히 해야 한다."고 세자 책봉을 발의했는데, 이성계가 즉위한 바로 다음 달이었다. 이런 건의는, 당시 이성계가 왕위에 오르기는 했으나 "고려의 국사를 임시로 맡아 처리한다."는 의미의 '고려권지국사(高麗權知國事)'라는 과도체제였으므로 왕권의 향배에 의구심이 없을 수 없었다. 따라서 세자 책봉은 역성(易姓) 혁명을 기정사실화하고 혁명 후의 혼미한 정국을 안정시켜 혁명 정부의 기틀을 공고히 하는 데 필수적이었다. 이들은 모두 세자의 자격 요건으로 나이와 공로가 우선되어야 한다고 했으니, 이는 신의왕후(神懿王后) 한씨(韓氏) 소생인 다섯째 아들 방원(芳遠)을 염두에 둔 것이었다.

이에 반해, 임금 이성계는 둘째 부인 신덕왕후(神德王后) 강씨(康氏)의 의사를 존중하여 방번(芳蕃)을 세우려 하였다. 이렇게 되자 배극렴(裵克廉) 등은 자기들의 소신을 굽히고 임금의 뜻에 영합하여 이왕 강씨 소생을 세자로 삼을 바에야 광패(狂悖)한 방번보다는 방석이 조금 낫겠다고 생각하고 11세의 어린 방석이 세자

---

25) 결국 방석이 세자로 책봉된 것은 정도전의 주장에서가 아니라 생모인 신덕왕후 강씨(康氏)의 지나친 자식 사랑에 의한 결과인데, 그 과욕은 급기야 자기 소생의 두 아들을 죽음으로 몰아가게 되었다.《朝鮮王朝實錄》태조1년 8월 20일(己巳)

에 책봉되었는데, 이때 조준(趙浚)은 선뜻 동의하지 않았다고 한다.

당시의 정황에 대해, 통설(通說)은 정도전이 상대하기 버거운 야심만만한 방원을 꺼려 의도적으로 방석을 적극 추천하여 세자로 세웠다고 하는데 이는 사실이 아니다. 정도전도 처음에는 이방원을 세자 후보로 염두에 두고 있었다. 방석이 세자에 책봉된 것은 기필코 자기 소생으로 왕위를 잇게 해야겠다는 신덕왕후 강씨의 과욕에 의한 것인데, 이는 미약한 어린 왕을 내세워 재상 중심의 정치를 펴보려는 정도전의 구상과도 결과적으로 이해가 일치되었다. 정도전은 태조 재위 7년 동안 권력을 장악하게 되지만, 결국 세자 방석과 함께 패몰하였고, 그 후 잇따른 왕자 간 골육상잔(骨肉相殘)의 참극은 후대 왕[世祖]에까지 전승(傳承)되었다.

이방원이 세자가 되지 못했지만, 많은 사람들은 패기와 야망으로 가득 찬 그가 이러한 상황을 운명적으로 순순히 받아들일 것이라고도 생각하지 않았다. 언젠가는 분명하진 않지만, 이방원이 세자 자리에서 밀려난 뒤 울분으로 세월을 보내고 있던 어느 날 조준의 집에 들르자 조준은 안방으로 인도하여 술을 올린 후,

"책 한 권을 내놓으면서 '이것을 읽으면 나라를 다스릴 수 있습니다.' 라고 하자 상(上; 태종)이 그 뜻을 이해하고 받았다."[26]

하였는데, 그게 바로 조선 초기 최고의 제왕학(帝王學) 교과서로 일컬어지던 진덕수(眞德秀)의 《대학연의(大學衍義)》로서 성리학 이

---

26) 《太宗實錄》 태종5년(1423) 6월 27일(辛卯) 영의정부사(領議政府事) 평양부원군(平壤府院君) 조준(趙浚) 졸기(卒記)

념의 토대 위에 고금의 역사적 사례를 풀이한 제왕학 교재의 전범(典範)이었고, 이후 태종은 이것을 정치의 좌우명으로 삼아 이에 정통했다. 그리고 조준은 누구인가. 고려 말 전제(田制) 개혁을 주도하여 고려 왕조 지지 세력의 경제적 바탕을 허물어뜨림으로써 역성혁명을 가능케 했던, 조선 개국의 일등 공신이 된 국가 경영의 달인 아닌가.

그런데, 여기서 짚고 넘어가야할 점이 있으니, 조준이 아무리 방석의 세자 책봉을 못마땅하게 여겼다고 해도 이미 세자가 세워진 상황에서, 자칫하면 반역죄로도 몰릴 이런 말을 이방원에게 하고 있다는 것은, 당시 중신들 사이의 일반적 분위기나 민심의 추이(推移)가 이방원에 대해 어떤 기대를 하고 있었던가를 단적으로 엿볼 수 있게 하는 대목이다. 하지만, 이러한 상황은 역설적으로 이방원의 안위를 위태롭게 하는 위험 요소로도 작용하였다. 따라서 이방원이란 존재는 세자 방석을 둘러 싼 정권 실세들에게는 항상 경계의 대상으로 이방원은 왕자라는 존귀한 존재로서가 아니라 신변의 안전마저 걱정해야 하는 입장이었고, 조은 또한 외사촌 형 이종학(李種學)이 정도전에 의해 비명에 죽는 등, 자신의 모태(母胎)인 외가가 정권 실세인 정도전 일파에 의해 부단하게 핍박을 받는 처지였다.

이러한 상황 하에서 두 사람은 동병상련(同病相憐)의 입장에서 최고 실권자인 정도전에 대해 비판적일 수밖에 없었고, '적의 적은 동지'라는 등식이 성립될 수도 있었으므로 두 사람이 서로 가까워질 공통분모는 조선 건국과 더불어 일찌감치 형성되었다고 볼 수 있다. 그러면 두 사람 사이에 의기가 투합한 동지적 결속이

굳게 맺어진 시기는 언제쯤일까? 그 단서를 제공하는 것이 조은의
졸기(卒記)에 나오는, 조은이 이방원에게 올렸다는 서신이다.[27]

　　"외람되게도 거칠고 어리석은 사람이 지나친 지우(知遇)를 받아,
금주(錦州) 3년의 임기를 면하고 조정으로 들어와 문하부(門下府)
간관(諫官)의 영예에 참여하였다가 갑자기 동료의 탄핵을 받은 것
은,[28] 실로 나의 잘못으로 스스로 취한 것인데, 다시 수령의 직임
[軍民之寄]을 받게 되었으니, 오직 공(公)께서 포용하신 덕택이라
생각합니다. 그러나 학문이 넉넉하지 못함을 슬퍼하고, 말과 행실이
그릇될까 두려워하며, 외롭고 가난하고 병까지 있는 몸이나 뜻과 기
개는 아직 남아 있습니다. 각하가 보통 사람으로 대접하지 아니하
니, 내 어이 보통 사람과 같이 보답하리오. 이미 각하를 위하여 이
세상에 태어났으니, 마땅히 각하를 위하여 몸을 바쳐야 할 것입니
다. 이제 각하는 임금과 운명을 같이할 것이요, 나라와 존망(存亡)을
함께 할 것이니, 죽고 사는 것을 각하에게 바치는 것은 아첨하는 것
이 아니요, 노둔한 자질을 밝은 시대에 다 바치는 것은 자기 몸을
위한 것이 아닙니다. 문객(門客)이 수없이 드나들어, 어진 자와 어리
석은 자가 같이 출입할 것이로되, 진실로 뜻 있는 사람이라면, 그 누
가 이렇게 하지 아니하리오."

---

27) 《世宗實錄》 세종4년(1422) 5월 9일(乙丑)의 박은(朴訔) 졸기(卒記) 중 일
　　부인데. 반남박씨의 《반양세고(潘陽世稿)》에서는 무술년(1394, 태조3)으
　　로 되어 있다.
28) 지나친 지우(知遇)를 받아…탄핵을 받은 것은 : 금주는 지금의 충청도
　　금산이고, 지금주사로 나간 것은 조선 건국 직후인 1392년 8월인데, 중
　　앙으로 들어와 좌보궐(左補闕)이 된 것은 이듬해 9월이니, 수령 임기를
　　다 마치지 않고 지례 중앙으로 돌아온 것은 이방원의 후원이 있었기 때
　　문에 "외람되게도 거칠고 어리석은 사람이 지나친 지우(知遇)를 받았
　　다."는 말을 한 듯하다.

그 내용에는 포괄적으로 신왕조에 충성을 바치겠다는 의미도 있지만, 요지는 "각하가 보통 사람으로 대접하지 아니하니, 내 어이 보통 사람과 같이 보답하리오. 이미 각하를 위하여 이 세상에 태어났으니, 마땅히 각하를 위하여 몸을 바쳐야 할 것입니다."라 하여 두 사람 사이의 특별한 동지적 관계가 형성되어 있음을 알 수 있는데, 자신을 특별히 보살펴 주는 이방원에 대해 분골쇄신 (粉骨碎身)하겠다는 충성 맹세를 하는 것이다. 이 말은 마치 춘추시대 말기, 진(晉)나라 예양(豫讓)이 자신의 육신을 훼손하면서까지 제 주인이었던 지백(智伯)의 원수를 기필코 갚으려고 한 이유를, "다른 사람들은 나를 보통 사람으로 대우했으나 지백은 나를 국사(國士)로 대우했기 때문에 나는 국사로서 은혜를 갚으려 했던 것이다.[智伯國士遇我　我故國士報之]"라고 고백했다는 고사와도 유사하다 하겠다.

또 그 첫머리에 "지나친 지우(知遇)를 받아, 금주(錦州) 3년의 임기를 면하고 조정으로 들어와 문하부 간관의 영예에 참여하였다가 탄핵을 받게 되었는데, 다시 수령의 직임[軍民之寄]을 받게 되었으니, 오직 공(公)께서 포용하신 덕택으로 생각한다."고 했는데, 연보에 의하면, 고려가 망한 다음 달인 1392년 8월 7일에 박은이 봉렬대부(奉列大夫) 지금주군사(知錦州郡事)로 나갔다가 이듬해 [1393] 9월 21일에 조정에 들어와 통덕랑(通德郎)으로 문화부 간관 (諫官)인 좌보궐(左補闕)에 제수되고, 만 1년 뒤 다시 수령의 직임을 받아 태조 3년(1394) 9월 지영주사 하양감무 겸 권농병마단련부사(知永州事河陽監務兼勸農兵馬團練副使)[29]에 제수된 사실을 말함인 듯하다. 그리고 대부(大夫; 봉렬대부) 품계에서 낭관(郎官; 통덕랑)으로 강등된 것은, 어떤 잘못이 있어 강등된 것인지, 아니면 문란했던 고려 말의 품계(品階)가 조선이 건국된 후 정리되는 과정에서 생긴 결과인지 분명하지 않다.

이 기간에 있었던 조은이 탄핵당한 사유가 무엇이었는지는 알 수 없으나, 어떤 문제로 동료의 공격을 받아 파직될지도 모를 처지에 이르게 되었을 때, 비록 세자 자리에서 밀려난 신세였지만 조신(朝臣)들 사이에서 상당한 영향력을 가지고 있던 이방원이, 처남 민무구와의 인연으로 맺어진 교유(交遊)를 통해 박은의 인물됨을 눈여겨 봐 왔던 바라 손을 써서 박은을 구원하였고, 박은은 이 은혜에 보답하겠다는 충성 서약을 하고 있는 것인 듯한데, 그 시기는 태조 3년(1394) 9월 이후일 것으로 추측된다.[30] 따라서 둘 사

---

29) 영주는 지금의 경북 영천(永川)인데 지영주사는 영주 지군사(永州知郡事), 즉 수령을 말하고, 하양은 영천과 이웃하고 있는 작은 고을이며, 감무(監務)는 고려시대 최하 단위의 고을 수령을 말하는데 조선시대에 현감(縣監)으로 바뀐다. 고려시대에는 중앙에서 모든 고을에 수령을 파견하지 못하고 큰 고을 수령이 이웃의 작은 고을을 겸하여 다스리는 경우가 많았는데 이런 사실을 말한다. 겸 권농병마단련부사는 농사 장려의 책임과 군사 지휘권을 겸한 것을 말하는데, 여말 선초에는 왜구(倭寇)의 침입이 잦아 모든 수령들에게 군사권을 주어 왜구의 침략에 대비토록 하였고, 그래서 군민지임(軍民之任)이라는 이름도 생겼다.

30) 앞의 인용문에서는 박은이 "지금주사(知錦州事) 3년의 임기를 마치고 들어와 문하부(門下府) 간관(諫官)의 영예에 참여하였다."고 했으나 박은의 연보에 의하면, 지금주사 겸 권농방어사에 제수된 것은 1392년(태조1) 8월이고, 좌보궐 지제교(左補闕知製敎)에 제수된 것은 이듬해 9월 21일이니 만 1년 남짓 지금주사로 재직하고. 중앙으로 들어왔다가 이듬해(1394) 9월에 다시 외직인 지영주사 겸 하양감무(知永州事兼河陽監務)로 나갔다고 되어 있다. 따라서 3년이란 당시 수령 임기 3년에 대한 상투적인 표현이고, 또 실록 등 기존 번역에서는 원문의 군민지임(軍民

이의 인연은 앞에서 보았듯이 민무구 형제를 통해 일찌감치 맺어
졌고, 그것이 차츰 동지적 결속으로 굳어져 양차 왕자의 난에 조
은은 표면에 드러나지는 않았지만 막후에서 참모로서의 역할을
충실히 수행했고, 2차 왕자의 난에는 협력한 공으로 좌명공신(佐
命功臣) 3등에 녹훈되었을 것으로 추측된다.

(2) 무한한 신뢰(信賴)

앞에서 잠시 언급한 바와 같이 민무구·민무질 형제를 매개로
맺어진 조은과 이방원의 인연은, 당시 집권 세력이었던 정도전 일
파와 적대 관계에 놓이게 되면서 자연스레 동지적 관계로 결속되
었고, 1·2차 왕자의 난을 거치면서 조은은 태종의 평생 고굉(股肱)
이 되었다. 이는 한때 이색 일파로 몰려 역성혁명 세력의 기피 인
물이던 하륜(河崙)이 이방원의 장인이었던 민제(閔霽)를 통해 이방
원과 인연을 맺게 되어, 마침내 이방원의 최측근으로서 그의 권력
획득 과정에서부터 집권 후의 정책 수행에 이르기까지 시종 변함
없는 신뢰 관계가 맺어졌던 경우와 유사하다고 하겠다. 민 씨를
통해서 태종과의 인연이 맺어졌지만 민 씨들이 몰락한 뒤에도 박

之寄)을 '군직(軍職)을 주었다'고 번역했는데 이는 "군무와 민사(民事)
의 임무를 맡겼다."는 뜻이지 군직의 의미가 아니다. 즉 군사권을 가지
고 백성을 다스리는 수령을 말한다. 좌보궐 때에 무슨 이유로 동료의
배척을 받았는지는 분명하지 않으나 이때 이방원의 비호(庇護)로 외직
에 보임되는 선에서 일단락된 듯하다. 따라서 박은이 이방원에게 심신
을 바친다고 맹세한 이 편지는 지영천군사에 제수된 태조 3년(1394) 9
월 이후의 가까운 시점일 것이다.

은에 대한 태종의 신뢰는 생을 마칠 때까지 변함이 없었다. 세종 4년(1422) 5월 9일, 박은이 53세로 졸(卒)했고, 태종도 이튿날 훙 (薨)했으니 두 사람의 관계는 보통 인연이 아니다. 상호 신뢰한 기 록은 《조선왕조실록》에 수없이 나오는데 그 몇 예를 인용해 보기 로 한다.

앞에서도 언급했지만, 민 씨들과 조은과의 친분 관계는 유래가 깊었다. 이런 친분 때문에, 앞서 민 씨 처벌 문제로 조정이 시끄러 울 때 조은은 당시 참지의정부사(參知議政府事)로 있으면서 병을 칭탁하고 출사하지 않다가 대간의 공격을 받아 연금 상태[守直]에 서 변명하는 글을 올렸는데, 또 대간이 수직 상태에서 글을 올렸 다고 공격하자 태종은 조은을 옹호하면서 대간을 교체한 일이 있 었다. 이 민 씨 처벌 사건은 태종이 부추긴 면도 있었는데 이에 동 조하지 않은 것은 어떻게 보면 인정에 끌려 공무를 저버린 불충으 로 보일 수도 있을 것이다. 그런데 태종은 도리어 그 사건 직후인 8년 10월 1일, 조은을 풍헌(風憲)의 장인 대사헌에 임명하였다. 이 렇게 되자 사헌부와 사간원이 번갈아가며 글을 올려 조은을 탄핵 하였다.

> "풍헌(風憲)의 책임은 군상(君上)의 득실(得失)과 백관(百官)의
> 비위(非違)를 규찰(糾察)하지 않음이 없으니, 만일 심술(心術)이 바
> 르고 물망(物望)에 미더운 자가 아니면 그 직임에 당할 수 없습니
> 다. 지난날에 훈친(勳親)·대간(臺諫)과 여러 법사(法司)에서 민무
> 구·민무질의 불충한 죄를 가지고 소(疏)를 갖추어 청죄(請罪)하였사
> 온데, 지금 참지의정부사(參知議政府事) 박은(朴訔)은 전부터 아부
> 하여 교분(交分)이 깊기 때문에, 대의(大義)를 생각하지 않고 병을

청탁하여 두문불출(杜門不出) 변(變)을 방관하였습니다. 대간(臺諫)이 그 까닭을 매우 미워하여 아울러 그 죄를 청하다가, 마침 천위(天威)를 범하여 모두 잡혀 갇혔었는데, 박은이 자기 죄를 면하기를 꾀하여 틈을 타서 상서(上書)하였으니, 그 심술(心術)이 바르지 못한 것을 단연코 알 수 있는 것입니다. 지금 도리어 특별한 은혜를 입어 마침내 헌부(憲府)의 장(長)이 되었으니, 신 등은 생각하옵건대, 박은은 심술이 간사하고 아첨을 잘하여 헌사(憲司)의 장(長)에 적합하지 않다고 여겨집니다. 엎드려 상재(上裁)를 바랍니다.”

즉, 조은이 인정에 끌려 대의(大義)를 저버렸고, 연금 상태[守直]에서 상소하여 변명하였으니 군상(君上)의 득실(得失)과 백관(百官)의 비위(非違)를 규찰(糾察)하는 풍헌의 책임자인 대사헌으로는 부적격자라는 것이다. 당시 대간의 주동자는 장령(掌令) 신한(辛開)과 정언(正言) 이종화(李種華)였는데, 장령은 사헌부 대사헌의 직속 부하였다. 사간원과 사헌부는 함께 대간(臺諫; 臺는 司憲府, 諫은 司諫院)으로 약칭되었지만, 두 관아의 내부 분위기는 사뭇 달랐으니, 사간원은 자유분방한 반면, 사헌부는 상하 직위 간의 위계질서가 매우 엄격하였다. 이런 사헌부의 기풍에서 부하 직원의 탄핵을 받은 조은은 출사할 형편이 못되어 계속 사양하였다. 태종은 이들을 불러 달랬으나 대간 또한 자기들의 주장을 굽히지 않자 이들을 집으로 돌려보내고 조은을 불러 일을 보게 하니, 조은이.

“지금 대간이 신을 핵문(劾問)한 것과 민 씨 죄주기를 청한 것은 모두 의리에 합당합니다. 지금 신 때문에 그들이 집으로 물러갔으니, 신이 어찌 감히 마음에 달게 여겨 직무를 볼 수 있겠습니까? 청컨대, 대간을 출사(出仕)시키시면 신이 더불어 일을 같이 하겠습니

다. 또 민 씨의 죄는 마땅히 법에 의해 처치하여야 하니 대간의 청
을 윤허하지 않을 수 없습니다."

하니, 태종은 이에 대해 이렇게 칭찬했다.

    "경의 말은 과인이 근자에 듣지 못하던 말이다. 내가 심히 의롭게
    여긴다. 내가 장차 상량(商量)하겠으니 경은 우선 나와서 직무를 보
    라."

하며, 재삼 출사를 권유한 뒤, 다시 대간을 불러 조은을 극찬하면
서 이렇게 말했다.

    "지금 대사헌이 말하기를, '대간을 출사하도록 명하시면 신이 더
    불어 일을 같이 하겠습니다.' 하였다. 자고로 탄핵당한 자가 그 출사
    할 때를 당하여 이 사람의 말과 같은 것은 없었다. 너희들은 박은과
    더불어 마음을 합하여 직사(職事)에 이바지하라."

  그 후 태종 11년 8월 18일(丁未) 다시 대사헌이 되었을 때, 태조
1년, 정도전(鄭道傳)·남은(南誾)·송흥종(孫興宗)·황거정(黃巨正) 등
이 사심(私心)을 가지고 제멋대로 이숭인(李崇仁)과 이종학(李種
學) 등을 죽였으니, 그 죄명을 바로잡아야 된다는 소를 올렸다. 이
사건은 20여 년 전의 일인데, 얼마 전에 재론되었으나 재신(宰臣)
들이 큰 죄가 아니라고 하여 말감(末減; 가장 가벼운 처벌)으로 처
결하여 생존자인 송흥종과 황거정은 귀양을 보내고 자손들은 금
고(禁錮)로 일단락된 일이었다. 사실 이종학은 목은 이색의 아들로

조은과는 내외종사촌 간이니 조은으로서는 혐의스러운 관계이기
도 한데, 이 말감 처리에 대해 이의를 제기한 것이다. 이렇게 되자
말감 처리를 주도한 당사자들인 성석린(成石璘)·조영무(趙英茂)·
이천우(李天祐) 등 여러 재상이 피혐하고 출사하지 않으니 의정부
의 기능이 마비되었다. 그런데도 태종은 의정부의 의논이 그르다
며 조은이 왕법(王法)을 바루었다고 칭찬하였다. 태종이 조은을 두
둔한 이유는, 이숭인·이종학 등이 죽을죄를 지었다면 정당한 죄명
에 따라 처형했어야지, 귀양 도중의 죄인에게 사사로운 형벌을 가
해 죽게 한 것은 정도전과 남은 등이 사감을 가지고 송홍종·황거
정 등을 사주하여 왕법을 무너뜨린 행위라고 판단한 것이다.

　태종 15년, 조은이 이조판서로 있을 때, 한성부(漢城府) 동부(東
部)의 서리 장덕생(張德生)이 부(部)의 인장을 도둑질하다 발각되
어 참형(斬刑)에 처하게 되었으나 독자로서 어버이를 봉양하도록
사형을 면해 주었는데, 이는 전일 조은이 시행을 건의한 사형수
삼심 제도인 삼복법(三覆法)이 시행되었기 때문이었다. 이에 대해
태종의 평은 이러했다.

　　"이것은 삼복주(三覆奏; 세 번 아룀, 곧 사형수 三審制)를 시행하
　　였기 때문에 살게 된 것이다."

　이상과 같이 조은과 태종은 매사에 의기가 투합했는데, 조은의
가식 없는 처신이 태종의 마음에 꼭 들었던 것이다. 조은의 졸기
에 나오듯이 조은이 췌마(揣摩; 상대의 뜻을 잘 맞춤)의 달인이었
는지도 모르겠다. 그러나 그것뿐이라면 조은은 아첨꾼에 불과하

고 태종은 용렬한 군주이다. 그러나 조은은 아첨꾼이 아니었다.

조은은 자신의 판단으로 옳지 않다고 생각하는 문제는 오래된 문제이거나 자신과 관계된 혐의스러운 문제라도 바루어야 직성이 풀리는 성격이었다. 자신의 노비 몇 구(口)가 오결(誤決)로 속공(屬公)된 것이 있었는데, 이를 몇 년에 걸쳐 거론하여 바루려고 하니, 사람들이 "박 의정(朴議政)이 아니라면 누가 이렇게 하겠는가?"라고 하면서 은근히 비난했지만, 태종은 그때마다 귀찮게 여기지 않고 사실을 바로잡게 함으로써 조은의 뜻이 관철되었다.

그리고, 태종 15년 7월 6일, 이조판서 조은이 수재(水災)와 한재(旱災)의 대비책을 상언하고서 말미에 "예전 제도를 변경하지 마소서."하니, 태종은 여러 대언(代言)들에게 이렇게 일렀다.

> "박은의 말이 참으로 옳다. 예전 사람이 말하기를, '백성 다스리기를 헝클어진 노끈을 다스리듯 하라.'고 하였으니, 마땅히 육조(六曹)와 함께 모두 나의 뜻을 채득해서 새 법을 세우지 말고, 다만 조용히 하여 다스리라."

이렇게 태종은 조은에게 무한한 신뢰를 보였으므로 중요한 사안이 있을 때마다 자문을 구하고 그 의견을 대부분 채택했는데, 태종 17년 2월 15일, 놀이와 여색만 좋아하던 세자[讓寧]가 유부녀를 간통하여 아기를 낳고 궁중에 들여온 사건이 터졌다. 앞서 구종수(具從秀)는 세자를 오도한 죄로 귀양을 갔고, 이번에도 전직 판관 이승(李昇)을 비롯하여 환관·악공 등 관련자가 많아 그 처벌 문제로 고심하던 태종은 사람을 조은에게 보내 의견을 물었다. 이에 대한 조은의 대답은 단호했다.

> "그 전에 구종수를 논할 때, 신이 죄를 청했던 것이 본래 그와 같
> 았습니다. 만약 신의 말을 좇아 일찍 구종수를 참(斬)하였더라면 반
> 드시 오늘과 같은 일은 없었을 것입니다. 신이 이르기를, '이승(李
> 昇) 등의 마음에는 주상이 없다.'고 했는데, 주상이 없다는 것은 대
> 역(大逆)이요, 저부(儲副; 세자)를 혼란에 이끌어 나라의 근본을 그
> 르치고 사직(社稷)을 위태롭게 하려고 꾀한 것입니다. 주상께서 반
> 드시 신의 말을 지나치다 할 것이나, 신등의 생각으로는 능지처사
> (凌遲處死)하더라도 가하다고 하겠습니다."

이상과 같은 대답을 들은 태종은 "그럴 줄 알았다.[已知之矣]"고
심경을 토로했다. 태종은 조은의 입에서 무슨 말이 나올 줄 훤히
알고 있으면서 사람을 보내 물었다는 것이다. 이는 조은도 같은
생각이었다. 조은의 졸기에는 모두 일생을 긍정적으로 평가하여
칭찬한 말 뿐인데, 유일하게 폄하(貶下)한 한 구절이 있으니,

> "…박은이 비록 친척을 많이 등용하였으나, 조정의 명사를 다 뽑
> 아 썼으므로 남들이 심히 원망하지 않았다. 은은 췌마(揣摩)의 재주
> 가 있고, 임금의 의향을 잘 맞추어 나갔다.…"

라는 것이다. 췌마는 '상대의 마음을 읽어 서로 합치되게 한다.'는
뜻인데, 남의 비위를 잘 맞추는 아부(阿附)와 비슷하지만 아부와는
다르다. 아부란 옳고 그름[是非]을 따지기 전에 임금의 말은 무엇
이나 '지당하옵이다.'로 일관하는 것이다. 그렇다면 태종은 용주
(庸主)이고 조은은 간신이다. 췌마는 상대의 생각을 헤아려 그것이

크게 그릇되지 않았다면 자기의 생각을 맞추어 상호의 의견을 합치시키는 것이다. 그렇다고 조은이 태종의 의도를 따르기만 한 것도 아니었으니, '과전(科田) 하삼도(下三道; 충청·경상·전라) 이급(移給) 문제 등 자기 소신과 다른 정책 사안에는 끝까지 견해를 바꾸지 않았다. 역사적으로 직언(直言)을 높이 평가하는 이유는 임금의 말이 법인 전제왕권 하에서 이에 맞섰다는 용기 때문인데, 현명한 군주를 만나기 전에는 이러한 군신(君臣) 관계는 오래 지속되지 못했다. 특히 감정의 기복이 심한 태종 같은 임금과 원만한 관계를 유지하기 위해서는 췌마는 필요한 처세술이었을는지도 모르겠다.

태종이 상왕으로 물러난 1년 뒤인 세종 1년 3월, 임금과 함께 신하와 종친을 거느리고 동교(東郊)에 나가 매사냥을 한 뒤 낙천정(樂天亭)에서 잔치를 베풀고 즐기던 중 병조판서 조말생(趙末生)과 지신사(知申事) 원숙(元肅)을 앞으로 나오게 하여 이런저런 과거사를 언급하다가 조은에 관해 이렇게 말하며 칭찬했다.

> "좌의정이 연전에 큰일을 당하였을 적[폐세자 문제]에 사부(師傅)로서 혐의를 들어 사피(辭避)하지 않고 하는 말이, '신은 비록 사부의 직임을 띠고 있었지만, 보도(輔導)한 일이 없는데, 신이 무엇 때문에 혐의를 두겠습니까.' 하고, 바로 와서 의결하였으므로, 나는 매우 아름답게 생각한다."[31]

이는 전일 양녕(讓寧)을 세자에서 폐출할 때의 이야기다. 태종은

---

31) 《朝鮮王朝實錄》 世宗1년(1419) 3월 25일(己巳)

어떻게든 장남을 후계자로 삼으려고 십 수 년 공을 들였으나 결국 치도(治道)의 함양(涵養)에는 관심이 없고 오직 사냥이나 여색만을 추구하는 양녕을 폐위하지 않을 수 없었는데, 그 때의 고마움을 토로한 말이다. 삼정승이란 지위는 비록 형식적이기는 하지만, 자동적으로 세자의 교회(敎誨)를 담당하는 세자시강원(世子侍講院)의 최고 직인 사부(師傅)가 되니, 세자가 폐위되는 마당에 사부 또한 도의적인 책임을 면할 수 없었다. 특히 체면을 중시하는 성리학 윤리관으로는 더욱 그러했다.

　이 때 조은이 이런 명분론을 앞세워 폐 세자 문제에 몸을 사렸더라면, 다른 정승들도 선뜻 나서지 못하여 자연 문제가 매끄럽게 처리되지 못했을 것이다. 그런데 조은이 체면에 구애하지 않고 폐세자 문제를 발의하고 충녕대군(忠寧大君)을 세자로 세우는 데 앞장선 것이다. 이는 물론 태종의 의중을 따른 것이기는 하지만, 체면이나 형식보다는 실질을 선호하는 두 군신간의 의기(意氣)가 투합된 결과였고, 이러한 성격상의 공통점이 상호 신뢰를 쌓는 데 큰 역할을 했을 것이다.

　그렇다고 조은이 태종의 의견에 영합만 한 것만은 아니었다. 17년 10월, 오랫동안 현안 문제로 대두되어 온 경기(京畿) 과전(科田)의 하삼도(下三道) 이급(移給) 문제를 태종이 단행하려 하자 박은이 그 역사적 사실과 이급했을 때의 예상되는 부작용에 대해 강력한 반론을 펴서 이를 일시 중지시킨 것은 그 대표적인 사례라 하겠다.[32] 그렇다면 태종이 조은을 그토록 신뢰한 까닭은 무엇이었

---

32) 《朝鮮王朝實錄》 太宗 17년(1417) 10월 23일(乙巳)

을까. 아마도 졸기 말미에서 사관(史官)이 평한 다음의 인물평에서
그 답을 찾을 수 있을 것 같다.

> "박은은 식견이 밝고 통달하며, 활발하고도 너그러우며, 의논이
> 확실하였다."

사실, 조은은 28세라는 청년 시기에 사헌시사(司憲侍史)로 있으
면서 전일 유감이 있었던 유량(柳亮)을 사지(死地)에서 구해 준 도
량은 범상한 인물이 아니었음을 드러낸 것이다. 게다가 "경제(經
濟)33)에 능란하고 헌장에 밝고 익숙하여 맡은 직책마다 성과를 올
렸다."고 했으니 어느 임금인들 이런 신하를 신뢰하지 않겠는가.

3. 태종 잠저(潛邸) 시기의 박은

조은이 3년 동안의 지금주사 직임을 마치고 중앙으로 복귀하여
간관인 좌보궐이 되었으나 어떤 일로 탄핵을 받았다가 이방원의
주선으로 다시 외직에 보임되어 지영주사 하양감무 겸 권농병마
단련부사(知永州事河陽監務兼勸農兵馬團練副使)로 나갔다는 사실
은 위에서 언급한 바와 같다. 여기서 3년 간 재직하면서 치적을 쌓
아 고과(考課)가 제1이었다고 한다. 이 기간인 태조 5년(1396) 5월

---

33) 경제(經濟) : 여기서 경제는 경국제세(經國濟世)의 약어로 나라를 경영
하고 세상을 구제한다는 의미로 원래의 의미는 정치라는 뜻이다. 따라
서 경제란 본래 정치란 의미였는데, 일인(日人)들이 서양 용어를 번역하
면서 economy를 經濟로 번역했기 때문이다.

에는 아버지를 대신하여 자신을 양육하고 교육시켜 입신출세하게
해 준 외숙 목은(牧隱) 이색(李穡)이 여강(驪江) 연자탄(燕子灘)의
배안에서 향년 69세로 급서했다.

조은은 이듬해에 다시 중앙으로 들어와 사헌시사(司憲侍史)에
임명되었는데, 사헌시사는 백관의 비행을 규찰하는 헌관(憲官)의
직임이었다. 그때 마침 조정에서는 계림부윤(鷄林府尹) 유량(柳亮)
이 항복한 왜구와 결탁하여 본국을 배반했다는 의심을 하고 헌부
(憲府)를 시켜 다스리게 하였다. 당시 집정(執政)의 생각은,

　　"박은이 전일에 유량에게 곤욕을 당하였으니, 반드시 잘 적발해
　　낼 것이다."

하고, 조은을 사헌시사에 임명했던 것이다. 조은이 전일에 곤욕을
당했다는 말은, 유량이 일찍이 어떠한 일을 가지고 조은을 힐책하
니, 조은이 굴하지 않고,

　　"만일 나도 당신의 나이에 이르면 또한 당신과 같은 지위에 오를
　　것인데, 어찌하여 이처럼 곤욕을 주느냐?"

라고 항변했다는 사건을 말한 것이다. 이는 아마도 조은이 지영주
사(知永州事)로 있을 때, 인접한 계수관(界首官)인 계림부윤 유량
이 그 예하 고을 수령인 영주(永州; 지금의 경북 永川)의 지군사
(知郡事)로 있던 조은을 어떤 일로 인해 힐책했고 그 소문이 중앙
에까지 알려지게 되었던 것으로 보인다. 계수관이란 각 도마다 중

앙으로 통하는 본가도(本街道)의 연변(沿邊)이나 중요지에 있는 큰
고을 4~5 곳을 선정하여 인근의 작은 고을을 감독하면서 도(道)와
인근 군(郡)·현(縣)을 통솔하여 중앙 정부의 지방 통치를 원활하게
하던 지방 통치의 중심이 되는 고을을 말한다.

조은이 유량을 심리하기 위해 대(臺)에 오르자, 유량이 뜰아래
서 쳐다보고는 문득 머리를 숙이고 눈물을 흘렸는데, 그것은 조은
이 반드시 전일의 유감을 보복할 것이라고 생각했기 때문이었다.
그러나 조은은 형리(刑吏)가 결안(結案)을 가지고 나오자, 붓을 던
지고 큰 소리로 말하기를,

"어찌 죄 아닌 것을 가지고 사람을 죽는 데 빠지게 할 수 있는
가?"

하며, 마침내 서명하지 않음으로써 유량은 죽음을 면하고 유배에
그치게 되었다. 유량은 조은 덕택으로 생명을 보전했을 뿐만 아니
라, 훗날 정승(政丞)의 지위에까지 오르게 된다. 여기에서 갓 28세
젊은 박은의 패기와 통 큰 도량의 일단을 엿볼 수 있다. 그 은혜로
인해 훗날 유량은 정승이 된 뒤 박은에게,

"나는 진실로 소인이었다. 그대의 말채나 잡고 내 평생을 마치려
고 한 것이 오래였다."

라고 말했다는 일화가 있다. 그러나 이 일로 조은은 집정(執政)에
게 미움을 사서 이해(1397) 12월 27일, 중훈대부(中訓大夫) 지춘주

사 가평·조종 감무 겸 권농병마단련사(知春州事加平朝宗監務兼勸農兵馬團練使)로 좌천되었는데, 이듬해(1398, 태조7) 8월 26일 제1차 왕자의 난이 일어났다. 반남 박씨(潘南朴氏) 세적편(世蹟篇)에는 이때 조은이 춘주(春州) 군사를 이끌고 상경하니 태종이 귀임하지 말게 하고 머물러 두었다가 시사헌중승(試司憲中丞)에 제수했다는 기록34)이 있다. 그러나 조은이 제1차 왕자의 난에 활약한 기록은 보이지 않는다. 그 뒤 태종이 즉위한 후 2차 왕자의 난에 공을 세운 이들을 책훈(策勳)할 때 3등 공신에 책봉된 것을 보면, 기록상 드러난 역할은 없지만, 2차 왕자의 난에는 중요한 참모 역할을 했고, 1차 왕자의 난 때에도 찬획(贊畫)한 공이 있었던 것만은 분명하다.

정종 원년 1월에는 통훈대부(通訓大夫)로 승진하여 판사수감사(判司水監事)가 되었다가, 11월에는 지형조사(知刑曹事)를 겸하였다. 2년 1월, 제2차 왕자의 난이 일어난 직후 정종이 태종을 세자로 책봉하자, 인수부 좌사윤(仁壽府左司尹)과 세자좌보덕(世子左輔德)에 제수되었다. 이어 5월에는 정3품 당상관(堂上官)인 통정대부(通政大夫)에 승품(陞品)하여 좌산기상시(左散騎常侍)에 제수되고 보문각직제학(寶文閣直提學)과 지제교(知製敎)를 겸하니 이때 나이 31세의 청년이었다. 5월에는 대사헌 권근(權近)과 함께 사병을

---

34) 반남 박씨 세적편 외의 다른 문적(文籍)에서는 이런 내용을 찾을 수 없고, 정난공신(靖難功臣)으로 녹훈되지 못한 것으로 보아 1차 왕자의 난에 직접적으로 큰 기여는 하지 않은 듯하다. 다만, 8월 26일에 제1차 왕자의 난이 일어났는데 그 직후인 9월 5일에 시사헌중승(試司憲中丞)에 제수된 것을 보면 1차 왕자의 난에 진작부터 서로 기맥을 통하고 있었음은 분명하다고 하겠다. 시(試)는 시보(試補)의 의미와 같다.

혁파하라는 상소를 올렸으니 이것은 세자 이방원의 뜻이기도 했
는데, 6월초에는 사병 혁파에 반발했다가 대간의 탄핵을 받아 좌
천된 영계림부사(領鷄林府事) 이거이(李居易)와 영완산부사(領完山
府事) 이저(李佇) 부자의 참람한 행위를 탄핵하고 전장(田莊)에 방
축할 것을 청하여 윤허를 받았다.[35] 이어 6월 중순에는 좌산기상
시 직에 있으면서 상서(上書)하기를,

> "글자 한 자 모르는 무식한 자들이 순군(巡軍)이 되어 폐단이 많
> 으니 이들을 모두 조사하여 축출하고 조사(朝士) 중 도량과 학식이
> 있는 자를 선발하여 책임을 맡김으로써 그 책임을 중하게 하고 옥
> 사를 신중히 하여 법외(法外)의 참혹한 형벌은 엄금해야 합니다."

하니, 임금이 가납하였다.[36] 이어 7월에는 대사헌 권근, 형조전서
여칭(呂稱)과 함께 이무(李茂)·조영무(趙英茂) 등을 소환하자고 청
했으나 윤허를 받지 못하였다. 이들은 모두 태조 이성계의 심복이

---

35) 정국이 불안정하던 여말 선초에는 사병만이 자신의 권력과 신변을 보장
   해 줄 수 있는 안전판이었다. 때문에 권력자들은 누구나 사병을 보유하
   고 있었다. 이방원이 1·2차 왕자의 난을 통해 권력을 장악할 수 있었던
   것도 사병 덕택이었다. 그러나 일단 권력을 잡은 이방원의 입장으로서
   는 사병의 존재는 정국 불안의 최대 요인이었으니, 이를 폐지하는 것이
   급선무였다. 따라서 정종이 즉위한 뒤 실권자 이방원의 최우선 정책이
   사병 혁파였다. 반면, 사병을 가진 자들의 입장에서는, "사병으로 권력
   을 잡고서 이제 와서는 사병을 혁파해?" 하면서 반발이 없을 수 없었다.
   그 대표적인 경우가 이거이였고, 그 때문에 그들은 지방직에 좌천되었
   다가 결국 전장(田庄)으로 방축되었다. 《朝鮮王朝實錄》 정종2년(1400) 6
   月 1日(甲午)
36) 《朝鮮王朝實錄》 정종2년(1400) 6월 16일(己酉)

었는데, 이방원의 집권에 협력하여 공을 세웠기 때문에 태상왕[이
성계]이 배신자로 지목하고 처벌을 명했으므로 그 눈치를 보느라
유배 시켰던 것이다.37) 그리고 같은 날, 과전법(科田法)에 있는 진
고체수(陳告遞受)의 규정을 준수할 것을 청하여 윤허를 받았는데,
진고체수 규정이란, 과전을 지급 받은 자가 과전 지급 규정에 따
른 자격을 상실했을 때는 그 사실을 신고한 자가 그 과전을 대신
받도록 하는 규정인데, 당시 임금인 정종(定宗)이 특지(特旨)를 내
려 관계없는 사람에게 주는 일이 빈번하였으므로 이를 지적한 것
이다. 그리고 판삼사사(判三司事)로 치사한 최영지(崔永沚)가 전일,
선왕조의 능묘와 고총(古冢) 5백여 기를 파헤쳐 그 돌로 평양성을
쌓았으므로 탄핵하여 귀양 보냈다.

8월에는 충주목사(忠州牧使)로 나갔다가 이해 11월에 태종이 정
종의 선위(禪位)를 받아 즉위하자 12월에 중앙에 소환되어 품계가
2품 가선대부(嘉善大夫)로 올라 형조전서 수문전직학사(刑曹典書
修文殿直學士)에 제수되었으니, 청주목사 재직 기간은 불과 3~4개
월뿐이었는데도 획기적인 공법(貢法) 제도를 시행하는 등 지방행
정을 일신하여 큰 족적을 남겼다. 이 점에 대해서는 후술하기로
한다.

---

37) 이들은 모두 이성계의 심복이었는데, 특히 이무는 정도전·남은 등과 가
    까웠음에도 불구하고 제1차 왕자의 난에 이방원을 도와 태조 이성계로
    부터 배신자로 지목되어 마지못해 귀양을 보냈던 것이다. 《朝鮮王朝實
    錄》 정종2년(1400) 7월 2일(乙丑)

4. 태종조의 조은

태종은 즉위 직후, 2차 왕자의 난에 세운 공로로 익대좌명공신(翊戴佐命功臣)을 녹훈(錄勳)했는데, 조은은 성석린(成石璘)·이지란(李之蘭)·마천목(馬天牧) 등 12인과 함께 3등 공신에 녹훈되었다. 본디 공신 책훈이란 누구나 수긍할 수 있는 공로가 있거나, 혹은 직접적인 공이 없더라도 지위와 관작이 높아 상징적으로나마 어떤 명분을 줄 수 있는 비중 있는 인물에게 내리는 것이 통례이다. 그런데 조은은 1~2차 왕자의 난에 수훈(首勳)을 세운 이숙번(李叔蕃)이나 마천목(馬天牧)처럼 목숨을 걸고 무공을 세운 기록도 전혀 나타나지 않고, 성석린(成石璘)과 같이 상징적인 재신급(宰臣級) 인물도 아니며, 2차 왕자의 난까지 뚜렷한 활동 상황이 실록이나 기타 기록에 드러나지 않았는데도 공신에 녹훈된 연유가 무엇인지 궁금하다.

조은과 함께 녹훈된 3등 공신 12명의 면면을 보면, 성석린은 재상급 인물이고, 마천목·황거정(黃居正) 등은 직접 시석(矢石)을 무릅쓰고 전투에 나가 무공을 세운 이들이며, 이숙(李淑)·김영렬(金英烈)·박석명(朴錫命) 등은 이미 태조조부터 그 존재를 드러낸 인물들임에 반해, 2차 왕자의 난과 관련하여 조은의 이름은 드러나지 않다가 2차 왕자의 난이 종식되고 정종이 즉위한 훨씬 후인 정종 2년(1400) 6월에 비로소 실록 등의 공식 기록에 처음으로 등장한다. 이렇게 된 까닭은 아마도 드러난 활동은 없었지만 오랜 동안 태종의 지우를 받아 중요한 고비 때마다 찬획(贊畫)한 참모로서의 공이 적지 않았기 때문일 것이다.

조은은 태종이 즉위한 뒤, 중앙과 지방의 문무(文武) 요직을 두루 거치게 되는데, 즉위 직후인 태종 1년에 형조전서(刑曹典書)를 시작으로 호조(戶曹)·병조(兵曹)·이조(吏曹)의 전서(典書)를 두루 역임한 뒤, 2품인 가정대부(嘉靖大夫; 嘉義大夫)로 오르고 반남군(潘南君; 潘城君)에 봉해져 보문관직제학(寶文閣直提學) 판전의감사(判典醫監事)에 제수되었다. 태종 2년(1402) 1월에는 강원도 관찰사로 나갔는데 5월 보리 고개에 극심한 기근이 들자 의정부에 보고하여 창고를 풀어 굶주림을 구제하려고 하였으나 의정부에서 회보(回報)하지 않아 시행하지 못하였다. 이때 나이 33세였다. 이 듬해에 중앙에 복귀하여 한성부윤(漢城府尹)이 되었다가 승추부제학(承樞府提學)으로 전임하고, 태종 4년에는 계림부윤(鷄林府尹)이 되었는데, 조정에서 공신은 외직에 보임할 수 없다고 하여 정지하였다.

6년(1406)에 전라도 도관찰사(都觀察使)로 나가서는 수군(水軍)들에게 부과된 둔전(屯田) 경작과 미역 채취 등의 역사(役事)을 폐지했다. 즉 수군들이 낮에 여러 잡역에 종사하게 되니 밤에는 고단하여 잠을 자느라 경비(警備)가 허술해져 빈번한 왜구의 침구(侵寇)에 실수(失守)를 하는 경우가 많았으므로 박은은 거두는 이익은 적은데 손실은 크다는 이유를 들어 수군의 사역(使役) 폐지를 건의하여 허락을 받은 것이다. 그리고 때마침 명나라에서 환자(宦者) 황엄(黃儼)을 보내 제주(濟州)의 동불(銅佛)을 구해 오게 했는데, 황엄이 제주도에까지 가게 되면 더욱 폐단이 많을 것을 염려하여 소식을 듣는 즉시 신속하게 제주의 동불을 전라도 해안에 운송해 놓게 했다. 황엄은 오고가는 곳마다 위세를 부려 행패가 많아 제 마음에 들지 않으면 인명을 살상하는 경우까지 있었다. 경기·충청도의 관찰사는 그 위세에 눌려 시키는 대로 했는데 반해, 조은만은 아부하지 않고 예(禮)대로 대접하니, 황엄도 내심 불만이 많았지만 감히 방자하게 굴지 못하였으며, 서울에 돌아와서는 도리어 태종에게 아뢰기를, "전하의 충신은 오직 박은 뿐"이라고 칭찬까지 하였다.38)

　이런 상황인데도 조은은 자책(自責)하는 사직서를 올렸으니, 즉, 전일 조운선(漕運船)이 왜구(倭寇)에게 침탈당한 사실을 자책함과 동시에 황엄의 왕환(往還)에 잘 조처하지 못하여 많은 폐단이 생기게 되었는데, 이러한 모든 일이 전라도 관찰사인 자신이 직임을 다하지 못했기 때문이니 자기의 죄를 다스려 달라는 것이었다. 태종은 평소에 조은은 주장이 확실하고 매사에 신념을 가지고 실행하는 과단성에 호감을 느끼고 있었는데, 뜻밖의 인물로부터 칭찬의 말을 듣게 된 대다가 이번에는 또 본인의 자책하는 상서를 접하게 되니, 태종으로서는 조은을 신뢰하지 않을래야 않을 수가 없었다. 그 후 얼마 되지 아니하여 중앙으로 불러들여 좌군 동지총제(左軍同知摠制)에 제수하고 집현전제학(集賢殿提學)을 겸하게 하니 문무의 직을 두루 역임한 것이다.

　태종 7년(1407) 2월에는 정2품 자헌대부(資憲大夫)에 올라 판권농시사(判勸農寺事)를 겸하니 이때 나이 38세였다. 이해 9월에는 명나라 황태후(皇太后)의 상(喪)을 당해 진향사(進香使)로 명나라 서울에 갔다 왔다. 이듬해(1408) 10월 1일, 참지의정부사(參知議政

---

38) 《朝鮮王朝實錄》 태종6년(1406) 7월 16일(癸卯)

府事)에 제수되었는데, 이때 민무구(閔無咎)·민무질(閔無疾)을 처벌하라는 논의가 격렬하게 일어났다. 당시 표면적인 이유는 민 씨들이 불충했다는 죄목이었으나 사실은 외척 세력을 견제하려는 태종의 의도를 감지(感知)한 조정 신하들의 공격이었다.[39] 이 사건에 대해, 조은은 민 씨들과의 오랜 친분 관계로 인해 이에 탄핵 대열에 동참하지 않았다. 이런 와중에 태종은 조은을 대사헌(大司憲)에 제수하게 되니, 대간의 공격이 시작되었다. 즉 대간이 교대로 상서하여,

　　"박은은 민무구의 죄를 청할 때, 사정(私情)에 치우쳐 병을 칭탁하고 참여하지 않았으니 심술이 바르지 못하여 임금[君上]의 득실(得失)과 백관(百官)의 비위(非違)를 규찰하는 풍헌(風憲)의 책임자가 될 수 없으니 체차하소서."

라는 것이었다. 게다가 전일 조은이 수직(守直; 일종의 연금 상태) 있으면서 변명하는 글을 올려 자기 죄를 면하기를 꾀했으니 심술이 바르지 못하다고 극론(極論)하였다. 이에 대해 태종은 노하여,

　　"죄가 있는 사람은 벌을 받아야 마땅하지만, 죄가 없는 공신(功

---

39) 태종의 집권에 큰 공로를 세운 이들이었지만, 외척의 발호를 염려한 태종이 이들을 차츰 멀리하게 되니 이들은 측근들에게 가끔 불만을 토로했고, 태종이 세자에게 왕위를 물려준다는 선위(禪位) 파동을 일으켰다가 복정(復政)하게 되었을 때 이들이 현저하게 불만스러운 표정을 드러냈다. 이 말이 태종의 입에서 발설되자 처음 대간에서 발론하고, 급기야 온 조정 신하들이 동조하는 것은 일종의 정해진 패턴이었다.《朝鮮王朝實錄》태종7년(1407) 7월 29일(庚辰)

臣)에게 죄가 있다고 덮어씌우는 것은 무슨 까닭인가? 과인이 대신
(大臣)을 뽑아 쓰면 너희들이 문득 핵문(劾問)하니 내가 장차 누구
와 더불어 나라를 다스릴 것인가? 또 너희들은 박은이 상서(上書)한
것을 가지고 그르다 하니, 그렇다면 재상(宰相)은 상서도 못한단 말
이냐?

라고 하며, 대간들을 집으로 돌려보내고, 조은을 불러 일을 보게
하니, 조은은, "지금 대간이 민무구·민무질의 죄를 청하고 신을 탄
핵하는 것은 정당하니, 만약 대간을 출사시킨다면 신이 더불어 일
을 같이 하겠습니다."라고 하여 자기를 탄핵한 대간에게까지 포용
력을 보이자, 태종은 이 말에 감동하여 대간을 불러 이렇게 말했다.

"너희들이 아뢴 것이 규정에 맞지 않아 집으로 돌려보낸 것이다.
지금 대사헌이 아뢰기를, '대간이 출사하도록 명하신다면 신이 더불
어 일을 같이 하겠습니다.' 하였다. 자고로 서로 탄핵당한 자가 그
출사할 때를 당하여 이 사람의 말과 같은 것은 없었다. 너희들은 박
은과 더불어 마음을 함께하여 직사(職事)에 임하라."

이러한 설득에도 자신들의 주장을 굽히지 않던 일부 대간은 귀
양을 갔고, 이어서 민무구·민무질 형제도 강원도와 황해도로 귀양
을 보냈다. 그러나 새로 임명된 대간도 민 씨들과 박은에 대한 탄
핵을 계속하자 태종은 조은의 대사헌 직을 맹사성(孟思誠)으로 대
신하게 하고, 참지의정부사(參知議政府事) 직임만은 그대로 맡게
했는데, 이는 앞서 박은이,

　　"신은 두 번이나 탄핵을 당해 물론(物論)이 분분(紛紛)합니다. 신
이 아직 늙지 않았으니 나라에 보답할 때가 있을 것입니다. 바라옵
건대 신의 직임을 갈아주소서."40)

라고 청하였으므로 임금이 조은의 뜻을 높이 평가하여 그 뜻을 따
른 것이었다. 항상 조은은 자신에 대한 비판이 있을 때마다 먼저
겸양의 자세를 취했기 때문에 태종의 조은에 대한 신뢰는 더욱 쌓
이게 되었다. 그해 12월에 형조판서에 제수되었는데, 이듬해 2월,
조은은 송사 처리를 잘못했다는 헌부의 탄핵을 받게 되었을 때,
조은은 자신의 처사에 잘못이 없다고 끝까지 버티다가 결국 판서
직에서 파면되었다.41)

　　이상에서 살펴본 바와 같이 조은은 겸양(謙讓)의 미덕을 보인
때도 있었지만, 자신이 옳다고 생각하는 일에는 소신을 굽히지 않
았는데, 이러한 조은의 처신은 태종의 성격과도 통하는 점이 많아
더욱 신뢰를 굳히는 결과가 되었다.

　　이즈음, 태종의 집권에 큰 공을 세운 하륜(河崙)이 정승(政丞)으
로 있으면서 모든 일을 혼자서 결재하고, 다른 정승들은 단지 서
명만 할 따름이라 대다수의 사람들은 뒤에서 수군거리기만 할 뿐
직접 얼굴을 마주하여 대놓고 항의하는 사람이 없었다. 그런데 조
은만은 옳지 못한 일이 있으면, 하륜의 앞에 나아가서 힘껏 자기
생각을 피력하고 그래도 자기의 정당한 의견을 받아주지 않으면

40)《朝鮮王朝實錄》태종8년(1408) 10월 1일(乙亥), 10월 12일(丙戌), 10월
　　16일(庚寅) 및 11월 7일(辛亥).
41)《朝鮮王朝實錄》태종9년(1409) 2월 17일(庚寅).

서명하지 않았는데, 이렇게 공신 중의 공신인 하륜 면전에서 자기 소신을 굽히지 않고 맞서는 이는 당시에 조은 외에는 별로 없었기 때문에 실록에서 특기(特記)한 것이다.

태종 9년(1409) 8월에는 전라도 순찰사(全羅道巡察使), 10월에는 경상도 순찰사(慶尙道巡察使)로 나가 영호남 지역의 민정을 살폈으며, 12월에는 서북면 도순문찰리사(西北面都巡問察理使) 겸 병마도절제사 평양부윤(兵馬都節制使平壤府尹)으로 나갔다. 이듬해(1410) 왕명을 받아 서북면 여러 지방의 축성(築城)을 감독했는데, 특히 평양성(平壤城) 축성은 큰 역사(役事)로 모든 장정이 축성에 동원되느라 추경(秋耕; 밀보리의 파종)을 잃게 될 것이니, 일시 중단해야 한다는 논의가 조정에서까지 비등하여 사신(使臣)을 보내 실정을 알아보기까지 하였다. 성을 쌓느라 모든 장정이 동원되어 추경을 실기(失期)하게 되었다는 소문에 대해 조은이 아뢰기를,

"백성들이 추경(秋耕)을 잃었다고 하는 말은 잘못된 말입니다. 그리고 역사(役事) 나온 백성이 교대하여 집에 돌아가면 수령(守令)이 노인(路引; 통행 증명서)을 주어 대신 가는 자가 심히 많은데, 어찌다 부역(赴役)한다는 것입니까?…해야 할 일을 하지 않는다면 그만이지만, 만약 한다면 이왕 준비한 김에 반드시 성취해야 합니다."[42]

라고 반박하고서, 축성 공사는 꼭 해야 할 일이고, 이왕 시작한 이상 다소 어려움이 있더라도 반드시 완성해야 한다고 강력히 주장하여 결국 임금의 윤허를 받아 역사를 진행시켜 서북 지방 축성

---

42) 《朝鮮王朝實錄》 태종10년(1410) 9월 8일(壬申).

공사를 마무리 하였다. 일단 일을 맡기면 어떤 어려움이 있더라도 이를 극복하고 끝내 성사시키는, 이런 점이 태종이 조은을 전적으로 신뢰하는 바탕이 되었다. 결국 태종 10년 10월에는 평양성의 축성공사를 60여 일 만에 완료하고서 그 준공을 보고하였다.

  "역졸(驛卒) 한 사람도 볼기를 때리지 않고 60여 일 만에 큰 역사가 끝났습니다."

  말썽 많던 서북 지방 축성 역사가 조은에 의해 마무리되자 태종은 상호군(上護軍) 우박(禹博)을 보내어 선온(宣醞; 궁중 술을 하사함)하고 표리(表裏; 옷의 겉감과 안감)와 약물을 하사하여 그 공을 치하했다.43) "역졸(驛卒) 한 사람도 볼기를 때리지 않았다."는 말에 대해 식자(識者)들이 비난하였다고 했지만, 이 말은 결코 공치사만이 아니었을 것이다. 조은의 일 처리는 과단성은 있었지만, 아랫사람들을 부릴 때는 순리로 하였으니 이것은 곧 조은의 투철한 애민정신과도 통하는 것이었다. 이는 마치 서애(西厓) 유성룡(柳成龍)의 《징비록(懲毖錄)》에 도체찰사(都體察使) 재직 중 군량을 조달하고, 군민(軍民)을 독려하면서, "백성을 급하게 사역(使役)해서는 안 된다고 여겨 오로지 성심껏 타이르며, 한 사람도 매질하지 않았다."고 한 기록과도 상통하는 것이다.
  이즈음, 소를 올려 서북면(西北面) 한 도(道)는 사신(使臣)의 왕래로 인하여 피폐(疲弊)함이 다른 곳보다 더욱 심하니, 호급둔전(戶給屯田)의 지출(支出)을 면제시켜 배성들의 고통을 덜어 줄 것

---

43) 《朝鮮王朝實錄》태종10년(1410) 10월 15일(戊申).

을 청하여 윤허를 받았다.[44] 호급둔전은 민호(民戶)에 부담시킨
둔전을 말한다. 둔전이란 원래 군대 주둔지에 농토를 개간하여 군
자(軍資)를 자급(自給)하도록 한 제도인데, 여말선초(麗末鮮初)에
군량이 부족하자 일반 민호에도 곡식 종자를 나누어 준 뒤 추수
시에 곡식을 거둬 군자에 충당하게 하니 폐단이 많아 백성들이 고
통스럽게 여겼다. 이성계의 둔전 폐지와 함께 호급둔전도 폐지되
었으나 태종 9년에 군량미의 부족으로 다시 시행했다가 서북 지
방은 조은의 건의로 이의 실시를 면제한 것이다. 임무를 마치고
복명하니, 12월에 병조판서 집현전제학 겸 판훈련관사(兵曹判書集
賢殿提學兼判訓練館事)에 제수하였다.

태종 11년(1411) 1월, 태종이 저화(楮貨)의 유통을 장려하기 위해
장형(杖刑) 이하의 죄는 저화로 속(贖; 체벌 대신 내는 벌금) 바치
게 하려고 하자 여러 재신(宰臣)들과 함께 저지시켰다. 7월에는 다
시 대사헌에 제수되어 각도에 파견하여 풍흉을 살피는 손실 경차
관(損失敬差官)의 폐지를 청하였다. 손실 경차관이란 추수기에 풍
흉(豊凶)을 점검하기 위해 한 도에 2~4명씩 임시로 파견하는 관원
을 말하는데, 이 경차관 파견은 두루 살필 수도 없고 민폐만 되어
득보다 실(失)이 많으니 이를 폐지하고 수령에게 일임시키자는 것
이었다.[45]

이해 8월에는 좌사간(左司諫)과 함께 교장(交章)하여, 20여 년 전

---

44) 호급둔전(戶給屯田) : 《朝鮮王朝實錄》 태종10년(1410) 5월 3일(丙申).
45) 이 계청(啓請)은 의정부의 공감도 얻었으나 구전(舊典)을 가볍게 고칠
　　수 없다는 임금의 주장대로 거행하게 했는데, 훗날 손실 경차관은 폐지
　　되었다. 《朝鮮王朝實錄》 태종11년(1411) 1월 13일(甲戌).

인 역성혁명 직후, 정도전(鄭道傳)·황거정(黃居正) 등이 사감(私感)으로 이숭인(李崇仁)·이종학(李鍾學) 등을 무고하게 죽였으니 이들의 죄를 밝힐 것은 청하였다. 이 사건은 앞에서도 이미 잠깐 언급한 문제인데, 이숭인은 문장이 일세를 풍미(風靡)하여 정도전이 시기하는 처지였고, 이종학은 이색의 아들로 조은에게는 외4촌 형이었다. 태종은 이미 20년이 지난 일이라 내키지 않았으나 대간이 교장(交章; 번갈아가면 글을 올림)하므로 대신들에게 수의하게 하였는데, 대신의 의견은 이들의 죄가 종묘사직에 관계된 것은 아니니, 가볍게 처리해야 한다는 의견을 내어 말감(末減; 가장 가벼운 처벌)으로 처리하게 되자 대간이 이에 반발한 것이다. 이에 대간과 의정부가 대립하여 대신들이 출사(出仕)를 거부하니, 조정이 매우 시끄러웠다. 이에 대한 태종의 견해는,

> "만일 죽여야 한다면 죄명을 바르게 하여 베었어야 했는데, 본래 죽을죄가 아닌데도 자기 마음대로 형벌을 가하였으니 이것은 임금을 무시한 것이다. 어찌 종묘사직에 관계가 없단 말이냐?"

하고서 조은의 손을 들어주었는데,[46] 조은은 이종학의 족친으로서 피혐(避嫌)할 처지였지만 이를 개의하지 않고 왕법(王法)을 밝힌 것에 대해 태종이 높이 평가한 것이다. 그러나 조은이 대사헌에 그대로 있게 되면 의정부와 틈이 있을 것을 우려하여 호조판서에 제수했고, 박은은 이해 말경 호조판서 직을 사임하였다.[47]

---

46) 《朝鮮王朝實錄》 태종11년(1411) 8월 18일(丁未) 및 《朝鮮王朝實錄》 태종11년(1411) 8월 22일(辛亥),

13년(1413)에 금천군(錦川君)으로서 영양군(永陽君) 이응(李膺)과 함께 판의용순금사사(判義勇巡禁司事)를 겸하게 되었는데 이때 형률(刑律) 제도상에 획기적인 개선이 있었다. 즉 당시에는 옥사를 판결할 때 성의를 다해 사실을 규명하고 중의(衆議)에 따라 진실을 밝히기보다는 형장(刑杖)으로 고문하여 그 실상을 캐려고 하니 심문하는 형장에 한도가 없었다. 이를 본 조은은,

"형장 아래서 무엇인들 구하지 못하리오."

하고, 곧 임금에게 아뢰어 심문하는 형장은 한 차례에 30대씩으로 한정하는 것을 항구적인 법규로 삼으니, 많은 사람들이 혜택을 보게 되었다. 또 당시 형법에는 사형수는 형을 집행하기 전에 세 차례 심의한다는 삼복법[大辟三覆法]이 법규로는 있었으나 이것이 준행되지 않았으므로 조은이 계청하기를,

"신이 《경제육전(經濟六典)》을 상고하니, 사죄(死罪)에는 삼복(三覆; 三審)한다고 하였으나 지금 형조(刑曹)나 순금사(巡禁司)에서 일찍이 시행하지 않았습니다. 청컨대 《경제육전》의 규정에 의거하여 시행하소서."

47) 호조판서를 사임한 후 1년 동안 박은의 특별한 활동은 보이지 않는다. 다만, 태종 12년(1412) 12월에 "반성군(潘城君) 박은의 본향(本鄕)을 나주(羅州)로 내려 주었다."라는 기사가 보이는데, 이때 주현(州縣)의 개편이 이루어져, 나주 임내(任內)였던 반남을 혁파하여 나주에 합치었기 때문이다. 나중에 반성군이란 군호(君號)도 금천군(錦川君)으로 고쳐 봉하였다. 《朝鮮王朝實錄》 太宗 11年(1411) 閏12月 19日(乙亥) 및 《朝鮮王朝實錄》 太宗 12年(1412) 12月 13日(甲子).

하여 "이후로는 형관이 이를 준수하라."는 윤허를 받았다.[48] 《경제육전》이란 정도전(鄭道傳)·조준(趙浚) 등이, 고려 우왕(禑王) 14년부터 조선 태조 5년까지 시행된 법령과 조례를 모아 이·호·예·병·형·공(吏戶禮兵刑工)의 육전(六典) 형식을 갖추어 만든 우리나라 최초의 법전으로 《경국대전(經國大典)》의 모체가 된 것이다. 그러나 건국 초창기라 내용상의 미비점이 있고, 또 이것마저 제대로 시행되지 않고 있었던 것이다. 앞의 형장(刑杖) 수의 제한이나 삼복법의 시행 등은 백성을 중히 여기는 애민사상의 발로였고, 이것은 인의(仁義)로 백성을 다스린다는 유학의 정치이념이기도 했다. 10월에는 참찬의정부사(參贊議政府事)에 제수되었다.

태종 14년(1414) 2월에 집현전 대제학(集賢殿大提學)에 제수되고, 4월에는 쟁송(爭訟)이 그치지 않는 노비 문제를 판결하기 위하여 노비변정도감(奴婢辨定都監)을 설치하였는데 그 제조(提調)가 되었다. 그러나 얼마 후 자신의 노비 소송 문제가 대상에 오르자 변정도감 제조를 사임하였는데, 그 노비 소송 문제란 박은이 부리던 노비에 대해 정탁(鄭擢) 등이 자신들의 노비를 조은 등이 거집(據執; 불법으로 차지함)했다고 주장하여 소송을 제기한 문제이다. 소송은 결국 조은의 노비를 공노비로 만드는 속공(屬公)으로 판결이 났는데, 속공이 부당하다고 생각한 조은은 이의를 제기하여 소장을 올렸으나 당시 지신사로 있던 유사눌(柳思訥)이 반대편에 편

---

48) 《朝鮮王朝實錄》 태종13년(1413) 8월 30일(丙子). 경제육전(經濟六典) 이후 태종 13년에 하륜(河崙) 등이 경제육전을 보완하여 속대전(續大典)을 만들고, 이를 수정, 보완하여 세종 때 속신육전(續新六典)을 만들었는데, 이것이 《경국대전(經國大典)》의 모체가 되었다.

당(偏黨)하여 이를 묵살함으로써 뜻을 이루지 못했다가 결국 3년
후에 자신의 주장을 관철시켰다. 이 문제는 뒤에 상술하기로 한
다. 8월에는 우군총제(右軍摠制)에 제수되어 다시 군무를 맡았다.

태종 15년(1415) 1월에는 1품 품계인 숭정대부(崇政大夫)로 승진
했다. 6월에 이조판서에 임명되고, 그해 7월이 되도록 비가 오지
않아 전년에 이어 양년의 흉년을 맞게 되었으므로 그 대비책을 상
서했는데,

> "수재와 한재가 없는 해가 없으니, 흉년에 진휼(賑恤)하는 정사에
> 만전을 기하는 것보다 우선하는 것이 없습니다. 지금 흉년이 들어
> 백성들이 명년의 계책을 생각하지 아니하고 새 곡식을 모조리 먹게
> 되면 종자가 부족할까 염려가 됩니다. 바라건대 유사로 하여금 주현
> (州縣)의 창고에 쌓여 있는 묵은 곡식을 퍼내어 민간에서 먹는 곡식
> 과 바꾸었다가 내년에 나누어 주어 종자로 삼게 하고, 또 안팎으로
> 널리 구황물자를 비축하여 생민들의 목숨을 구제하소서."49)

라 하여 윤허를 받았다. 이는 계속된 흉년으로 종자까지 먹어버리
면 이듬해 농사는 파종할 종자도 없을까 하는 우려에서였다. 또 8
월에는 대간(臺諫)의 월권이 지나치다고 생각한 태종이 그 권력을
제한하기 위해 이조판서 조은으로 하여금 대간을 고공(考功)하라
고 명하였다.50) 고공이란 인사권을 관장하고 있는 이조와 병조가
실시하는 문무 관원에 대한 근무 평정을 말하는데, 대간은 임금의
잘못을 간하고, 백관을 규찰(糾察)하는 특수 직임이라 하여, 이제

---

49) 《朝鮮王朝實錄》 태종15년(1415) 7월 6일(辛丑).
50) 《朝鮮王朝實錄》 태종15년(1415) 8月 4일(戊辰).

까지 대간에게는 이 고과 평정을 엄격히 적용하지 않아 도력장(都歷狀; 관리의 근무 실적과 이력 등을 낱낱이 적은 문건)은 바치지 않고 공좌부(公座簿; 出勤簿)만 점검하는 약식으로 시행되어 왔었다. 태종은 그 동안 국왕이나 대신의 처사에 대해 사사건건 시비를 거는 대간에 염증을 느꼈고, 조은 또한 여기에 공감하고 있었으므로 신임하는 조은이 이조판서로 있는 동안 전 관원에 대한 고공은 평등하게 시행되어야 한다는 명분을 앞세워 종래까지의 관습을 고치려 한 것이다. 그러나 이 명령은 대간의 특수성을 인정하여 그 기백(氣魄)을 살려 주는 것이 임금의 권위를 높이는 것이라는 대간의 강력한 반대에 부딪혀 공좌부를 점검하는 것51)으로 결론이 났다.

16년 3월에 판우군도총제부사(判右軍都摠制府事)가 되었다가 5월 25일, 우의정에 오르니, 태종조 공신 중의 공신이라 할 수 있는 하륜(河崙)이 물러남과 동시에 그 빈 자리를 조은이 대신하게 된 것이다. 남재(南在)가 영의정, 유정현(柳廷顯)이 좌의정이 되었으나 남재나 유정현은 비교적 자기 색깔이 분명하지 않은 편이라 결국 하륜의 빈자리는 조은이 채우게 된 것이다.

이 때 그 동안 논의되어 오던 과전(科田) 등 사전(私田)의 하삼도(下三道; 忠淸·慶尙·全羅) 이급(移給) 문제를 비로소 시행하게 되었는데, 그간 조운선의 침몰이 잦아 군수미(軍需米)의 수급에 차질이 있고, 극심한 가뭄이 들자 그 원인이 과전으로 고통 받는 경기 백성들의 원한 때문이라는 여론이 일어난 때문이다. 이에 태종은

---

51)《朝鮮王朝實錄》태종15년(1415) 8월 14일(戊寅).

"공신전(功臣田)·별사전(別賜田)·과전(科田)·사사전(寺社田)의   절반을 옮겨 충청도·경상도·전라도에 절급(折給)하고, 20결(結) 이하는 그전대로 둔다."라는 명령을 내리게 되니, 여기에 대해 조은은 네 가지 부당함을 조목별로 열거하면서 강력하게 반대하였다.

첫째 "과전은 경기에 한한다.[科田京畿]"라고 규정한 조종(祖宗)의 성헌(成憲)에 어긋난다. 둘째 경기 이외 지역의 공전(公田)도 따라서 문란해진다. 셋째 전주(田主)들의 전조(田租) 수송이 불편해진다. 넷째 기내(畿內; 首都圈)에 식량 부족을 야기하게 될 것이다. 등의 강력하고 선명한 반대 의견을 올려 과전의 하삼도(下三道) 이급 명령을 일시 정지하게 하였다.52) 11월에는 좌의정에 승진하여 판이조사(判吏曹事)를 겸하게 되니, 문관의 인사권까지 장악하게 되었다. 이후부터 5년여 동안 조은은 태종의 고굉(股肱)으로서 대소 국정에 중추적인 역할을 하였다.

당시 태종에게 가장 큰 고민은 세자 양녕(讓寧)의 일탈(逸脫)이었다. 양녕은 부왕 태종의 큰 기대 속에 일찌감치 세자에 책봉되었지만 나이가 들수록 학문에는 관심이 없고 사냥과 여색에만 몰두하여 부왕의 기대에 부응하지 못하였다. 태종은 이를 바루어 보려고, 그 지도를 맡은 서연관(書筵官)을 견책하기도 하고 세자에게 직접 훈계하기도 했지만, 세자는 그 때뿐이었고 그 도는 점점 심

---

52) 이때는 박은의 상서로 이급 문제가 보류되었으나 이듬해(태종 17년) 7월에 태종은 하삼도 이급 문제를 결행(決行)하였다. 그러나 결국 이급 후 문제가 많이 발생하여 세종 조에 와서는 외방 사전이 경기로 환급되고 새로운 급전법(給田法)과 수세법(收稅法)을 모색하게 되었다.《朝鮮王朝實錄》太宗16년(1416) 5월 20일(辛丑).

해갔다. 기녀(妓女)를 궁중으로 끌어들이기도 하고, 급기야는 남의
유부녀를 겁탈하여 아이를 낳아 궁중에 들이는 등 일탈이 한이 없
었다. 태종은 드디어 세자를 폐할 결심을 하는데 이는 부왕으로서
는 창피한 일이었고, 또 신하들로서는 임금의 이러한 의중을 알았
다고 하더라도 감히 먼저 발설할 수 없는 민감한 문제였다.

이에 태종은 18년 여름, 영의정 유정현(柳廷顯)·좌의정 박은(朴
訔)에게 밀지(密旨)를 주어 두 정승이 임금 앞에 나아가 은밀히 아
뢰게 하자, 의정부·삼공신·육조 등 신료들이 세자를 폐하도록 상
소하여 양녕을 폐하고 충녕대군(忠寧大君)을 세자로 삼으니 이가
후일의 세종(世宗)이다. 태종은 세자를 바꾼 직후 세종에게 선위
(禪位할 생각이었는데, 갑작스레 발설하면 또 조정이 시끄러울 것
이므로 드러내놓고 말하지 못하고 복심(腹心)인 조은에게 내선(內
禪; 왕위를 세자에게 물려 줌)하겠다는 뜻을 먼저 말하여 분위기
를 조성하게 하였다. 내선이란 왕위를 내놓는다는 말이니 신하로
서는 감히 입에 올릴 수 없는 단어로서 이 말이 임금 입에서 나오
면 신하들은 목숨을 걸고 반대하는 것이 정해진 패턴이었다. 그런
데 조은은 어느 날 세종의 장인인 심온(沈溫)에게 말하기를,

　　"요사이 임금의 의향을 그대가 아는가. 임금의 처사는 잘 되지 않
　는 것이 없으니, 끝내 아무 일이 없을 것이오."

하였는데, 그 뜻은 내선한다 할지라도 아무 탈이 없을 것이라고는
뜻이었다. 사실 권력욕이 누구보다 강한 태종 치하의 조정에서 태
종의 본의를 모르고 민감한 문제를 발설했다가 화를 당한 일이 비

일비재하였으므로 누구도 자기의 의견을 개진하지 못하였는데, 태종은 자신의 의도를 조은에게 귀띔했기 때문에 조은은 심온을 안심시키기 위해 이런 말을 한 것인데, 심온은 이 말을 사위인 세자 충녕에게 알렸고, 충녕은 호의로 한 조은의 이러한 처사를 탐탁찮게 생각하여 부왕에게 고하기까지 했다.

태종이 결국, 18년 8월 8일, 어보(御寶)를 세자궁(世子宮)으로 보내고 지신사(知申事; 도승지)와 좌·우대언(左右代言)을 불러 선위(禪位) 사실을 설명하고 이를 백관들에게 공포하게 하였다. 건강한 임금이 선위를 거론하면 신하들은 한사코 만류하는 것이 신하의 도리였다. 그렇지 않고 그 말을 곧이곧대로 믿고 따른다면 그보다 더한 불충이 없기 때문이었다. 몇 차례 선위 파동을 거치면서 곤욕을 치룬 태종조의 신하들로서는 더욱 그랬다. 이번에도 선위 발표가 있자, 정승과 육조의 참판 이상 고관들이 같은 말로 만류하는 상소를 올려 명을 거두기를 청하면서,

"성상께서 아직 건강도 정정하시고 명(明)나라에 세자 책립을 청하여 아직 인준도 받지 못하였는데, 갑자기 선위하심은 옳지 않습니다."

라고 상소하자, 이에 대한 태종의 답변은 이러했다.

"아비가 아들에게 전하는 것이니 간쟁(諫諍)할 수 없다. 그리고 나의 뜻이 이미 오래 전에 결정된 것이니 고칠 수가 없다. 다시 이를 말하지 말라."

태종이 이렇게 선위를 서두른 이유는, 자신이 건강할 때 새 임금의 지위를 확고하게 다져 놓아야 된다는 것이 자신의 경험에 의한 정치철학이었기 때문이다. 그러나 선위를 둘러싼 세자와 태종, 태종과 신하들 간에 줄다리기가 연일 계속되어 그칠 기미가 없자, 태종이 자신의 심중에 품고 있던 생각을 드러냈다.

"내가 비록 전위(傳位)하더라도 나라에 큰일이 있으면, 대신과 의논하여 그 미치지 못하는 것을 도울 것이다."

그러나 8월 9일에는 2품 이상의 제신(諸臣)들이 중문 내정(內庭)에 들어와 종일토록 청하니, 곡성(哭聲)이 궁중에 진동하였다. 10일에는 다시 태종이 "주상(主上)이 장년(壯年)이 되기 전에는 군무(軍務)는 내가 친히 청단(聽斷)하겠다."고 언명하고, 당일로 내선(內禪) 의식을 거행하여, 세종이 이미 임금의 상징인 익선관(翼善冠)을 썼는데도 신료들은 진정되지 않았다. 이번에도 좌의정 조은이 나서서,

"세자는 우리 임금의 아들이다. 굳이 사양했으나 윤허하지 않으셨고, 이미 익선관을 쓰셨으니, 신등이 다시 굳이 청할 이유가 없다."

라고 교통정리함으로써 선위 문제는 일단락되었다. 이러한 조은의 분위기 조성으로 양녕에서 충녕으로의 세자 폐립(廢立)과 양위가 무리 없이 진행되고, 역사상 유래가 없는 양왕(兩王) 체제가 성

립하였다.

5. 양왕 체제(兩王體制) 하의 조은

태종이 일단 양위는 하더라도 군국 중대사는 자신이 직접 관여하겠다고 언명함으로써 신하들의 선위 반대 여론을 잠재워 선위가 이루어지기는 했지만, 최고 권력을 나누어 두 왕이 통치한다는 것은 유래가 없는 일로서 어디까지나 비정상적인 체제였다. 이렇게 두 임금이 통치하는 시기를 양왕 체제라고 말할 수 있는데, 이 기형적인 권력 구조는 세종 4년 5월 10일, 태종이 향년 56세로 생을 마칠 때까지 약 4년 반 동안 계속되었다.

"한 하늘에 두 해가 없다."는 속설대로 절대 권력이란 분점(分占)할 수 없는 것이기 때문에 새 왕이 즉위하면 전왕은 정치에 관여하지 않는 것이 원칙이었다. 때문에 조선 시대 왕위는 대부분 왕이 죽고 나서 다음 임금이 즉위하였고, 간혹 정치 수련이란 명분하에 대리청정(代理聽政)이란 제도가 시행되기는 했지만, 그럴 경우 언제나 후유증을 야기했다. 양자 간에 전폭적인 신뢰가 없이는 순기능보다 부작용이 더 많기 때문이었다. 심지어 정사를 대리하게 하고는 꼬투리를 잡아 세자를 폐하려는 경우도 있었으니, 숙종(肅宗) 말년에 경종(景宗)에게 대리를 시킨 것이 그 전형적인 예이다. 이처럼 조선 시대 몇 차례의 대리청정이 있었지만, '정치 수련'이란 순수한 의미가 퇴색될 때가 많았는데, 그 이유는 최고 권력은 나누어 가질 수가 없기 때문이다. 성공한 사례로 세종 말년의 문종(文宗)의 대리청정이나 순조(純祖)를 대리하여 4년간 통치한 효명세자(孝明世子; 뒤에 翼宗으로 추존)의 대리청정 정도였다.

태종은 양위하면서 군무(軍務)는 당분간 자신이 맡겠다고 한 이유는 무엇이었을까? 이는 "모든 권력은 군사력으로부터 나온다."는 태종의 경험 철학에 기인한 것이었다. 태종은 일찍이,

> "태조께서 화가위국(化家爲國; 한 가정을 변화시켜 국가를 세움, 곧 나라를 창건함.)할 수 있었던 것도 군사를 가지고 있었기 때문이었다."

라고 갈파하였고, 자신이 두 차례의 골육상잔에서 승리해 임금이 된 것도 결국 군사력 덕분이었다. 따라서 태종에게는 군사 통수권 문제는 일종의 강박관념에 가까웠다. 주변에는 세자 자리에서 쫓겨난 양녕대군을 비롯한 여러 왕자들, 일찍이 자신에게 반기를 들다 귀양 간 회안대군(懷安大君) 방간(芳幹)을 비롯한 왕족 등, 왕위를 넘볼 가능성이 있는 인물들이 널려 있었고, 게다가 이들을 이용해 권력을 잡아보려는 세력들 또한 어디에 잠복해 있는지 알 수 없었다. 따라서 태종의 눈에는, 왕위에 오르기는 했지만, 경험도 없고 착하기만 한 세종의 통치 기반이 안정되기 전까지는 안심할 수가 없었던 것이다. 태종이 특히 군사 문제에 집착한 것은 이상과 같은 여러 가지 이유 때문이었다.

태종은 이상과 같은 문제에 못지않게 외척 세력 또한 위험 요소로 보았다. 외척이 정사에 개입하게 되면 정치가 문란해짐은 물론, 전한(前漢)의 왕망(王莽)처럼 왕조를 멸망시킬 위험도 있기 때

문이었다. 그래서 자신이 왕이 되는 데 적잖게 공헌한 처남 민무
구(閔無咎)·민무질(閔無疾) 4형제까지 죽여야 했는데, 이제 임금의
장인 심온(沈溫)이 40대의 나이에 영의정의 직함으로 권력을 즐기
고 있으니, 태종으로서는 여간 부담스러운 일이 아니었다. 후대에
는 국구(國舅; 임금의 장인)가 직접 정치에 참여하는 것은 금기(禁
忌) 사항이 되었지만, 조선 건국 초에는 고려시대의 관습이 그대
로 계승되어 외척도 제한이 없었다. 국구라는 상징적인 지위만으
로도 더없이 존귀한 것인데, 정치 야심이 만만한 임금의 장인 심
온은 일인지하 만인지상인 영의정이라는 최고의 정치적 직위까지
갖게 되었으니, 그 위세가 어떠했겠는가?

  게다가 양왕(兩王) 체제라고는 하지만, 외척의 권력 농단을 극도
로 혐오하는 상왕 태종의 권한이 절대적인 상황에서, 아무리 두
왕 사이에 신뢰가 깊다고 해도 무리가 없을 수 없었다. 두 국왕 사
이에는 전혀 틈이 없다고 하더라도 그 아래에 있는 신하들의 이해
까지 일치될 수는 없기 때문에 정책을 집행하는 과정에서 언제나
불협화음이 있게 마련이었다.

  세종이 즉위한 지 한 달도 못 되어 사건이 터졌다. 병조참판 강
상인(姜尙仁)이 군무(軍務)를 세종에게만 보고하고 상왕 태종에게
는 보고하지 않은 사건을 발단으로 병조 판서 박습(朴習)과 영의
정인 세종의 장인 심온(沈溫)에게까지 연루되어 모두 죽음을 당하
는 사건이 일어난 것이다. 이것도 그 원인을 따져보면, 태종의 외
척 세력 견제라는 원려심모(遠慮深謀)에서 빚어진 의도적인 참극
이었을 가능성이 높다. 이 과정에서 좌의정으로서 태종의 각별한
신뢰를 받고 있던 조은은 상왕의 자문에 응하기도 하고, 자신의

의견을 개진하기도 했는데, 심온은 자신의 죽음이 조은의 용사(用事; 농간을 부림)에 의한 것이라고 믿어, 죽음에 임하여 "우리 후손들은 절대로 반남 박씨와 혼인하지 말라."는 유언을 남김으로써 후일 야담(野談)의 소재(素材)로 전승(傳承)되어 인구(人口)에 회자(膾炙)되었다.

심온 사사(賜死) 문제는 외척의 발호를 우려한 태종의 우려에서 나온 것이지 조은의 용사로 비롯된 것은 아니었다. 다만 조은도 외척, 특히 국구(國舅)가 임금과 자주 접촉하여 정치에 관여하는 것이 온당치 못하다고 여겼기 때문에 상왕 태종의 처사에 협조적이었다. 한편, 심온이 죽음을 당함으로써 조은과 세종 사이에는 화해할 수 없는 간격이 놓이게 되었지만, 효심이 극진한 세종으로서는 부왕이 신뢰하는 조은에 대해 내색을 낼 수도 없었으므로 표면적으로는 원만한 군신 관계가 유지되었다. 심온 관련 문제는 마지막 장에서 상론(詳論)하려고 한다.

심온 사건이 터진 후 양왕 체제하의 정치는, 조심성이 많고 효성이 지극한 세종이 자신이 재결(裁決)한 주요 국사도 모두 상왕에게 보고하였으므로 세종 4년(1422) 5월, 태종이 승하하기 전까지 별다른 문제가 없었다. 세종은 부왕 태종의 어떠한 결정에도 이의를 달지 않을 뿐 아니라 자신이 처리한 대부분의 주요 국사를 사후에 부왕에게 보고하고, 아주 중요하거나 판단이 어려운 문제는 사전에 보고하여 상왕의 의견을 들었으므로 두 임금 사이에 틈이 생길 수 없었다. 태종은 세종의 자문이 있으면 이를 혼자서 결정하지 않고 삼정승 즉, 영의정 유정현(柳廷顯)·좌의정 박은·우의정 이원(李原)에게 자문했는데, 태종은 세 정승 간의 의견이 통일되지

않을 때에는 대부분 조은의 견해를 많이 채택했으므로 세종 3년
12월, 조은이 좌의정에서 물러날 때까지 조정에서 조은의 영향력
은 여전했다. 따라서 조은이 세종 즉위 초에 많은 정책을 건의했
지만 그 중에서 가장 두드러진 것을 들면 다음과 같은 것들이다.

그 첫째가 세종 1년 2월에 있었던 집현전(集賢殿) 설치 건의이
다. 즉, 좌의정 박은이 계(啓)하기를,

> "문신(文臣)을 선발하여 집현전(集賢殿)에 모아 문풍(文風)을 진
> 흥시키는 동시에, 문과는 어렵고 무과(武科)는 쉬운 까닭으로, 자제
> 들이 많이들 무과로 몰리니, 지금부터는 사서(四書)를 통달한 뒤에
> 라야 무과에 응시하게 하소서."[53]

라고 하니, 임금이 아름답게 여기고, 받아들였다는 것인데, 집현전
의 활성화와 무과에서 사서(四書)를 필수과목으로 정한 단초(端初)
가 조은의 건의에서 시작되었음을 알 수 있다. 이 건의에 따라 세
종 2년 3월 16일(甲辰)에는 집현전의 직제가 완성되어 인원수를
정하고 관직을 제수했는데, 조은은 좌의정로서 우의정 이원과 함
께 집현전의 명목상의 최고 직위인 영전사(領殿事)를 겸하게 되었
다. 이로써 고려시대 이래, 관청도 없고 직무도 없이 오직 문신들
에게 유명무실한 직함만 주어 명목만 있던 문한 관서(文翰官署)를
모두 폐지하고 집현전만 남겨 두었다. 그리고 관사(官司)를 궁중에
두고, 문신 가운데서 재주와 행실이 있고, 나이 젊은 사람을 택하

---

53) 《朝鮮王朝實錄》 세종1년(1419) 2월 16일(辛卯). 사서(四書)란 중용(中
庸)·대학(大學)·논어(論語)·맹자(孟子)를 말한다.

여 오로지 경전(經典)과 역사를 연구하고 강론하며 임금의 자문에
대비하게 하였다.

대다수 국민들이, 집현전은 세종 문화의 산실(産室)이며, 그 설
치도 세종이 창안한 것으로 알고 있으나 집현전은 고려 말기부터
있던 관아로서 유명무실한 존재였던 것인데, 이상과 같이 조은이
그 활성화를 건의하고 세종이 가납(嘉納)함으로써 집현전이 중심
이 되어 찬란한 세종조의 문화가 꽃피게 된 것이다. 물론,《시경
(詩經)》에 "시작이 없는 경우는 없으나, 유종의 미를 거두는 경우
는 드물다.[靡不有初 鮮克有終]"라는 말이 있듯이 아무리 좋은 정
책이라도 세종의 적극적인 육성이 없었다면 집현전이 소기의 성
과를 거둘 수 없었을 것이다. 그러나 고려시대에도 학사들이 모여
경사(經史)를 강론하고 임금의 고문에 응하던 학문 연구 기관으로
청연각(淸燕閣)·보문각(寶文閣)·연영전(延英殿)·집현전 등이 있었
고, 조선이 건국된 뒤에는 정종 원년에 집현전을 설치하여 학문
연구와 강론을 전담하게 한다고 했으나 고려의 제도와 관행이 그
대로 이어져 관직만 있을 뿐 유명무실한 실정이었다. 이러한 집현
전의 활성화를 조은이 건의하여 실행케 한 것은 높이 평가할 만한
일이다.

다음은 보충군(補充軍)에 대한 개혁이다. 조선 시대의 보충군이
란 군역(軍役)의 일종이다. 천인 신분은, "부모 한 쪽이 천인이면
자식은 모두 천인이 된다.[一賤則賤]"는 원칙에 따라 시대가 흐를
수록 천인이 많아져 노비를 더 많이 차지하려는 소유주 간의 다툼
을 해결하느라 해당 관아는 조용한 날이 없었고, 상대적으로 국가
의 근본이요 군역(軍役)의 대상인 양인(良人)은 줄어들게 되었다.

이를 방지하기 위하여, 신분은 양인이면서 천역을 함으로써 천인 대접을 받는 자[身良役賤]와 천인(賤人)으로서 돈을 내고 양인이 된 자[贖良] 자, 양반(兩班)이 종을 첩으로 삼아서 낳은 자손 등, 양인(良人)이냐 천인이냐의 한계가 불명한 자들도 보충군에 소속시켜 군역을 담당하게 하고, 이들에게 양인 신분을 부여하는 제도였다. 그러나 성리학 이론은, 우주만물은 종류와 우열에 따라 차별성(差別性)·등급성(等級性)을 가지기 때문에 자연·인간·사회가 모두 위계질서를 갖게 된다는 명분론적 계급질서를 합리화하는 사상 체계인 데다가, 지배계층은 그 속성상 천인의 수가 줄어드는 데 대한 거부감을 가지고 있었으므로 보충군의 환천 문제를 탐탁찮게 여겼다. 도리어 신분 질서를 엄격히 해야 된다는 명분을 내세워 기피하거나 도피한 보충군들은 모두 환천(還賤) 시키는 제도를 시행하려 하자 조은이 이를 바로잡으려 한 것이다.[54]

이 외에도 조은은 대소 국정에 참여하여 의견을 개진하고, 양왕(兩王)의 자문에 응했는데, 많은 의견들이 정책에 반영되었다. 수령의 부임에 처자(妻子)의 수행을 일부 허용한 것[55]이나, 대소 사신이 지방에 가서 관기(官妓)를 간음(姦淫)하는 것을 금지한 것은 조은의 주장이 관철된 것이었다. 즉, 평안 감사 윤곤(尹坤)이 장계(狀啓)를 올려 그 폐단을 지적하고 이를 금지시킬 것을 건의하자 임금이 정부와 육조로 하여금 논의하게 하였던바, 모두들 시행한 지 오래된 일이라 금지할 일이 아니라고 하였으나 조은만은 윤곤

---

54) 《朝鮮王朝實錄》 세종2년(1420) 9월 1일(丙寅) 및 세종3년(1421) 7월 27일(丁亥).
55) 《朝鮮王朝實錄》 세종1년(1421) 4월 14일(戊子).

의 청함을 따르는 것이 마땅하다 하였고, 임금도 "아무리 오래된 관례라 하나 이것이 어찌 아름다운 풍습이며 더구나 남편 있는 기생이겠는가." 하면서 조은의 의견을 채택함으로써 윤곤의 청이 받아들여졌다. 이상 몇몇 문제들은 뒤에 다시 상론하기로 한다.

세종 3년 8월 28일(戊午) 조은은 병석에 있으면서 상왕에게 글을 올렸는데, 양녕이 폐세자 되고 충녕에게 선위하는 과정에서 자신을 포함하여 유정현(柳廷顯)·조말생(趙末生)·김구덕(金九德)·유은지(柳殷之)·문효종(文孝宗)·이춘생(李春生)·이발(李潑)·이적(李迹) 등 10여 인이 공이 많으니, 공신으로 녹훈(錄勳)해 달라는 것이었다. 즉 양녕을 폐하는 데는 영의정 유정현과 좌의정 박은이 태종의 밀지를 성실히 이행함으로써 분위기가 조성되었으나, 양녕을 폐한다면 누구로 세자를 삼을 것이냐의 문제였다. 태종이 "적실(嫡室)의 장자를 세우는 것은 고금을 통한 법식(法式)이다."라고 하면서 다섯 살짜리 맏손자[양녕의 장남]를 세우려 하였는데, 사실 이것이 태종의 본심이었는지는 아무도 알 수 없었다. 김점(金漸)이 임금의 뜻을 알고는 조정에서 여러 사람들에게, "손자로 세자를 세운다는 것은, 임금의 뜻이 이미 작정이 굳어져서 아무리 해도 돌릴 수가 없다."라고 공언하기까지 하였으므로 여러 신하들로서는 감히 다른 말을 할 수가 없었다.

이에 대해 유정현과 박은이 "아버지를 폐하고 아들을 세우는 법이 없으니, 어진 이를 가려 세워야 한다."고 건의하자 위에 말한 여러 사람들도 동조함으로써 태종의 뜻을 돌려 세종이 즉위하게 되었으므로 세종이 왕위를 계승하게 된 데는 이들에게 공이 있다는 논리였다. 이 공신 녹훈 건의에 대해 태종의 생각은 "당시 큰 의논을 결정한 것은 내 뜻으로 한 것이요, 밖의 의논으로 된 것이 아닌데, 저들에게 무슨 공이 있는가." 하고는 그대로 머물려 두고 승정원에 내리지 않았다. 이 녹훈 청원은 조은의 과욕이었지만, 이 일이 있은 후에도 태종의 조은에 대한 신뢰는 변함이 없었다.

이해 12월 3일(壬辰) 조은이 병으로 좌의정을 사직하자 금천부원군(錦川府院君)을 삼고, 이원을 좌의정으로, 정탁(鄭擢)을 우의정에 제수하였다. 조은이 요양하는 동안 태종은 약을 보내고, 궁중음식을 내렸으며, 심지어 궁중 요리사까지 보내, "조석 반찬을 그가 원하는 대로 하여 주되, 내가 먹는 것이나 다름없게 하라." 하였고, 태종 자신이 병중에 있으면서도 환관을 보내 문병하였다.

조은은 결국 세종 4년 5월 9일(乙丑)에 향년 53세로 일생을 마쳤다. 태종 또한 다음날 승하하였으니 두 군신 사이는 보통 인연이 아니었던 것 같다. 조은이 태종보다 하루 먼저 세상을 떠남으로서 세종과의 숙명적인 대결도 피할 수 있게 되었다. 만약 태종 사후까지 조은이 건재했더라면, 아무리 부왕 태종이 신임했던 신하라 하더라도, 자신의 장인 심온이 원수라고 지목한 조은을 어떻게 대했겠는가.

관례에 따라 사흘 동안 정사를 보지 아니하고, 관에서 장례를 치러 주기는 했으나 이튿날 태종이 승하하여 국상을 치르느라 경황이 없어 그 해 10월 12일(丙申) 임금이 제사를 내렸는데[賜祭] 제문에서 그 공적을 극도로 칭도(稱道)했다. 시호를 평도(平度)[56]라

---

56) 시호를 평도(平度) : 시호로 읽을 때는 평도가 아니라 평탁으로 읽어야 한다. 도(度)는 법도(法度)·정도·풍채 등의 의미로 쓰이고, 탁(度)은 헤아리다·꾀하다·재다의 의미인데, 뒤의 글자 풀이에 "재량할 줄 아는 것

하였는데, 그 풀이에, "강기(綱紀)를 펴 다스려 나가는 것을 평(平)이라 하고, 마음이 능히 의(義)를 재량할 줄 아는 것을 도(度)라 한다." 하였다. 졸기에, "은은 식견이 밝고 통달하며, 활발하고도 너그러우며, 의논이 확실하였다. 내외의 직을 역임하여 업적이 심히 많았는데, 태상왕이 크게 소중히 여겨, 큰일을 의논할 때에는 반드시 그를 참여시켰다."라고 극찬하였다.

태종과 조은이 죽고 난 뒤 세종은, 과거 조은이 건의한 정책이나 지방관 재직 시의 치적에 대해서 가끔 칭찬했고, 부왕이 신뢰하던 신하라 하여 크게 폄하(貶下)하지는 않았지만, 그뿐이었다. 신하로서 죽은 뒤의 가장 큰 영예는 자기가 모시던 임금의 묘당(廟堂)에 배향되는 것이었다. 따라서 선발 기준은 그 임금이 가장 신뢰했고, 또 당대에 어떤 공로를 세웠느냐가 되겠는데, 이는 다분히 명분에 입각한 기준이었다. 조은은 여러 재상 중, 하륜(河崙) 다음으로 태종의 신뢰를 받은 신하였고, 태종 16년(1416) 5월 말에 우의정에 제수된 이래 세종 3년(1421) 12월 말 좌의정을 사직할 때까지 공신 신분으로 만 5년 6개월을 의정으로 있으면서 중요 국정에 참여한 공이 있으니 당연히 배향공신이 되어야 했으나 배향공신에는 들지 못했다. 배향 인물 선정은 죽은 임금이 아니라 후대

을 '度'이라 한다" 하였으니, 탁(度)으로 읽어야 맞다. 그러나 호칭은 남이 불러주는 것인데, 수백 년 동안 평도로 불러 왔으니 지금 와서 이를 고치자는 것은 아니다. 그리고 시호란 그 사람의 공덕(功德)을 두 글자에 함축한 것이므로 조선 초기의 시호를 보면 그 사람의 공업(功業)이 상상이 된다. 그러나 조선 후기에 내려오면서 문신이면 으레 문(文)자가 들어가야 대접을 받는 줄 알게 되어 너도나도 문(文)자 시호를 선호하게 되니 시호의 함의(含意)가 무의미해졌다.

임금과 신하들의 몫이었기 때문이다.

세종 6년 2월 6일(壬子) 태종 묘정의 배향 공신을 논의할 때, 의정과 공신을 기준으로 진산 부원군(晉山府院君) 하륜(河崙)·한산 부원군(漢山府院君) 조영무(趙英茂)·의정부 우의정(議政府右議政) 정탁(鄭擢)·완산군(完山君) 이천우(李天祐)·계림군(鷄林君) 이내(李來) 5인을 확정했는데, 조은은 거론되지도 않았다. 이천우와 이내는 공신이기는 했지만, 정승에 오르지도 못했고, 정탁은 다 같은 공신이지만, 세종 3년 말, 조은이 좌의정을 사임한 후, 우의정 이원(李原)이 좌의정으로 승진하고 그 후임으로 우의정이 되었으니, 태종이 승하하기 6개월 전의 일로서 태종조에는 아직 의정에 오르지도 못한 인물이다. 특히 정탁과 이내는 일찍이 노비 송사로 조은과 대립했던 사람들이다.

배향공신 논의가 시작될 때, 조은이 거론조차 되지 않았는데, 당시 이 일을 주도한 인물은 영의정 유정현(柳廷顯)과 좌의정 이원(李原)이었다. 이들은 조은과는 전일 의정 동료들로서 경쟁 관계에 있었는데, 나이도 후배인 조은이 태종의 깊은 신뢰를 받고 독주(獨走)한 것에 대한 반감도 작용했을 것이다. 그리고 무엇보다 세종의 눈치를 보지 않고 조은을 추천할 용감한 인물이 없었던 때문이었다. 태조묘 배향 공신을 논의할 때, 태종의 정적인 남은(南誾)이 추천될 수 있었던 것은, "남은이 개국에 공이 많았으니 묘정에 배향되어야 한다."고 강력히 추천한 박은 같은 신하가 있었기 때문이었다.

이렇게 조은이 세종과 당시 조정 신하들에게 호감을 사지 못한 이유는, 조은의 성품을 표현한 제문(祭文)의 "풍의(風儀)는 껄껄하

고 씩씩하여[落落] 세상 사람에 영합하기 어려웠으며, 언론(言論)
은 당당(堂堂)하여 배울 만하였다.”라는 한 마디 말에 잘 드러나
있어 저간의 상황을 유추할 수 있다고 하겠다. 즉 웬만한 사람 같
으면 좋은 게 좋다는 식으로 그냥 넘어갈 수 있었지만, 조은은 자
기가 옳다고 생각하는 소신에 대해서는 누가 뭐라고 하든, 남의
눈치 안 보고 자신에게 손해가 오더라도 끝까지 밀고 나가는 성품
이었다. 3년이 지난 노비 송사 문제를 다시 거론하여 바로잡은 것
은 그 대표적인 사례라 할 수 있다. 노비 송사로 인해 수십 명의
전임과 현임 관료들이 화를 입었으니, 조정의 평이 조은에게 우호
적일 수가 없었을 것임은 불문가지이다. 이러한 군신 상하의 비우
호적인 분위기로 인해 태종이 가장 신임하던 신하였지만, 그 묘정
에는 배향되지 못하였다. 반면에 노비 송사로 박은과 대립했던 정
탁(鄭擢)과 이내(李來)는 태종 묘정에 배향되었다.

제3장
시문(詩文)에 나타난 조은의 정치이념(政治理念)

Ⅰ. 시문(詩文)을 통해 본 조은(釣隱)의 생각

과거 인물을 이해하기 위해서는 동시대 사람들의 평가, 그가 한 말이나 남긴 저술에 대한 검토가 필수적이다. 물론 자서전의 경우, 대부분의 사람들이 자신의 행위를 합리화하거나 미화하고, 또 언행이 일치하지 않는 경우도 많아 신뢰를 떨어뜨리는 경우가 있기도 하다. 그러나 옛날부터 인물 평가 기준으로 신언서판(身言書判; 외모 언변, 문장과 글씨, 판단력)이라는 말이 유행하게 된 이유는 그가 남긴 저술을 통해 그 인물됨을 어느 정도 평가할 수 있기 때문이다. 그런데 박은의 문집인 《조은선생문집(釣隱先生文集)》은 사후 수백 년 뒤에 후손들이 이곳저곳에서 단편적인 기록을 철습(掇拾)하여 만든 것이라 본인의 글이라고 할 수 있는 것은 극히 일부에 불과하여 저술을 통해 인품과 사상을 더듬기는 쉽지 않다.

조선 후기에 오면 문인 관료들이 문집 내는 것을 큰 영예로 생각하여 일찍부터 후일의 문집 간행을 염두에 두고 자신의 원고를 비축해 놓으면, 후손이 그것을 정리하고 대방가(大方家)의 서문을 받아 간행하는 것을 효도라고 생각했지만, 여말선초에는 그렇지 못하였다. 조은의 외조부인 가정(稼亭) 이곡(李穀)과 외숙인 목은(牧隱) 이색(李穡)이나 양촌(陽村) 권근(權近)·춘정(春亭) 변계량(卞季良)처럼 자타가 공인하는 시인이나 문장가들은 일찍부터 문집 간행을 염두에 두고 시문을 지으면 초고를 보관했지만, 대부분의 문인 관료들은 그렇지 못하였으니 조은도 예외는 아니었다. 때문에 《조은선생문집》 중 본인의 시는 10편뿐인데, 그마저 3편은 결구(缺句)이다. 직접 지은 시가 너무 소량이고, 또 반남 박씨 세적편(世蹟篇)에 수록된 시는 번역에 미흡한 점이 있어, 다소 번거롭기는 하지만 시 전편을 수록하고 해설을 붙였다.

문(文)은 과거 급제할 때의 답안지인 대책문(對策文)과 잠저(潛邸) 시 태종(太宗)에게 보낸 편지이고, 나머지는 임금에게 아뢴 소(疏)와 계(啓)가 대부분이다. 그러나 이 소나 계는, 실록(實錄) 등 사서(史書)에서 채록한 것들인데, 요점을 축약(縮約)하여 실었거나 동료와 공동으로 아뢴 것이 많아 순수한 조은의 저작을 가려내기도 쉽지 않다. 따라서 이런 자료들은 정치 경륜이나 행적을 살피는 데 인용하기로 하여 본장에서는 제외하였다. 본인의 작품임이 분명한 시와 과거(科擧)의 책문(策文) 내용을 통해 조은의 생각을 살펴보고자 한다.

1. 시(詩)

독곡 선생께 받들어 올리다.[奉贈獨谷先生]

독곡 선생은 선고(先考)의 벗이시니
옛날 일 얘기할 때마다 나를 보고 불쌍히 여기셨습니다.[1]

---

1) 독곡 선생은…여기셨습니다 : 독곡(獨谷)은 성석린(成石璘, 1338~1423)의 호이다. 공민왕 6년(1357) 4월에 염흥방(廉興邦)이 주관한 과거에서 정몽주(鄭夢周)와 동방 급제했는데, 여러 벼슬을 거쳐 문화평리 겸 대사

평생 주성(酒聖)이라 자칭하셨고
일찍이 화류(花柳)를 쫓아 인과(因果)를 사절하셨지요2)
가슴에 바람과 달이 가득하니 생각에 사특함이 없고
도리어 귤 삼백 알 바치는 일을 배우셨습니다3)
큰 덕과 재주는 크게 쓰임이 당연하니
이윤(伊尹)과 주공(周公)의 사업 끝내 맡으셨군요4)

헌으로 있을 때 창왕(昌王)을 폐하고 공양왕을 세운, 폐가입진(廢假立
眞)에 협조하여 공신이 되었다. 조선이 건국한 뒤, 우현보(禹玄寶) 일파
로 몰려 한때 추방되기도 했으나 뒤에 조정에 복귀하여 정종 조에는 우
정승과 좌정승을 역임했고, 태종 즉위 후에는 좌명(佐命) 3등 공신에 녹
훈되었으며, 뒤에는 영의정에 올랐다. 성석린은 조은의 부친 박상충(朴
尙衷)보다는 여섯 살 연하이고, 과거급제는 4년 늦은 후배였으나 뜻이
맞아 벗처럼 가까이 지냈던 모양이다. 그래서 고아로 자라 입신(立身)한
조은을 볼 때마다 대견해 하면서 애틋한 정을 표했고, 조은은 이에 대한
보답으로 시를 지어 올린 듯하다.

2) 일찍이 화류(花柳)를…인과(因果)를 사절하셨지요 : 화류는 꽃 피고 버
들 휘늘어진 곳에서의 풍류놀이를 말하고, 인과(因果)는 인과응보(因果
應報) 즉, 윤회설(輪回說)을 신봉하는 불교를 말한다. 당시에는 불교가
성하여 모두 불교를 신봉했으나 위의 주성(酒聖)이란 호칭에서도 보이
듯이 성석린은 불심(佛心)보다는 술 마시고 시 읊는 풍류를 낙으로 삼았
다는 말이다.

3) 귤 삼백 알 바치는 일을 배우셨습니다 : 글씨를 잘 썼다는 말인데, 실제
성석린은 초서(草書)로 유명했다. 이 말의 유래는 진대(晉代)의 명필 왕
희지(王羲之)가 언젠가 어떤 이로부터 귤을 선사받고 감사하다는 뜻에
서 그에게 서첩(書帖)을 써 주었던 데서 온 말인데, 그 서첩의 대략에
"평안하십니까. 귤 삼백 개를 받았습니다. 서리가 내리기 전에는 많이
얻을 수 없을 것인데요. 운운…[平安如何 奉橘三百顆 霜未降 未可多
得]"라고 하였으므로, 이 서첩을 귤첩(橘帖) 또는 평안여하봉귤삼첩(平
安如何奉橘三帖)이라고도 일컬었다.

4) 이윤(伊尹)과 주공(周公) 사업 끝내 맡으셨군요 : 정승이 되어 국정을 총
괄하는 직위에 올랐음을 말하는 것이다. 성석린은 정종 1년(1399)에 우

충성으로 임금을 섬기는 이유는
바로 만백성을 모두 편안케 하려 하심일세
연세 육순을 넘어서도 건강하시고
청담은 주옥이 줄줄이 이어지는 듯
날마다 향불 피워 임금의 장수를 축원하니
불회(佛會)에서 때때로 천화(天花)가 떨어졌지요[5]
높은 안목은 일대(一代)의 용문이셨고[6]
사람들을 보면 가볍게 인정하지 않았는데
의백(毅伯)이 어떤 사람인 줄 몰랐지만
곁에서 모실 적에는 기르는 아들과 같아
시 지어 손수 써 주시니

정승에 올랐는데, 이때 나이가 62세니 뒤의 '나이 육순(六旬)을 넘었는
데도 강건하시니'라는 내용과도 일치한다. 이윤은 탕왕(湯王)을 도와 하
(夏)나라 걸왕(桀王)을 멸망시키고 난세를 평정한 뒤에 선정을 베푼 은
(殷)나라의 명상(名相)이다. 뒤에 탕왕의 적장손인 태갑(太甲)이 포학하
게 굴자 동궁(桐宮)으로 축출했다가 그가 개과천선하자 3년 뒤에 다시
영입하여 복위시켰다. 주공은 주(周)나라 문왕(文王)의 아들이요 무왕(武
王)의 동생으로서, 무왕을 도와 은(殷)나라를 멸망시키고 천하를 통일한
뒤에 예악(禮樂)과 문물(文物)을 정비하였다. 또 성왕(成王) 때에 왕의
숙부들인 관숙(管叔)과 채숙(蔡叔)이 은(殷)의 후예인 무경(武庚)과 함께
반란을 일으키자, 왕명을 받들고 동정(東征)하여 평정하였다.

5) 불회(佛會)에서 때때로 천화(天花)가 떨어졌지요 : 경사스러운 일이 있
   음을 말한다. 중인도(中印度) 비사리성(毘舍離城)의 장자(長者) 유마힐
   (維摩詰)이 여러 보살(菩薩)과 사리불(舍利佛) 등의 대제자(大弟子)들을
   대상으로 설법할 적에 천녀(天女)가 나타나서 천화(天花)를 뿌렸다는 불
   교 설화가 있다.

6) 높은 안목은…용문이셨고 : 훌륭한 인재를 잘 선별하여 등용했다는 말
   이다. 후한 환제(桓帝) 때의 이응(李膺)은 명망과 식견(識見)이 높아 사
   람들이 그의 영접을 받기만 해도 '용문에 올랐다.[登龍門]'고 자랑했다
   는 고사가 있다. 용문(龍門)은 출세 길의 의미인 등용문의 약칭.

사림이 즐겨 외면서 다투어 전하네
의백(毅伯)7)이 좌주(座主)의 은혜를 생각지 않으랴
밤낮으로 마음 다해 게으르지 않으리

獨谷先生吾父執	每論古事憐見我
自道平生聖於酒	早從花柳謝因果
滿懷風月思無邪	却學奉橘三百顆
大德大才當大用	伊周事業終負荷
所以忠誠事聖明	坐使萬民咸安安
年逾六旬自强康	淸談又是玉連鎖
日費向路祝聖壽	會佛有時天花墮
眼高一代卽龍門	見人未嘗輕許可
不知毅伯何如者	侍側仰如蛉與嬴
贈之以詩手自寫	士林玩誦爭傳播
毅伯無意座主恩	夙夜盡心無或惰

이 시는 조은이 아버지의 친구인 독곡 성석린을 위해 지은 시이
다. 첫머리에 고아로 생장한 친구의 아들인 자신이 입신출세한 것
을 볼 때마다 대견해 하면서도 과거를 회상하여 애틋한 정을 표한
것에 대한 고마움을 드러낸 뒤에, 성석린은 술을 좋아하고 풍류와
청담(淸談)을 즐기는 활달한 성격에다 글씨도 잘 쓴 인물이라고
묘사하였다. 그리고 60세가 넘었지만 건강한 몸으로 끝내는 인신
(人臣)으로서 최고의 지위인 정승에 올랐으니 그 책무가 막중함을

7) 의백(毅伯) : 의백은 조선 초기의 인물로 세종 초에 대사헌을 지낸 정수
홍(鄭守弘)의 자이다. 고려 공양왕 2년 6월에 급제했는데, 이때의 시관
(試官)이 성석린과 조준(趙浚)이었다. 성석린은 정수홍을 특히 사랑하여
그를 위해 지은 두 편의 시가 성석린의 문집인 《독곡집(獨谷集)》에 전
한다.

말하고, 끝에 가서 안목이 높아 훌륭한 인재를 잘 선발했다고 묘사하고 있는데, 그 대표적 인물로 의백(毅伯)이라는 사람을 거론하고 있다. 의백은 공양왕(恭讓王) 2년 6월, 성석린이 과거를 주관했을 때 급제 시킨 정수홍(鄭守弘)의 자(字)로서 곧 정수홍을 말하는데, 그렇게 단정할 수 있는 근거는, "의백이 좌주(座主)의 은혜를 생각지 않으랴."라는 구절로 확인된다. "사림(士林)이 즐겨 외면서 다투어 전하네[士林玩誦爭傳播]"라는 구절로 보아, 성석린은 시에 능하여 "선비들이 즐겨 애송(愛誦)할" 정도로 시를 잘 지었음을 알 수 있다. 그리고 말미에, "의백은 좌주(座主)의 은혜를 생각하여 밤낮으로 마음 다해 게으르지 않으리.[毅伯無意座主恩 夙夜盡心無或惰]"라는 말로 끝을 맺고 있는데, 이는 정수홍이 좌주 성석린의 기대를 저버리지 않을 것임을 기대하는 내용이다.

그렇다면 조은이 성석린에게 이 시를 언제 지어 올렸을까? 시구 중에 "나이 육순을 넘어서도 건강하시니[年逾六旬自强康]"라는 내용이 있으니, 일단 성석린의 나이 60대 초반으로 보이는데, 그렇다면 정종(定宗) 대일 가능성이 많고, 조은은 30세 전후의 젊은 시절이다. 그리고 시 전체의 분위기로 보아도 조은이 출세한 지 오래지 않은 시기였을 것으로 추정된다. 이즈음 성석린은 우정승에서 좌정승으로 승진하고 있어 앞의 시구 "이윤(伊尹)과 주공(周公) 사업 끝내 맡으셨네."라는 구절과도 합치된다.

그런데 위의 시 내용 중, "의백(毅伯)에게 시를 지어 주었다."는 그 시를 확인하기 위해 성석린의 문집인 《독곡집(獨谷集)》을 확인했던바, 정수홍[毅伯]을 대상으로 지은 시가 두 편이 있다. 즉 한 편은 "정수홍이 어버이를 봉양하기 위해 귀향(歸鄕)했다가 사간

(司諫)에 제수되어 출사하자 사림(士林)이 영광스럽게 여기고, 독곡 자신도 의백의 진퇴(進退)가 적의(適宜)함을 보고 기뻐하며 시를 지어 주었다.”라고 한 시이다. 다른 한 편은 정수홍이 나주(羅州)로 부임하는 것을 전송하는[送鄭守弘赴羅州] 시이다. 따라서 앞의 시가 조은 시의 “사림이 즐겨 외우며 다투어 전하네[士林玩誦 爭傳播]”라고 한 그 시일 가능성이 높다.

그런데 그 마지막 구에 “팔순의 노 좌주(座主)가 높이 누워 붕새가 높이 날아오른 것을 바라본다.[八旬老座主 高臥看鵬騫]”라는 내용이 있어 문제가 된다. 즉, 여기서 ‘팔순의 노 좌주’라 하였으니, 성석린이 팔순 이후에 지었다고 보아야 하겠는데, 이 시 뒤에 조은의 시가 나왔을 것이니, 독곡 선생에게 지어 바친 조은 시의 저작 시기는 훨씬 후대로 내려오게 되어 앞의 “나이가 육순을 넘었다.”는 내용과는 괴리가 있다. 흔히들 70세만 되면, 팔십을 바라본다는 의미에서 ‘망팔(望八)’이라고도 하니, 갓 70세가 되었을 때, 지은 것이라고 볼 수도 있겠는데, 그렇다면 10년을 당겨 조은 40대 작으로 볼 수 있겠으나 이 또한 ‘나이 육순을 넘었다.[年逾六旬自]’는 구절과는 모순이 있다. 혹시 당시에는 회갑까지 사는 사람이 드물기 때문에 회갑을 기준으로 한 상징적인 말이 아닐까 하는 추단도 해 본다.

강릉 동헌 시에 차운함[次江陵東軒韻]

내 나이 삼십에다 세 살을 더했는데
들고 나며 고생해도[出入賢勞]8) 하늘을 원망 않네
산하의 맹서에 참여하고 곤외(閫外)를 나누어9)
일월을 첨앙(瞻仰)하며 구름 가를 바라보네10)
만물을 적셔주는 감당(甘棠)의 비11)
외로운 성은 실버들 연기로 은은히 가렸네
이 몸을 스스로 돌아보니 일정한 지위[定位]가 없어
유자(儒者) 같고 무인 같고 선인(仙人) 같구나

吾年三十又三年　　　　　　出入賢勞不怨天
參誓山河分閫外　　　　　　瞻光日月望雲邊
霑濡萬物甘棠雨　　　　　　掩暎孤城細柳烟
自反此身無定位　　　　　　如儒如武又如仙

---

8) 들고 나며 고생해도[出入賢勞] : 여기서 출은 지방관으로 나가는 것, 입
   은 중앙 관직으로 들어오는 것을 말하고, 현로(賢勞)는 애써 고생한다는
   의미이다.
9) 산하의 맹서에 참여하고 곤외(閫外)를 나누어 : 공신에 참여하고 방백
   (方伯)이 되었다는 말이다. 산하의 맹서란 공신이 산하처럼 변하지 않는
   다는 맹서이고, 곤(閫)은 문지방이란 뜻인데, 임금이 방백을 임명할 때
   나 병방의 군사령관을 임명할 때, "관내는 내가 다스릴 터이니 곤외는
   그대가 맡으라"고 당부하는 투식(套式)에서 유래한 말이다.
10) 일월을 첨앙(瞻仰)하며 구름 가를 바라보네 : 임금을 그리워하며 임금이
    있는 서울 하늘을 바라본다는 말이다.
11) 감당(甘棠)의 비 : 감당의 비는 백성들에게 골고루 혜택이 가게 한 지방
    관의 선정을 의미하여 자신도 그렇게 하겠다는 다짐의 의미가 있다. 감
    당은 《시경(詩經)》 소남(召南)의 편명(篇名)인데, 주(周)나라 소공(召公)
    이 감당나무 아래에서 선정을 베푼 것을 기념하여 백성들이 그 감당나
    무를 베지 않고 보존했으며, 또 감당의 시편을 지어 기린 것을 말한다.
    《史記 卷34 燕召公世家》

경포대 시에 차운함[次鏡浦臺韻]

때때로 누대에 올라 개성(開城)을 바라보니[12]
좌천된 관원의 근심을 그 누가 알랴
해바라기도 때때로 향배(向背)를 하건만
천지간에 낳고 길러주신[生成] 은혜 보답할 길 없네[13]
비가 개니 산허리엔 석양빛이 비치고
바람 없는 호수 가운데로 작은 배 다니네
다행히 가정(稼亭)의 시구를 얻으니
손자가 이른 곳에 벽사(碧紗)가 밝게 빛나네[14]

---

12) 개성(開城)을 바라보니 : 정종 때 개성으로 환도하여 태종 초기에는 임
금이 아직 개성에 있었기 때문이다.

13) 해바라기도…보답할 길 없네 : 임금에게 충성할 방도가 없다는 말이다.
원문의 규곽은 해바라기로 해바라기가 항상 해를 향하듯, 신하가 임금
을 생각하는 마음을 뜻한다.

14) 가정(稼亭)의 시구를…벽사(碧紗)가 밝게 빛나네 : 가정(稼亭)이 원(元)
나라에서의 벼슬을 사직하고 귀국한 뒤, 52세 때 금강산과 관동지방을
유람하고 많은 시문을 남겼는데 당시의 기행문인 〈동유기(東遊記)〉가
《가정집(稼亭集)》에 전한다. 경포대에 이미 가정의 시가 걸려 있었는
지, 혹은 조은이 부임하여 새로 걸었는지는 불분명하나 전자일 가능성
이 많은데, 외손자 조은이 부임하여 더 빛이 났다는 것으로 보는 것이
순리일 듯하다. 벽사는 곧 벽사롱(碧紗籠)으로, 옛날 귀인과 명사가 지
어 벽에 걸어놓은 시문을 청사(靑紗)로 덮어서 오래도록 보존하며 존
숭하는 뜻을 표한 것을 말한다. 당나라 왕파(王播)가 어려서 가난하여 양
주(楊州) 혜소사(惠昭寺) 목란원(木蘭院)의 객이 되어 글을 읽으며 승려
들을 따라 잿밥[齋食]을 얻어먹었는데, 승려들이 귀찮게 여겨 재(齋)가
모두 파한 뒤에야 종을 치곤 하여 끼니를 굶을 때가 있었다. 그 뒤 20여
년이 지난 후 왕파가 높은 지위에 올라 이 지방에 출진(出鎭)해서 혜소
사를 찾아갔더니, 지난날 자기가 지은 시를 벌써 푸른 비단으로 감싸
놓고 있었으므로, 그 시의 뒤에 "이십 년 동안 먼지를 뒤집어쓰고 있다

登臨時復望開城　　　　　誰料悠悠謫宦情
葵藿有時知向背　　　　　乾坤無計報生成
雨晴山腹斜陽照　　　　　風定湖心小艇行
賴得稼亭詩句在　　　　　兒孫到處碧紗明

한송정 시에 차운함[次寒松亭韻]

부절(符節) 잡은 깨끗한 백사장 길
강릉(江陵) 성 사대문은 열려 있네
관리가 청렴하니 새로 만드는 일이 적고
풍습이 순후하여 고풍이 남아 있네
정자는 허물어졌고[15] 소나무도 늙어가려 하는데
산이 높으니 날이 쉬이 저무네
강릉에 부임하니 그런대로 즐거워
한 번 바라보니 천근(天根)[16]과 가깝네
秉節明沙路　　　　　濱城闢四門
官淸新事少　　　　　俗厚古風存
亭廢松將老　　　　　山高日易昏
臨瀛聊可樂　　　　　一望近天根

가, 오늘에야 푸른 깁으로 장식되었구나.[二十年來塵撲面 如今始得碧紗
籠]"라고 지어 넣은 고사가 있다. 《唐摭言 起自寒苦》

15) 정자는 허물어졌고 : 한송정은 강릉에 있던 정자인데, 가정의 〈동유기
(東遊記)〉에도 이 정자는 이미 터만 남은 것으로 되어 있다.

16) 천근(天根) : 양(陽)의 뿌리라고도 하고 동쪽에 있는 별자리를 말하기도
하는데, 강릉이 동쪽에 위치했기 때문에 천근으로 표현한 것이다. 《국어
(國語)》〈주어 중(周語中)〉에 "천근이 드러나면 물이 마른다." 하였으며,
소옹(邵雍)의 〈관물(觀物)〉 시에, "건이 손을 만날 때 월굴이 되고, 지가
뇌를 만난 곳에 천근이 드러난다. [乾遇巽時爲月窟 地逢雷處見天根]"
하였다.

이상 세 편의 시는 조은이 태종 2년(1402) 1월, 33세의 젊은 나이에 강원도관찰출척사(江原道觀察黜陟使)로 부임하여 재임 중 지은 시편이다. 첫째 시는 마치 귀양지와도 같은 서울에서 멀리 떨어진 강릉 동헌(東軒)에서 임금을 사모하는 정과 객고의 심회를 읊은 것이고, 둘째 번 시는 경포대(鏡浦臺)에 올라 주변의 경관을 읊고, 누각에 걸린 외조부 가정(稼亭)의 시를 보고 감회가 있어 차운(次韻)한 것이다.

강릉에 도착하여 차운하여 주다.[行至江陵次韻贈之]

강릉[瀛州]에 부임하여 진종일 청산만 마주하다
마침내 그대 만나 함께 있으니 기쁘도다
들으니 고성(高城)[17]에서 만날 때가 가까워졌다고 하는데
다시 총석정(叢石亭)에서 내 얼굴이 펴지겠네

臨瀛終日對靑山　　　　　却喜逢君共一欄
聞說高(陽)期會近　　　　　更於叢石逞吾顏

또[又]

장수의 절월(節鉞; 출정 장수의 證票)이 관산에 비치더니
마치 익 어러 장수 학이 난가에 학이 앉은 듯
창을 뉘어놓고 다시 시를 시어 징화아른네[18]

---

17) 고성(高城) : 원문은 고양(高陽)인데, 뜻이 통하도록 인근 지역인 고성(高城)으로 번역했으나 미진한 점이 있다.

18) 창을 뉘어놓고 다시 시를 지어 창화하는데 : 소동파(蘇東坡)의 적벽부(赤壁賦)에 나오는 구절을 인용한 것이다. 즉, 조조(曹操)가 "바야흐로 형주를 격파하고 강릉에서 물길을 따라 동쪽으로 내려올 때 배는 천 리

살펴보니 구절마다 마음을 기쁘게 하네
元戎節鉞映關山　　　　　幕府群英鶴在欄
橫槊賦詩更唱和　　　　　看來句句足怡顏

　이상 두 편의 시 또한 조은이 강원도 관찰사로 강릉에 있을 때
지은 것인데, 어떤 무관이 고을 수령으로 동해안에 부임해 오자
이들을 환영하는 연회 석상에서 읊은 것인 듯하다. 여말선초에는
왜구의 침노가 잦아 해안은 물론이고 내륙 지방까지 피해를 입는
경우가 많았다. 따라서 내륙의 문관 수령들도 군직(軍職)인 방어사
(防禦使)·병마단련사(兵馬團練使) 등의 직함을 겸하여 수령을 군
민지임(軍民之任)이라고도 했다. 특히 동해안 일대는 일본과 마주
한 지역이라 피해도 심했고, 따라서 방어도 엄히 해야 하는 곳이
었기 때문에 해안 방어를 위해 무관이 파견된 것으로 보인다.

금주 현판(錦州懸板)

요망한 중이 목탁으로 농간 부리며
긴 노래로 난잡한 소리를 내도다
이것으로 우리 백성을 미혹시켜
재물 긁어 제 처자를 기른다네
하물며 그 도(道)는
청정함을 바탕으로 삼아

에 잇닿았고 깃발은 하늘을 덮었다. 강에 임하여 술을 마시면서 창을
뉘어놓고 시를 지었으니 진실로 일세의 영웅이었다.[方其破荊州 下江陵
順流而東也 舳艫千里 旌旗蔽空 釃酒臨江 橫槊賦詩 固一世之雄也]"라는
구절이 있어 후세 사람들이 널리 인용한다.

자기 몸을 베어 남을 이롭게 하고
공을 관조(觀照)하여[19] 중생의 미혹을 구제한다나
〈그런데〉 이 무리들은 그렇게 하지 않으니
탐욕스러움이 진정 어리석다고 할 만하네
사람을 화와 복의 이야기로 속여가면서
대낮에 백성들의 재물을 도둑질하지
위로는 스승의 말로 노래하고
아래로는 자신을 속이는 것도 달갑게 여기네
머리를 흔들고 손발로 춤추면서도
태연히 부끄러움을 모르네
〈사람들이〉 상서롭지 못한 일임을 모르는 까닭은
그 말에 많이들 물들어서네
고려 왕씨는 깊이 믿어
거꾸러지면서도 자각(自覺)하지 못했네
하늘을 속여 임금 자리 잃어버리니
어진 하늘도 그 속임수를 싫어하셨네
천명(天命)을 받은 우리 성왕(聖王)께서
구태를 바꾸어 태평을 여셨네
우리 무리에게 부탁한 말은
분명하게 그들을 물리치라는 것
내 말은 참으로 거짓이 없으니
공자·맹자께서도 이 뜻을 굽어보시리
만약에 말로 막아낼 수 있다면
누가 감히 우리와 다투겠는가

---

19) 공을 관조(觀照)하여 : 불법의 진리를 얻기 위해서는 만유(萬有)가 공허
하 것이라는 관점에서 출발해야 된다는 말. 《반야심경(般若心經)》의
"색불이공 공불이색 색즉시공 공즉시색(色不異空 空不異色 色卽是空
空卽是色)"에서 온 말인데, 공(空)은 곧 온갖 존재는 공허한 것이어서
아무것도 없는 것이란 뜻이다.

우리 도[儒學]는 이로 인해 지극히 창대(昌大)하리니
사람들이 모두 크게 실천하리라
아, 젊은이들이여
바라건대 삶의 도리 알기를

妖僧弄曲瓢	長歌唱淫聲
以此惑吾民	蠹材養妻兒
況復其斯道	清淨以爲基
割身利於物	觀空濟群迷
此輩不若此	慳貪足眞癡
誣人禍福說	白日盜民資
上以歌師說	下以甘自欺
搖頭舞手足	恬然不知羞
所以不祥事	其言多所羅
王氏深信念	顚倒自不知
欺天失君職	仁天欺厭之
受命我聖王	革舊開太平
寄語吾黨輩	闢斥須分明
我言眞無妄	孔孟臨此情
若有能言拒	誰敢予與爭
吾道因極大	有人斯大行
嗚呼二三子	庶幾知所生

…2句 缺…
부처가 장광설(長廣舌) 늘어놓은 것은
세상을 미혹시키고 또 백성을 속인 일
천하가 금수처럼 되니
그 해악(害惡)은 커서 비길 데 없도다
삼한(三韓)에 군자 계시니
봄날 동헌(桐軒)에서 편안히 지내네[20]

나에게 유가(儒家)의 도를 가르쳐 주시어
내가 부도덕함을 미워할 수 있었네
요망한 노래가 내 귀를 어지럽히니
노여움이 지나쳐 눈물이 수건을 적시네
손으로 가지고 노는 목탁을 부수어서
더러운 측간(厠間)에 던져버리라

浮屠掉長舌	惑世復誣民
天下入禽獸	其害大無倫
三韓有君子	高臥桐軒春
誨我孔孟道	吾能惡不人
妖歌亂我耳	怒極淚沾巾
手破曲瓢戲	投之於厠塵

　위의 오언 장편 고체시(古體詩)는 조은이 지어 금주(錦州)의 어떤 건물[鄕校?]에 걸어놓은 현판 제시(懸板題詩)이다. 내용을 요약하면, 불교의 교리는 "청정(淸淨)을 바탕으로 하고 중생을 구제하기 위해 자신을 희생하는 것이라."고 평계대나 실상은 교묘한 술책으로 사람들을 미혹시켜 자신을 살찌우고 제 처자식을 먹여 살리느라 온갖 짓을 다하여 밝은 대낮에도 남의 재물을 도둑질한다. 이 때문에 백성들을 가산을 탕진하고, 임금은 나라를 상실했으니 그 해악(害惡)이 비길 데 없다. 이로 인해 고려는 나라가 망하면서도 깨닫지를 못했다. 어진 하늘도 그 속임수를 싫어하여 성왕(聖

---

20) 삼한(三韓)에…편안히 지내네 : 단언할 수는 없지만, 호가 동헌(桐軒)인 윤소종(尹紹宗; 1345~1393)을 지칭하는 듯하다. 목은 이색(李穡)의 제자로 장원급제하여 문명(文名)으로 이름났는데, 이단을 배척하고 성리학을 창도하는 데 앞장섰다고 한다. 스승 목은과 정치 노선이 달라 조선 개국 후 병조전서(典書) 재직 중 49세로 죽었다.

王; 이성계)께서 천명(天命)을 받아 구태를 바꾸어 태평을 열었으니, 바라건대 젊은이들은 삶의 도리를 알아 삼한이 금수(禽獸)처럼 되는 것을 막아야 한다. 조은이 이렇게 자신 있게 불교를 비판할 수 있었던 것은 "동헌(桐軒) 선생께서 나에게 유가(儒家)의 도를 가르쳐 주신 덕분"이라는 것이다.

그러면 조은이 이 시를 언제 지었을까. 조은은 23세 되던 해(1392년) 8월에 금주 지군사로 부임하여 이듬해 9월까지 재직하였으니, 이성계의 역성혁명이 일어난 직후였다. 그리고 그 14년 뒤인 37세 시(1406, 태종6년) 정월에 전라도 관찰사로 부임하여 그해 4월에 관내 순찰을 하면서 금주에 들른 일이 있으니, 이 둘 중 어느 때일 것인데, 처음 지군사로 부임한 23세 때 지어 게시한 글일 가능성이 많다. 그렇게 보는 이유는, 첫째 이 글의 전체 분위기가 혈기 방장한 젊은이의 패기가 넘쳐흐른다는 것이고, 둘째, 글의 주지(主旨)가 불교의 폐단을 낱낱이 열거하고서 학도들을 대상으로 불교에 현혹하지 말고 학문에 전념하라고 당부하는 내용인데, 이는 뒷날 수령의 주요 업무 수령칠사(守令七事) 중 하나인 '학교를 일으키는 일[興學]'로서 학생들을 교화하기 위해 지은 것으로 보이기 때문이다. 즉, 위의 시에 보이는, "천명을 받은 성군[太祖]께서, 우리 무리에게 부탁한 말씀은 분명하게 그들을 물리치라는 것[寄語吾黨輩 闢斥須分明]"에서 알 수 있듯이, 건국 직후 목민관인 지군사가 지방에 파견될 때는 당시 만연(漫然)하고 있던 불교의 적폐 척결이 지방 행정의 최우선 순위에 올랐을 것인데, 이 척불 정책을 주도한 인물은 아마도 삼봉(三峰) 정도전(鄭道傳)이었을 가능성이 높다.

　태조 이성계가 비록 역성혁명에 성공하여 국시(國是)는 불교 국가에서 유교 국가로 바뀌었으나 태조 자신이 독실한 불교 신자로서 죽을 때까지 신앙심에 변화가 없었다. 이런 현상은 태조만이 아니라 신유학으로 무장한 일부 신흥사대부를 제외한 권력층 대다수의 일반적 현상이어서 일반 민중의 인식도 큰 차이가 없었을 것이다. 이러한 현실은 당시 정책을 주도하고 있던, 철저한 척불론자(斥佛論者)로서 척불의 이론서라고 할 수 있는 〈불씨잡변(佛氏雜辨)〉을 지은 정도전으로서는 불교의 적폐를 청산하는 것이 국정 쇄신의 첫걸음이었고, 이 임무는 목민관인 지방 수령들에게 부하된 중요 과제였을 것이다. 이 척불 정책은 성리학으로 무장하고 수령으로 부임한 조은으로서는 어느 것보다 우선해야 할 선결 과제였다.

　이상과 같은 이유로, 이 시는 태종 6년(1406) 조은이 관할 지역을 순찰하며 지었을 가능성보다는 태조 1년(1392) 지금주사로 상주하며 지역 교화에 힘쓰는 수령이었을 때, 젊은이들을 교회(敎誨)하기 위해 지었을 가능성이 많다고 하겠다. 그리고 시 전편(全篇)에서 일관되게 주장하는 논리는 철저한 척불 사상이고, 그 토대가 된 것은 유학(儒學) 중에서도 성리학이었다.

　그러면 조은은 이 성리학을 누구로부터 전수받았을까? 조은은 비록 6세에 고아가 되었으나 부친 반남공은 신흥사대부로서 성균관에서 성리학을 창도(唱導))한 공이 있었고, 성리학자는 아니었으나 당대 제일의 유학자인 외숙 목은의 양육을 받았으니 어려서부터 유학 내지 성리학적 가풍(家風) 속에서 생장했다고 하겠다. 이러한 분위기에다 당시 성리학에 조예가 깊다고 인정된 윤소종(尹

紹宗)의 가르침을 받아 성리학이 그의 정치 신념으로 자리 잡았다.

위의 시에 "삼한(三韓)에 군자 계시니, 봄날 동헌(桐軒)에서 편안히 지내네, 나에게 유가(儒家)의 도를 가르쳐 주시어, 내가 부도덕함을 미워할 수 있었네."라는 구절이 보이는데, 여기서 동헌(桐軒)은 조은에게 유가(儒家)의 도(道), 즉 성리학을 가르쳐 주어 불교의 부도덕함을 깨우치게 했다는 윤소종의 호이다. 이 성리학 신념은 출사 후 내외 관직을 두루 역임하면서 정치 경륜의 밑바탕이 되었을 것이다. 윤소종은 성리학의 정치학 교과서로 일컫는 진덕수(眞德秀)의 《대학연의(大學衍義)》를 우리나라에서 처음 소개했다는 율정(栗亭) 윤택(尹澤)의 손자이며 이색의 문생인데, 가학(家學)을 계승하여 윤소종 또한 성리학에 조예가 깊었다. 그 윤소종이 '편히 지낸다.'고 했으니, 아직 생존해 있음을 뜻하는데, 윤소종은 조선 태조 2년(1393)에 49세로 죽는다. 따라서 이 시는 윤소종이 아직 생존해 있을 때 지은 것임이 분명하고 그렇다면 조은이 금주 지군사 재직 때인 1392~1393년 어느 해로 추정된다.

이상을 다시 정리해 보면, 고려는 불교 국가였으므로 국민 모두가 불교를 신봉했는데, 말기에는 그 폐단이 극도에 이르렀다. 이에 대한 반동으로 성리학(性理學)이 전래되어 신유학(新儒學)이란 이름으로 신진사대부들 사이에 크게 환영을 받았는데, 조은의 아버지 반남공도 신진사대부 중 일원이었다. 그러나 신유학의 보급은 아직 극히 제한적이어서 유교를 정치지도이념으로 하는 조선이 건국된 뒤에도 신불(信佛) 신앙은 여전하여 태조 이성계 자신이 독실한 불교 신자였으니 지방에는 아직 성리학이 보급도 되기 전이었다. 이 시는 숭유배불(崇儒排佛) 사상으로 무장한 박은이 금주의 젊은이들을 깨우쳐 주기 위해 불교 배척하는 장문의 시를 지어 그들의 교장(敎場)인 향학(鄕學)의 건물 벽에 걸어 놓았던 것으로 보인다.

외조부 가정 선생의 시를 차운함[次外祖稼亭韻]

고을을 다스린 지 십년 뒤에
부월(斧鉞)을 잡고 비로소 다시 왔네
시냇가 버들은 누구를 위해 푸르나
마당의 꽃들은 나를 향해 피었구나
작은 집은 달에게 물을 만하고[問月]21)
그윽한 섬돌엔 이끼가 절로 자랐네
다시 선군(先君; 돌아간 아버지)의 정사를 물어보니
사람들의 말이 덕이 재주보다 낫다고 하네

爲州十載後	杖鉞始重來
溪柳爲誰綠	庭花向我開
小軒堪問月	幽砌自生苔
更訪先君政	人言德勝材

  위의 시 또한 금주에서 지은 것으로 외조부 가정 이곡의 '금주 객사에 제하다[題錦州客舍]'라는 시에 차운한 시인데, 이 시는 《가정집(稼亭集)》 권20에 실린 오언율시(五言律詩)이다. 가정의 시에,

---

21) 달에게 물을 만하고[問月] : 원문의 문월(問月)은 술잔을 들고 달에게 물어 본다는 뜻으로, 이백(李白)의 〈파주문월(把酒問月)〉 시 속에 "지금 사람은 옛날의 달을 보지 못하지만, 지금의 달은 일찍이 옛사람을 비췄으리.[今人不見古時月 今月曾經照古人]"라는 명구(名句)가 있다.《李太白集 卷19》

"사방이 꽉 막혔고 길이 또 험난하니 높은 분의 수레가 오려고나 하겠는가[四塞路幽險 高車豈肯來]"로 시작된 이 시는 중간에 "험한 곳 무릅쓰고 승경을 찾아다니다 우연히 금주의 계곡에 오게 되었소[勝游無險易 偶向錦溪來]"라는 구절이 있는 것으로 보아 탐승(探勝)을 좋아하던 가정이 언젠가 금주에 들러 그곳의 풍광을 읊은 시였는데 객사에 걸어놓았던 것이다. 조은이 14년 만에 전라관찰사가 되어 금주에 다시 와 보니, "푸른 시냇가 버들은 푸르고 마당의 꽃은 활짝 나를 반기는데, 작은 집과 한적한 뜰은 그대로인데, 선고(先考; 朴尙衷)의 채취가 그리워 사람들에게 그 정사를 물어보니 재주보다 덕이 많았다고 하는구나."라고 하면서 남다른 감회를 토로하고 있다.

위의 시는 몇 편 안 되는 조은의 시 중 유일하게 원주(原註)가 달린 것인데, 시 말미의 원주에 의하면 "태종 6년 별술(1406) 4월, 반성군(潘城君) 도관찰사 동참지의정부사(都觀察使同參知議政府事) 박은(朴訔)"이라고 부기(附記)하여 시작(詩作) 시기를 분명하게 밝혀 놓았다. 즉 이해 정월, 전라도 도관찰사에 제수되어 관내를 순찰하던 중-조선시대부터 5.16 이전까지 금산은 전라도 관할이었다.- 4월에 금주(錦州; 錦山)에 들렀다가 외조부 이곡(李穀)의 시 현판(懸板)이 걸린 것을 보고 그 운(韻)을 따라 지은 것이다. 단순히 운만 따른 것이 아니라, 운자(韻字)인 來·開·苔·材 네 글자를 그대로 사용하여 시를 지었는데, 이렇게 운자를 그대로 사용하여 시를 짓는다는 것 자체가 시작(詩作)의 기교(技巧) 중 쉽지 않은 작법(作法)이다.

금주, 즉 금산(錦山)은 조은에게는 특별한 인연이 있는 곳이다.

먼 옛날에는 외조 가정(稼亭)이 이곡이 이곳을 지나다가 시를 남 겼고, 고려 공민왕(恭愍王) 12년(1363) 가을에는 아버지 박상충(朴 尙衷)이 이곳 지군사(知郡事)로 부임하여 이듬해 장인의 문집인 《가정집(稼亭集)》을 판각하였다. 그리고 조선 건국 직후인 1392년 8월에는 자신이 지군사로 부임하여 이듬해 9월까지 1년여를 재직 했으며, 그로부터 14년이 흐른 태종 6년 4월에는 전라도도관찰사 로서 이곳을 들렀으니 박은에게는 3대에 걸친 인연으로 제2의 고 향과도 같은 곳이었다.

이상 8편의 시 외에 《(신증동국여지승람(新增東國輿地勝覽)》의 평안도 희천군(熙川郡)과 덕천군(德川郡)의 제영(題詠)에 낙구(落 句)가 보이는데, 희천의 낙구는

작은 누각 동녘에는 여울물 소리 흐느끼는데
앉아서 향산을 한 눈 안에 마주 한다
灘聲嗚咽小軒東   坐對香山一望中

라 하여, 작은 정자에 앉아 졸졸 흐르는 개울물 소리를 들으며 묘 향산을 바라보는 정경을 읊은 것이고, 덕천의 낙구는

관청일 간소하여 가혹한 정사 없으니
풍년들고 사람들 화목하여 의로운 군사 기르네
官閑事簡無苛政   歲稔人和畜義兵

로, 수령은 선정 베풀고 시절은 풍년드니 인화(人和)로 북변 방어 에 열심인 모습을 그렸다. 이들 시는 조은이 40세 되던 태종 9년

(1409) 12월부터 이듬해 10월까지, 서북면도순문찰리사(西北面都巡問察里使) 겸 병마도절제사 평양윤(兵馬都節制使平壤尹)으로 재직하면서 서북 지방 요새에 성을 쌓을 때, 이 일대를 순찰하면서 지은 것들이다. 완편(完篇)이 전하지 않아 그 시의 요지가 어떤 내용인지는 알 수 없지만, 그곳의 형승(形勝)과 풍속, 그리고 항상 여진족(女眞族)의 노략질에 노출되어 있는 서북 국경 지대 사람들의 노고를 읊은 것으로 보인다. 그리고 두 편의 시가 낙구(落句)로 전하는 것은, 훗날 자신의 문집 간행을 염두에 둔 여느 문신 관료들과는 달리 자신의 시작(詩作)을 챙기는 데 무관심했던 때문인데, 이것이 문인 관료이면서도 남은 저술이 거의 민멸(泯滅)된 원인이기도 하다.

앞에서도 볼 수 있었던 바와 같이, 조은의 시는 전문 시인들의 시작(詩作)이 난해한 고사나 궁벽(窮僻)한 글자를 사용하여 기교를 부린 것들과는 달리, 문인 관료가 관직을 따라 이곳저곳을 옮겨 다니면서 그곳에서 보고 느낀 소회를 소박하고 평이(平易)한 언어로 읊은 시들이라 누구나 이해하기 쉽게 쓰여 있다. 그리고 조은은, 많은 여타 문인들처럼 시 짓기를 즐거워하여 사소한 주변 잡사나 그때그때의 감정을 수시로 읊조리지도 않았고, 또 자신의 시를 후세에 전하려고 의도하지도 않은 듯하다. 따라서 시를 통해 자신의 포부나 이상을 드러낸 것도 없다. 다만 '금주 현판(錦州懸板)' 오언 장편 시는 성리학 정치이념으로 무장한 조은의 척불 숭유(排佛崇儒) 사상이 그대로 드러난 대표적인 시라고 할 수 있겠다. 이 점에 대해서는 후술하기로 한다.

2. 전시(殿試) 책문(策文)

여기에 예시하는 책문은 고려 창왕 즉위년(1388) 10월, 조은 나이 19세로 과거에 급제할 때, 제출한 대책문(對策文)이다. 책(策)이란 과거 복시(覆試)에서 최종 합격자를 선발할 때와 전시(殿試)에서 합격자의 석차를 매길 때 출제하는 시험 과목인데, 전시란 대궐 마당[闕廷]에서 임금이 출제한다는 의미를 내포하고 있어 형식상 임금이 주관하는 시험이므로 문장 형식도 임금에게 올리는 것으로 되었다. 책문은 대책문(對策文)의 약어(略語)로, 대책문이란 임금이 시무(時務)나 경의(經義) 또는 특정 역사 사실에 관련하여 제시한 문제, 즉 대책의 물음[對策問]에 대한 답 글이다. 따라서 책문(策問)은 서두(書頭)를 '왕은 이르노라[王若曰]'로 시작하는데, 형식은 임금이 묻는 것으로 되어 있으나 실제 출제자는 고시관(考試官; 知貢擧와 同知貢擧)이다.

책문(策問)의 답변서인 대책문(對策文)은 응시자가 임금의 책문에 대해 대답하는 형식이므로 '신은 대답합니다.'로 시작된다. 대개 국왕의 질문을 책문(策問)·책목(策目)·책제(策題)라 하고, 이에 대한 대답 형식의 글을 대책(對策)·대책문(對策文)이라 하며, 책문(策問)과 대책(對策)을 합칭하여 책(策) 또는 책문(策文)이라 이른다. 이 책문은 고려 말부터 조선 시대에 걸쳐 과거(科擧)의 한 과목으로 도입되어 소과(小科; 生員科와 進士科)·대과(大科; 文科)를 불문하고 과거의 최종 과목(科目)으로 고정되었다.

책제(策題)는 다음과 같다.

문(問); 왕은 이르노라.

대개 들으니, "도의 큰 근원은 하늘에서 나오는데, 인간에게 갖추어져 있어[道之大原 出於天而備於人]22) 이것을 시행하면 제왕(帝王; 聖王)의 다스림이 되고, 이것을 밝히면 성현의 학문이 되는 것이니, 다스림과 학문은 두 가지 이치가 아니다. 순(舜)임금이 우(禹)임금에게 '오직 정밀하고 일관되게 하여 진실로 그 중(中)을 잡으라.[惟精惟一 允執厥中]' 하였고, 공자는 안연(顏淵)이 〈인(仁)에 대해〉 묻자, '자신을 억제하여 예(禮)로 돌아가는 것이 인(仁)이다.[克己復禮爲仁]'23)라고 했다." 하였다. 무엇을 중(中)이라 하고, 무엇을 인(仁)이라 하는가? 다스려지기를 바라는 임금과 학문에 뜻을 둔 선

---

22) 도의 큰 근원은 하늘에서 나오는데 인간에게 갖추어져 있다.[道之大原 出於天而備於人] : 동중서(董仲舒)가 천인감응(天人感應)의 이론을 제시한 일대 명제(命題)로, 이른바 천인삼책(天人三策)의 글 속에 나오는 말이다. 그 글의 내용은 대개 천(天)이야말로 하나의 흠도 없이 정의와 진리를 대표하는 절대적인 것으로, 인간 만사가 하늘로부터 나오는 것인만큼 인간은 하늘의 뜻을 받들어 일을 행해야 마땅한데, "하늘이 불변하는 만큼 도 역시 불변한다.[天不變 道亦不變]"라고 하여 도의 신성성(神聖性)을 주장하고 있다. 이 글 역시 《한서(漢書)》 권56 〈동중서전(董仲舒傳)〉에 전문이 소개되어 있다.

23) 자신을 억제하여…인(仁)이다.[克己復禮爲仁] : 극기복례(克己復禮)의 뜻은 지극히 모호하지만, 공자가 이 말을 한 것은 서주(西周)의 봉건제도, 즉 주나라 제도[周禮]를 회복해야만 당대의 혼란을 극복할 수 있다는 의미에서 예의 회복을 강조한 말이다. 안연이 극기복례에 대한 더 자세한 설명을 청하자, 공자는 "예가 아닌 것은 보지도 말고[非禮勿視], 예가 아닌 것은 듣지도 말고[非禮勿聽], 예가 아닌 것은 말하지 말고[非禮勿言], 예가 아닌 행동은 하지도 말라[非禮勿動]"고 했는데, 이것이 이른바 네 가지 금지 사항, 즉 사물(四勿)이란 것이다. 공자는 여러 제자들의 질문을 받으면, 같은 질문도 상대와 상황에 따라 답변을 달리했는데, 여기에서 공자의 탁월한 교육자적 면모가 있다. 인(仁)에 대한 설명도 세 가지가 있는데, 이는 수제자 안연의 물음에 답한 것이다.

비라면 순임금과 우임금을 숭모(崇慕)하고 공자와 안자(顏子)를 희
구(希求)하지 않는 사람이 없을 터인데, 그 도를 터득한 자는 누구
인가?

　한(漢)나라 명제(明帝)와 당(唐)나라 태종(太宗)은 장로(長老)에
게 절하고 좋은 말 들려주기를 청하였으며[拜老乞言] 인의(仁義)를
알고 실천했으니, 영평(永平; 漢明帝의 연호, 58~75)·정관(貞觀; 唐
太宗의 연호, 627~649)의 정치가 과연 우하(虞夏; 舜과 禹)의 다스
림에 부끄러움이 없었는가? 동중서(董仲舒)·양웅(楊雄)·한유(韓愈)
의 무리는 도(道)를 강명(講明)하고 철차탁마(切磋琢磨; 갈고 닦음)
하는 것을 자신들의 임무로 삼았는데, 넓은 대궐 마당에서 올린 삼
책(三策)24)이 과연 천인(天人; 하늘과 인간)의 온축(蘊蓄)을 다 드
러내었으며, 법언(法言; 양웅의 저술, 楊子法言)과 원도(原道; 유학
을 옹호하고, 異端을 배척한 韓愈의 저술)는 과연 능히 조존함양(操
存涵養; 마음을 잡아 보존하고 안정시켜 수양함)의 대체(大體)를 터
득하였고 천명솔성(天命率性; 타고난 본성대로 함)의 본지(本旨)에
합일(合一)하였는가. 시대를 잘 만나 시행했더라면 과연 그 임금을
이제삼왕(二帝三王)25) 정치의 성대함을 이룰 수 있었겠는가?

　송(宋)나라에 이르러 참된 유학자[眞儒]들이 번갈아 일어나 남아
있는 경전(經典)을 인연하여 성현의 학문을 터득하였으니 만일 등
용되었더라면 제왕(帝王)의 다스림을 이룰 수 있었을 터인데 그 임

---

24) 삼책(三策) : 동중서(董仲舒)가 한 무제(漢武帝)의 물음에 대답한 대책문
　　(對策文)을 말한다. 무제가 고금(古今)의 치도(治道)와 천인의 관계에 대
　　해서 친히 물었을 때, 동중서가 세 차례에 걸쳐 글을 올려서 큰 찬사를
　　받고 마침내 치국이념(治國理念)으로 채택되었는데, 그 논문이 천인감
　　응설(天人感應說)을 요지(要旨)로 했기 때문에 후세에 천인삼책(天人三
　　策)이라고 부르기도 한다.

25) 이제삼왕(二帝三王) : 이제(二帝)는 요(堯)와 순(舜), 삼왕(三王)은 하(夏)
　　의 우왕(禹王), 은(殷)의 탕왕(湯王)에다 주(周)의 문왕(文王)과 무왕(武
　　王)의 합칭하여 부르는 용어이다.

금이 능히 등용하지 못했으니 애석함이 이루 말할 수 없다. 돌아보건대, 나는 어린 나이에 어렵고 중한 책무를 맡아 부하(負荷)된 책임을 다할 생각으로 날마다 경연(經筵)을 열어 지극한 도리[至道]를 강구하나 힘이 미치지 못한다. 그대 대부들과 실학(實學)을 밝히고 훌륭한 정치를 일으키고자 함이 나의 뜻이다. 성현의 학문은 어떤 말이 요체이며, 제왕의 다스림에는 무엇을 근본으로 삼아야 하는가. 바라노니 자세히 서술하라.

질문의 요지는, "도(道)의 근본은, 하늘에서 나와 인간에게 갖추어진 것으로, 순(舜)임금이 우(禹)임금에게 '진실로 그 중(中)을 잡아야 한다.[允執厥中]'라는 말로 정치에서 실현이 되었고, 공자가 제자 안연(顏淵)의 인(仁)에 대한 물음에, '자신을 억제하여 예(禮)로 돌아가는 것이 인(仁)이다.[克己復禮爲仁]'라고 밝혔다. 그러나 역사적으로 보면, 현군(賢君)으로 일컫는 후한 명제(後漢明帝)와 당 태종(唐太宗)이 있었고, 유자(儒者)로는 양웅(楊雄)·동중서(董仲舒)·한유(韓愈) 등 명유(名儒)가 있었으며, 송대(宋代)에는 여러 진유(眞儒)들이 출현했는데도 당우(唐虞)의 정치를 이루지 못한 것은 무엇 때문인가?"라는 의문을 제기하고, 중을 잡고 인을 실천하여 지치(至治)를 이룩하려면 그 요점은 무엇이냐고 묻고 있다. 다시 말하면, 질문의 주지(主旨)는 어떻게 하면 도학, 즉 성리학 이념을 구현할 수 있느냐는 물음이었다.

이 책제는 9세로 즉위한 창왕(昌王)의 이름으로 출제한 것이나 실제 출제자는 이 전시를 주관했던 고시관 정도전(鄭道傳)과 권근(權近)의 뜻이었을 것인데. 이들은 모두 당대 제일의 성리학 이론가[26]들이었다. 훗날 정치 노선은 달랐지만, 모두 목은(牧隱) 이색

(李穡)의 제자들이기도 했다.

출제에 대답한 책문(策文)은 다음과 같다.

　　대(對); 신은 다음과 같이 대합니다.

　　신은 들으니, "제왕의 다스림은 도(道)를 근본으로 하고, 성현의
학문은 마음을 근본으로 하는데, 도의 체(體)는 지극히 크지만 그
현묘(玄妙)함을 한 마디 말로 다 설명할 수 있는 것은 '중정(中正)'
뿐이고, 마음의 덕은 하나만이 아니지만 한 마디 말로 그 요점을 들
자면 '인(仁)'이다. 중정한 것은 반드시 인(仁)하고, 인한 것은 반드
시 중정하니 이 둘은 이치가 다른 것이 아니다."라고 하였습니다.

　　엎드려 생각하건대, 주상 전하께서는 조정 뜰에서 신등에게 책문
(策問)하시기를, 먼저 순(舜)임금이 우(禹)임금에게, 공자(孔子)가
안자(顔子)에게 전수(傳授)한 심법(心法)을 거론하시고, 이어서 한
(漢)나라·당(唐)나라의 여러 유자(儒者)들이 학문한 사실에 대해 하
문(下問)하시었습니다. 돌아보건대, 신은 지식이 얕고 행실이 고루
(孤陋)하니, 어찌 큰 대책(對策)을 올릴 수 있겠습니까마는, 신이 일
찍이 글방에서 노닐면서 좀 먹은 책으로 독서를 하며 성현들의 연
원(淵源)에 침잠(沈潛)하다가 이번에 요행이 과거 응시자의 대상에
들어 외람되게도 성상의 책문(策問)을 받들게 되었으니, 감히 평소
에 온축(蘊蓄)한 바를 모두 진술하지 않을 수 있겠습니까. 우러러
성상의 들으심을 번거롭게 하겠습니다,

　　신이 엎드려 성상의 책문을 읽어보니, 거기에, "대개 들으니, 도
(道)의 큰 근본은 하늘에서 나와 인간에게 구비되었으니, 제왕의 정
치로 시행이 되고, 성현의 학문에 의해 밝혀지는 것으로 정치와 학

---

26) 당대 제일의 성리학 이론가 : 정도전은 불교 배척의 논문인 〈불씨잡변
　　(佛氏雜辨)〉과 〈심기리편(心氣理篇)〉·〈심문천답(心問天答)〉 등 성리학
　　관련 글을 남겼고, 권근 역시 성리학적 관점에서 오경을 풀이한 《오경
　　천견록(五經淺見錄)》을 저술하였다.

문은 두 가지 이치가 아니다. 순(舜)임금은 우(禹)임금에게 '정밀하고 일관되게 그 중도(中道)를 진실로 잡아야 한다.[惟精惟一 允執厥中]' 하였고, 공자는 안연(顏淵)의 물음에, '자신을 억제하여 예(禮)로 돌아가는 것이 인(仁)이다.[克己復禮爲仁]'라고 대답하였다. 어찌하여 중정이라 하고, 어찌하여 인이라고 하는가?" 하시었습니다.

신은 이렇게 생각합니다. 제왕의 도는 중정(中正)함보다 더 큰 것이 없기 때문에 요(堯)임금은 이것을 순임금에게 전해 주고, 순임금은 이것을 우임금에게 전해 줄 때에 반드시 '오직 정밀하고 일관되게 하라.' 한 것입니다. 대개 정밀하지 않으면 살필 수가 없고, 한결같지 않으면 지킬 수가 없으니, 정밀하게 살피고, 한결같이 지킨 뒤에라야 중도를 잡을 수가 있습니다. 이것이 제왕의 다스림으로 도에 바탕을 둔 것입니다. 성현의 학문은 인에 앞서는 것이 없기 때문에 공자는 이것을 안자(顏子)에게 전수할 때에 반드시 '자신을 억제하여 예(禮)를 회복하라.'고 했는데, 대개 인(仁)하기 위해서는 마땅히 인을 해치는 것을 제거해야 하기 때문입니다. 그러므로 한결같은 마음으로 터럭만큼도 사사로움이 없도록 해야 천리(天理)가 본연(本然; 자연 그대로의 상태)의 상태로 되고, 그런 뒤에라야 인이라고 할 수 있습니다. 중정이라는 것은 대중지정(大中至正)한 도로서 이것은 도를 통체(統體; 總體 혹은 全體)로 말한 것입니다. 인(仁)이란 것은 천지간 생물의 마음으로 인간이 이것을 얻어 살아가는 것이라 이를 마음의 전덕(全德; 완전한 덕)이라 말하는 것입니다. 그리하여 중정하고서 인하지 않는 자는 없고, 또한, 인하고서 중정하지 않는 자는 없는 법이니, 중정함과 인은 모두 같은 이치입니다. 전하께서 순(舜)임금·우(禹)임금의 마음으로 생각하시고, 공자·안자의 학문에 뜻을 두신다면 중정함과 인함이 마음속에 터득되고, 제왕(帝王; 二帝三王)의 다스림을 실천하실 수 있을 것입니다.

엎드려 성상의 책문을 읽자오니, "다스려지기를 바라는 임금과 학문에 뜻을 둔 선비라면 모두 우임금·순임금을 숭모하고 공자·안자를 희구(希求)하는데, 그 도를 터득한 사람은 누구인가? 한(漢)나라 명제(明帝)나 당(唐)나라 태종(太宗)은 장로(長老)에게 굽혀 좋은 말을 청하였고[拜老乞言] 인의를 알고[知行仁義] 실천했는데, 영평(永平)·정관(貞觀)의 정치는 과연 우하(虞夏; 舜임금과 湯王)의 다스림에 부끄러움이 없었는가? 동중서(董仲舒)·양웅(揚雄)·한유(韓愈)의 무리는 도(道)를 강명(講明)하고 철차탁마(切磋琢磨; 갈고 닦음)하는 것을 자신들의 임무로 삼아 대궐의 넓은 마당에서 올린 세 책문[三策]이 과연 천인(天人; 하늘과 인간)이 온축(蘊蓄)한 것을 다 드러내었으며, 법언(法言; 양웅의 저술, 楊子法言)과 원도(原道; 유학을 옹호하고 異端을 배척한 韓愈의 글)는 과연 능히 조존함양(操存涵養; 마음을 잡아 보존하고 안정시켜 수양함)의 대체(大體)를 터득하였고 천명솔성(天命率性; 타고난 본성대로 함)의 본지(本旨)에 합일(合一)하였는가. 이들로 하여금 시대를 잘 만나 시행했더라면 과연 그 임금을 이제삼왕(二帝三王)과 같은 정치의 성대함을 이룰 수 있었겠는가?" 하시었습니다.

신은 들으니, "도의 큰 근원은 하늘에서 나온 것이나 그 쓰임은 성현에게 있다."고 했습니다. 그러므로 순임금·우임금으로부터 공자에 이르기까지는 거의 5백년을 지나 성인이 나시었고, 공자가 돌아간 뒤에는 증자(曾子)·자사(子思)·맹자(孟子)가 다시 선후(先後)로 미루어 밝히니[推明], 1백여 년 사이에 성인 한 분과 현인 세 분이 다시 서로 주고받은 뒤에야 요임금·순임금·우임금이 전수(傳授)한 심법이 천상(天常; 하늘이 정한 영구불변의 人倫)을 열고, 인기(人紀; 사람이 행하여야 할 도리)를 세움이 찬연히 펼쳐지고 무궁히 후대에 드리워지게 되었습니다. 그러나 이후로는 도학이 침체해져서 참된 유자가 출현하지 않았습니다.

한(漢)나라·당(唐)나라에 이르러 전한(前漢)의 문제(文帝)와 후한의 명제(明帝)나 당(唐)나라 태종(太宗) 같은 현군(賢君)이 출현했지만, 혹 도(道)와 불(佛)이 뒤섞이고, 혹은 형제간 은의(恩誼)를 손상시키기도 했으니[27] 이는 중정한 도가 아니며 또한 어진 마음[仁心]도 아닙니다. 비록 현묵(玄黙; 사려가 깊고 과묵함)함으로 몸을 수양하고, 태학에 나아가 장로(長老)들에게 예를 행하며 관각(館閣; 학문 연구 기관)을 열어 어진 이들을 맞아들였는데도, 중정하지도 못하고 인하지도 못한 것은 어째서입니까. 그러니 어떻게 순(舜)과 우(禹), 공자와 안자가 서로 전한 신묘한 도를 얻을 수 있었겠으며, 어떻게 하면 당우(唐虞; 堯舜)의 다스림에 부끄러움이 없을 수 있겠습니까.

동중서·양웅·한유의 무리는 멀지 않은 시대였는데도 그 연원(淵源)의 바름이나 체(體)와 용(用)의 온전함에 있어서는 오히려 그 지극함을 궁구(窮究)하지 못했습니다. 그러므로 겨우 한때에 도를 보위(保衛)한 공은 있다 하겠으나 도를 만세토록 전할 책무를 다하지 못했음은 그들의 말을 보면 알 수 있습니다. 동중서의 세 대책문(對策文)은 하늘과 사람을 논하면서[天人之論] '음(陰)을 멋대로 놓아 두고, 양(陽)을 닫으라는 설[縱陰閉陽之說]'로 실수를 했고, 재이(災異)에 빠졌으니, 자신을 극복하여 예를 회복시킨[克己復禮] 자의 말이 아닙니다. 양웅(楊雄)의 법언(法言)이나 한유(韓愈)의 원도(原道)는, 〈양웅은〉 성(性)이 혼잡(混雜)한 것으로 알고 성이 선하다는 것은 몰랐고,[28] 〈한유는〉 성(性)의 용(用)은 알았으되 성의 체(體)는 몰랐으니 오직 하나로 모아 중정을 잡은 자의 논의가 아닌데 어찌 능히 조존 함양(操存涵養; 마음을 잡아 보존하고 안정시켜 수양함)의 실체를 얻을 수 있으며. 어찌 능히 천명솔성(天命率性; 타고난 천성대로 함)의 본지(本旨)에 합하겠습니까. 이와 같이 하고서 어찌 그 임금의 정치를 이제삼왕(二帝三王)처럼 성대하게 이룰 수 있었

---

27) 도(道)와 불(佛)이…은의(恩誼)를 손상시키기도 했으니 : 전한 문제는 도교를 신봉했으며, 후한 명제는 서역으로부터 불교가 전래되자 이를 수용하여 중국에 불교가 전파되게 했고, 당 태종 이세민은 태자인 형을 죽이고 태자가 되어 제위에 오른 것을 말한다.

28) 성이 혼잡한…것은 몰랐고 : 양웅은 법언에서 성(性)은 선(善)할 수 있고 악(惡)할 수 있는 이치가 있다고 한 것은 맹자가 성은 선하다는 성선설(性善說)에 배치된다는 말이다.

겠습니까.

신은 생각합니다. 지금 주상전하께서는 순임금이 우임금에게, 공자가 안자에게 서로 은미하게 전수한 법(法)을 가지고 말씀하셨는데, 어찌 그 도를 모르면서 그 요체(要諦)를 알 수 있겠습니까. 반드시 성심(聖心)에 터득한 바가 있으시기에 이런 도학(道學)의 책문(策問)을 내신 것입니다. 그러한즉 삼대 이후에 능히 순임금과 우임금의 도를 얻을 분으로는 오직 전하께서 근접하신 것입니다.

학문에 뜻을 두어 공자·안자의 도를 터득한 자라면, 신은 송(宋)나라 여러 유학자들을 말씀드리고자 합니다. 대개 송나라 천희(天禧; 宋眞宗의 말기 연호)·명도(明道; 宋仁宗의 중기 연호) 연간에 큰 유학자가 잇따라 출현하여 사도(斯道; 유학) 주장하는 것을 자신들의 임무로 여겼습니다. 공자·안자의 도를 염계(濂溪) 주자(周子; 周敦頤)가 다시 밝히고, 주자의 도는 이정자(二程子; 程顥와 程頤 형제)에 이르러 더욱 발명(發明)되었으며, 이정자의 도는 주자(朱子; 朱熹)에 이르러 크게 밝아졌으니, 이는 공자·안자의 도를 희구(希求)하여 그 도를 얻은 이들입니다. 오늘날 배우는 자들은 그 학설에 힘입어 분발하여 공자·안자의 학문을 배우는 자들이 또한 많습니다. 아, 하늘이 사문(斯文)에 행운을 내림이 또한 지극하다 하겠습니다.

생각하옵건대, 전하께서는 신에게 책문(策問)을 내리시기를, "송대(宋代)에 이르러 진정한 유학자들이 잇따라 일어난 것은 모두 경전(經傳)을 통해서 성현의 학문을 터득한 것인데, 만일 이를 채용한 자가 있었다면 제왕의 치도(治道)를 일으킬 수 있었을 터인데, 그임금이 능히 채용하지 못했으니 애석함이 이루 말할 수 없도다."라고 하시었습니다.

신은 생각하기를, 참된 유학자들이 흥기한 것이 송나라 같은 때가 없었는데도 그 임금이 채용하지 못한 것을 전하께서 애석하게 여기셨으니, 대개 제왕의 정치를 자임(自任)하신 것이며, 성현의 학문을 자신의 학문으로 여기신 것입니다. 참된 유자들을 등용했어야 하는데 송나라가 등용하지 못한 것을 애석하게 여기신 것입니다.

신이 엎드려 성상의 책문을 읽어 보니, "돌아보건대, 나는 어린 나이에 어렵고 중한 책무를 맡아 부하(負荷)된 책무를 다할 생각으로 날마다 경연(經筵)을 열어 지극한 도리[至道]를 강구하나 힘이 미치지 못한다."라고 하시었습니다.

신은 가만히 생각하건대, 전하와 같은 영명한 자질로 조종(祖宗)의 대업을 계승하시어 당대의 가장 뛰어난 어진 이들을 얻어 도를 논하는 책임을 맡기고, 날마다 경연에 납시어 사부(師傅)를 예우(禮遇)하면서, 순임금과 우임금의 정일집중(精一執中; 오로지 精一하여 中庸의 道를 지킴)한 뜻과 공자·안자가 극기복례(克己復禮)하여 인(仁)을 실천한 방도를 강구하지 않음이 없이 모두 실행하십니다. 그러면서도 '미치지 못한다.'고 하시니 전하께서 도를 구하는 실제와 다스림을 도모하고자 하는 정성은 스스로 그만 둘 수 없는 것입니다.

신인 엎드려 성상의 책문을 읽으니, "그대 대부들과 실학(實學)을 밝히고 훌륭한 정치를 일으키고자 함이 나의 뜻이다. 성현의 학문은 어떤 말이 요체이며, 제왕의 다스림에는 무엇을 근본으로 삼아야 하는가. 바라노니 자세히 서술하라." 하시었습니다.

신은 말씀드립니다. '정밀하고 일관되게 하여 그 중(中)을 진실로 잡아야 한다.[惟精惟一 允執厥中]'는 것은 실로 제왕이 정치를 하는 근본인데, 경하지(敬; 敬虔함) 않으면 정일(精一; 정밀하게 이치를 살피고 專一하게 실행함)의 근본이 없는 것이고, '자신을 억제하여 예(禮)로 돌아가 인(仁)을 행하는 것[克己復禮爲仁]'은 실로 성현이 마음을 전수하는 학문이니 경하지 않으면 극기복례할 주체가 없습니다. 그러므로 경은 시작인 동시에 마침인 것입니다. 오직 전하께서 한결같은 마음으로 만사를 제어(制御)하심에는 오직 경 한 글자에 정신을 멈추고 실행하신다면, 삼왕(三王)이 사왕(四王)이 될 수 있고, 오제(五帝)가 육제(六帝)로 될 수 있으며 선치(善治)의 흥기(興起)는 기약하지 않더라도 자연스레 이루어질 것입니다. 그러한 즉, 성학(聖學)의 요체를 논하면서 경을 근본으로 하지 않고, 제왕의 다스림을 말하면서 경에서 비롯하지 않는 것은 모두 구차한 도(道)입니다. 소신의 생각은 이와 같습니다.

　엎드려 바라옵건대 전하께서는 굽어 살피소서. 신은 삼가 대(對)하옵니다.

　위의 책문은 예(例)의 과문체(科文體)로서 단락을 끊어 묻는 말을 제시하고 그에 대한 답변을 하는 형식을 취했는데, 책문은 우선, 임금이 출제하는 형식을 취한 글이기 때문에 비록 형식적이기는 하지만, 임금에 대한 찬사를 앞세우고, 또 과거 답안지라는 성격상 출제자의 취향에 영합하는 서술이 많다. 그리고 과문체란 요즈음 논술고사와 같이 일정한 형식의 문체가 있어 과거 응시자들은 그 문체를 익혀 과거에 응시하므로 알맹이가 없는 형식적인 글로 폄하하는 경향이 있다. 그러나 형식적인 글이라고는 하지만, 급제하려면 출제자의 의도를 충족시켜야 하니, 형식뿐만 아니라 내용에 깊이가 있고 참신하며 또한 문장의 전개가 논리적이어야 함은 말할 것도 없다. 따라서 대책문은 평소에 온축(蘊蓄)한 깊은 학문이 없으면 출제자의 관심을 끌 수가 없다. 따라서 책문(策文)은 응거자의 지식 수준을 엿볼 수 있음과 동시에 젊은 선비의 미래 비전이 드러난 글이라는 데서 개개인의 추향(趨向)을 가늠할 수 있는 귀중한 자료이기도 하다.

　앞에서도 언급한 바와 같이 질문의 요지는, 도(道)는 순(舜)에서 우(禹)에게 전수(傳授)되어 공자·안자(顔子)에 의해 밝혀지고, 증자(曾子)·자사(子思)·맹자로 전승되었으나 역사상 현군(賢君)으로 칭송 받는 한 명제(漢明帝)나 당 태종(唐太宗) 시대에도 지치(至治)를 보지 못하였고, 송대(宋代)에는 염락관민(濂洛關閩)의 진유(眞儒)가 배출되었지만, 역시 당우(唐虞)의 치도를 이루지 못한 것은 성학(聖學)의 요체를 논하면서 경(敬)을 근본으로 하지 않고, 제왕의 다스림을 말하면서 경에서 비롯하지 않은 때문이니 잠시도 경(敬)을 떠나서는 안 된다는 결론이다.

경이란 인욕(人慾)의 발동을 억제하기 위한 내면적 수양 자세로 일상의 언어 동작(言語動作)을 공경스럽게 하는 공력(功力)을 말한다. 그 구체적 설명이 공자가 안연에게, "예가 아닌 것은 보지도 말고[非禮勿視], 예가 아닌 것은 듣지도 말고[非禮勿聽], 예가 아닌 것은 말하지 말고[非禮勿言], 예가 아닌 행동은 하지도 말라[非禮勿動]"고 일러 준 것이고, 이것이 이른바 네 가지 금지 사항, 즉 사물(四勿)이다. 따라서 이 책문의 결론은, 거경(居敬)이 사물에 존재하는 천리(天理)를 탐구하는 외적 탐구 방법인 '궁리(窮理)'와 함께 성리학적 수양 방법이라는 것이다.

이상에서 살펴본 바와 같이 위의 책문은 성리학의 기본 명제에 대한 물음으로 이에 대한 대답 또한 간단한 것이 아니다. 물론 과거(科擧)라는 치열한 관문을 통과하기 위해서 과문체(科文體) 스타일을 숙지하는 등 부단한 수련을 쌓았겠지만, 아무리 글을 잘 짓는 문장가라 할지라도 출제자의 의도를 충족시킬 깊이 있고 논리적인 문장을 작성하기 위해서는 그 분야에 대한 전문적인 이해와 지식, 그리고 다양한 독서의 내공(內功)이 있어야 발군(拔群)의 명문을 작성할 수 있는 것이다. 그런데 조은이 동중서(董仲舒)의 삼책(三策), 양웅(楊雄)의 법언(法言), 한유(韓愈)의 원도(原道) 등에 대한 비판과 성리학의 연원과 역사적 발전 단계를 조리 있게 설명한 것은 조은이 유학, 특히 성리학에 대한 이해가 깊었음을 말한다.

이 책문은 앞서 언급했던 금주 현판에 걸었다는 오언 장편시와 맥(脈)을 같이하는 글이다. 앞서의 오언시가 당시에 만연했던 불교의 폐단을 통박하고 그 대안을 성리학에서 찾은 것이라면, 이 책문은, 성현의 학문에서 어떤 말이 요체이며, 제왕의 다스림에는 무엇을 근본으로 삼아야 훌륭한 정치를 일으킬 수 있느냐는 물음에, "성학(聖學; 性理學)의 요체를 논하면서 경을 근본으로 하지 않고, 제왕의 다스림을 말하면서 경에서 비롯하지 않는 것은 모두 구차한 도(道)이다."라고 갈파(喝破)하여 잠시도 경(敬)을 떠나서는 도학 정치 즉 성리학 정치를 구현할 수 없다는 것이다. 그렇다면 조선의 정치이념으로 채택한 성리학에 대해 잠시 살펴보기로 한다.

Ⅱ. 유교정치이념(儒敎政治理念)

1. 성리학(性理學)의 발생과 개념(槪念)

조선을 흔히들 유교 국가라 말하는데, 유교는 춘추시대(春秋時代) 말에 성립된 제자백가(諸子百家) 중 하나이다. 당시 중국은 주(周)나라의 봉건 제도가 종언(終焉)을 고하려 하고, 힘이 정의(正義)였던 약육강식의 전국시대(戰國時代)는 아직 도래하기 전으로 극도의 혼란 상태에 있었다. 이 난세를 구제하겠다는 다양한 이론이 등장했으니 이것이 제자백가라는 것이고, 그 중에서 인의(仁義)에 유의(留意)하고 육경(六經; 詩·書·禮·樂·春秋)을 배워 덕치(德治)

로 백성을 다스려야 한다는 학파를 유가(儒家)라 하는데, 유가는 춘추시대 말기 공자에 의해 종합되었다. "육경을 기본으로 하고 인의(仁義)에 유의하여 덕치를 베푼다."는 유가의 정치 이론은 위정자에게는 더없이 좋은 안성맞춤의 지배 논리였으므로 그 정치적 효용으로 인해 역대 왕조들은 유학을 통치 수단으로 채택하여 종교라는 의미가 내포된 유교(儒教)로 승격하기까지에 이르렀다. 그러나 유교는 현실 규범이기 때문에 이론과 철학의 빈곤을 면하지 못하여 12세기 이전까지 중국 사상계는 노장학(老莊學)에 근거한 도교(道教)와 서역(西域)에서 전래한 불교가 지배하고 있었다.

오대(五代)의 혼란을 극복하고 제위(帝位)에 오른 조광윤(趙匡胤)은 자신이 절도사(節度使) 출신의 무장으로서 권력을 잡았기 때문에 잦은 왕조 교체의 원인을 누구보다 잘 알았다. 그리하여 문치주의(文治主義)를 표방, 문신(文臣)을 우대하고 군사력을 약화·분산시킴으로써 송(宋)나라는 군주독재체제를 완성시켰다. 그러한 정책의 결과, 문운(文運)이 융성해져 다방면의 학술이 발달하기 시작했는데, 북송 말기의 일부 유학자들 사이에는 도교와 불교의 만연(漫然)에 대한 비판과 반성, 그리고 일부 그 영향도 받아, 신유학 운동이 일어나게 되었다. 즉 선진(先秦) 유학에 대한 철학적 고찰을 통하여 우주(宇宙)의 본체(本體)와 인성(人性)에 관한 연구를 하기 시작한 것인데, 이것이 곧 성리학(性理學)이다. 성리학이란 용어의 유래는, '성이 곧 리이다.[性卽理]' 또는 '성명 의리의 학문[性命義理之學]'의 약어(略語)이기도 하다. 성리학은 북송(北宋)의 장재(張載)와 주돈이(周敦頤)에서 단초(端初)가 열리고 정호(程顥)·정이(程頤) 형제에 의해 확충되었으며, 남송의 주희(朱熹)에

의해 집대성(集大成)되어 정주학(程朱學) 또는 주자학(朱子學)으로
도 불린다.

성리학은 자연과 사회, 삼라만상의 변화를 리(理)와 기(氣)의 개
념으로 설명하는데, 리는 만화(萬化)의 원리이며, 기는 만물의 구
성 요소가 된다. 기가 모이고 흩어짐에 따라 우주 만물이 생성되
고 소멸한다고 생각한다. 이를 인성론(人性論)으로 체계화하면, 리
는 인간의 마음속에 본래 존재하는 본연지성(本然之性)으로 순선
(純善)한 도덕적 본성을 의미하고, 기는 육체와 감각의 작용으로
나타나는 기질지성(氣質之性)으로 선악이 병존(並存)한다는 것이
다. 기(氣)에 의하여 구성되는 우주 만물은 종류와 우열에 따라 가
각 차별성·등급성을 가지기 때문에 결국, 자연·인간·사회가 모두
위계질서를 갖게 되는데, 이것이 이른바 명분론적 질서이고, 성리
학은 이 명분론적 질서를 합리화하는 사상 체계로서 인간은 이 명
분론적 질서 속에서 각각의 계층적(階層的) 지위에 합당한 일을
성실하게 수행해야 하는 존재로 설명한다. 이는 곧 공자가 말한
"임금은 임금답고, 신하는 신하답고, 아버지는 아버지답고, 자식은
자식다워야 한다.[君君臣臣父父子子]"는 것이다.

즉 성리학은 명분론적 질서에 맞는 생활을 하는 것이 모든 인간
의 도덕적 의무라는 논리를 바탕으로 하고 있었기 때문에 인간 사
회의 차별성과 계급성을 당연시하게 되고, 또 지나치게 순수한 도
덕성의 추구는 인간 욕망의 현실성인 물질적 가치가 무시되는 괴
리(乖離)를 가져오기도 했다. 그래서 처음에는 '거짓 학문', 혹은,
'위선(偽善)의 학문'이라 하여 위학(偽學)으로 비판을 받기도 했으
나, 주자의 학통을 계승한 허형(許衡)이 원 세조(元世祖; 쿠빌라이)

에게 중용(重用)되어 성리학의 이론적 근거가 되는 사서(四書; 論語·孟子·中庸·大學)가 국립대학의 기본 교재로 인정되고 과거 과목으로 채택되는 등 국가의 공인을 받게 됨으로써 국가 통치 이념으로서의 위상을 굳히게 되었다. 원나라에서 크게 유행하게 되자 당시 원나라와 깊은 관계에 있던 고려 후기에 자연스럽게 한반도에 유입되었다.

2. 성리학 수용(受容)과 역성혁명(易姓革命)

고려에 성리학이 본격적으로 소개된 것은, 고려 후기 충렬왕(忠烈王) 때 안향(安珦)에 의해 주자의 성리학 이론 및 그가 주석(註釋)한 경서(經書)가 도입됨으로부터이고, 그보다 약간 후배인 백이정(白頤正)이 직접 원의 수도 연경(燕京)에 가서 성리학을 연구하고 돌아옴으로써 그 학문적 탐구가 본격화되었다.

말기의 고려 역사를 읽다 보면 마치 《춘추좌전(春秋左傳)》의 어느 한 부분을 읽는 듯한 착각에 빠지게 되는데, 이는 왕조 말기적 현상으로 국정은 극도로 문란하고 사회는 그만큼 혼란스러웠음을 의미한다. 건국 초기부터 국교로 군림하여 고려 일대(一代)를 통하여 국민들의 정신적 지주가 되었던 불교가 세월이 흐르면서 각종 폐단이 노정(露呈)되었다. 사원경제가 비대해져서 사찰이 많은 토지를 보유하여 거대한 지주가 되는 것은 기본이었고, 심지어는 고리 대금·양조주(釀造酒) 등 속세의 식리(殖利) 사업에까지 손을 대니, 청정(淸淨)함을 바탕으로 자신을 희생하여 중생의 미혹을 구한

다는 불교 본연의 임무는 찾아볼 길이 없게 되었다. 따라서 승려
들은 세속화하여 일반인과 다를 것이 없고, 수양 도량(道場)인 사
찰은 이욕(利慾)의 소굴로 변하게 되자 의식 있는 지식인들의 비
판을 받게 되었는데 성리학으로 무장한 신흥사대부들이 그 선편
(先鞭)을 잡게 되었다. 게다가 권문세족들 또한 농토를 다투어 점
탈(占奪)함으로써 토지에 매여 살아야 할 농민들은 송곳 꽂을 농
토도 없게 되었을 뿐만 아니라 심지어는 한 농지에 여러 명의 지
주가 나타나 수탈해 가는 경우도 발생하게 되니 민생은 도탄에 빠
지고 사회는 혼란스럽고 불안하였다.

　이런 분위기 속에서 성리학이란 새롭고 신선한 학문 사조(思潮)
는 신진 사대부들 사이에 신유학(新儒學)이란 이름으로 환영 받게
되었다. 사회가 혼란하면 혼란할수록 사람들은 그 사회를 구제할
새로운 이념을 찾게 마련인데, 인의(仁義)에 유의하고 절의(節義)
를 숭상하며 덕치(德治)를 강조하는 성리학은 난세를 구제할 새로
운 대안으로 인식되었던 것이다. 이 성리학도 헤겔의 변증법(辨證
法) 논리에 따라 시간이 흐를수록 모순이 쌓여 결국 20세기 초, 조
선이 일본 제국주의에 의해 국권을 상실했을 때에는 일부 학자들
에 의해 '망국의 주범'으로 난타 당했지만, 적어도 처음 전래되었
을 때는 난세를 극복할 신선한 묘약(妙藥)으로 인식된 것이다.

　유학자들에게는 한족(漢族)은 중화(中華)요, 몽고는 오랑캐라는
화이사상(華夷思想)에 젖어 있었으므로 신흥사대부들이 공민왕의
친명 배원(親明背元) 정책을 적극 지지한 것은 자연스런 현상이었
고, 따라서 이들의 발언권도 강화되었다. 그러다가 친명정책을 추
구하던 공민왕이 갑자기 시해된 후 구세력이 집권하여 친원 정책

으로 전환하려 하자 많은 신흥사대부들은 이에 항거하다 화를 당하였다. 이 앞서 공민왕의 친명 배원(親明背元) 정책에 의해 원나라 직속의 쌍성총관부(雙城摠管府)에 소속되어 있던 함경도 무장 이자춘(李子春)이 고려에 귀순하게 되었는데, 그 아들 이성계(李成桂)는 출중한 무장으로 왜구 격퇴에서 많은 공을 세워 두각을 나타내더니 급기야 위화도회군(威化島回軍)으로 군사권을 장악한 뒤, 창왕(昌王)을 폐하고 공양왕(恭讓王)을 세운 이른바 폐가입진(廢假立眞)에 성공함으로써 역성혁명의 기반을 구축하였다. 이 과정에서 신진 사대부들은 고려와 운명을 같이한 절의파도 있었으나 정도전(鄭道傳)·윤소종(尹紹宗) 등 일부 성리학자들은 적극적으로 이성계를 도와 역성혁명을 성공시킴으로써 유교정치이념을 국시(國是)로 하는 국가, 즉 조선이 건국하였다.

조은은 친가나 외가 모두 신유학으로 무장한 신흥사대부의 가계(家系)를 이어 받았고, 일찍이 아버지 반남공은 성균관에서 성리학은 창도(唱導)했으며, 친원 정책을 주도하던 집권자를 공격하다가 화를 당하기도 했다. 게다가 고려 말기의 혼란상을 목도하면서 윤소종 같은 성리학자로부터 학문을 배워 성리학 정치이념에 대한 이해가 상당했을 것임은 위에서 예시한 책문(策文)에 잘 나타나 있고, 그 실천력은 불교는 망국의 사설(邪說)이라는 말로 극도로 배척한 〈금주현판(錦州懸板)〉 시에서도 볼 수 있다.

아무리 새롭고 신선한 사상이나 이념도 스스로 사회를 변혁시킬 수는 없는 것이고, 이를 실행하는 사람이 있어야 한다. 비록, 조선이 건국과 더불어 "인애(仁愛)에 유의하여 덕치(德治)로 다스린다."는 성리학 정치이념을 국시(國是)로 채택했지만, 고려 왕조 5

백 년 동안 누적된 강고(强固)한 인습과 전통을 바꾸는 일은 쉬운 일이 아니었다. 따라서 그 구체적인 개혁의 성과는 위정자들의 의지 여하에 의하여 좌우되었고 조은도 그런 정치인 중의 한 명이었다. 조은이 뛰어난 정치 경륜을 펼치고 행정 실무에서 치적을 올릴 수 있었던 바탕은 학습을 통해 쌓아온 성리학 이념에다 항상 백성을 생각하는 투철한 애민 정신이 있었기 때문에 가능한 일이었다.

3. 백성을 위한 정치[爲民政治]

앞서 밝혔듯이 성리학은 명분론적 질서 속에서 각각의 계층적(階層的) 지위에 합당한 일을 성실하게 수행해야 한다는 논리를 합리화한 사상 체계로서 지배층에게 절대적으로 유리한 이념이기는 하지만, 백성이 근본이라는 민본사상(民本思想)이 유교 정치가 표방하는 기본 이념이었기 때문에 성리학 정치이념도 명분상으로 '백성을 위한 정치'가 제일의(第一義)일 수밖에 없었다. 동정(桐亭) 윤소종(尹紹宗)을 통해 성리학 이념의 정치 철학을 전수 받은 박은은 사환(仕宦)하게 되자 맡은 직임에 따라 백성들의 질곡(桎梏)을 풀어주기에 온 정성을 쏟았다. 이는 곧 아는 것은 실천한다는 지행합일(知行合一)의 성리학 이념이기도 하였다.

그 모든 실적이 박은 일생의 사환(仕宦)을 통해 나타났으니, 형률제도(刑律制度) 개선과 각종 진휼정책(賑恤政策), 그리고 모든 정책을 집행할 때 백성들의 편의(便宜) 여부를 우선으로 생각한

것들이다. 그 구체적인 사실은 제4장에서 상론(詳論)하기로 하고
그 대강(大綱)을 예시하면 다음과 같다.

먼저 사법제도의 개선을 보면, 첫째, 정종 2년 6월, 좌산기상시
(左散騎常侍)로 있으면서 상소하여, 무자격 순군(巡軍)을 축출하고
조사(朝士)로 대신하게 함으로써 옥사(獄事)를 신중하게 한 것이
다. 둘째, 태종 13년(1413) 8월, 순금사판사(巡禁司判事) 재직 시에
는 장형(杖刑)의 한도를 30대로 제한하였고, 사형수 삼심제도(三審
制度)인 삼복법(三覆法)을 시행케 한 것이다. 삼복법은 당시에 준
용하던 법전인《경제육전(經濟六典)》에 명기(明記)되어 있기는 했
으나 건국 초기의 혼란 때문인지 시행되지 않고 사문화(死文化)
상태로 있었다. 조은이 이를 계문(啓聞)하여 시행케 한 것이다. 이
삼복법의 시행은 인명을 중시하게 만드는 계기가 되었다.

다음 진휼정책을 보면, 지방관으로 나가서 관할 지역의 조세와
신역(身役)을 경감시킨 것들인데, 이러한 정책들은 사실 국가 재정
과 직결된 것이라 조정에서는 그 경감을 달가워하지 않았지만 태
종은 대부분 조은의 청원(請願)을 들어 주어 백성들에게 그 혜택
이 돌아갔다. 그 사례는 일일이 열거할 수 없을 정도로 많지만, 대
표적인 것으로는, 태종 6년(1409) 전라도 도관찰사(都觀察使) 재직
시 선군(船軍)에게 부과하던 농사짓기[屯田]·미역따기[採藿]·고기
잡이[捕魚] 등 잡역을 면제시키고 경비(警備)에만 전념케 함으로써
수군의 노고를 줄여 왜구 방어에 전력을 쏟을 수 있게 한 것이다.
그 후 태종 10년(1410)에는 서북면(西北面; 平安道) 도순문찰리사
(都巡問察理使)로 있으면서 서북면 백성들은 잦은 사신 왕래로 피
폐가 심하니, 일대의 호급둔전(戶給屯田)과 의주(義州) 백성들의

당년치 전조(田租)를 면제시켜 줄 것을 청하여 윤허를 받은 것이다. 둔전이란 본래 군인들에게 농지와 종자를 주어 경작케 함으로써 군자(軍資)의 부족을 메우던 것인데, 군자가 부족하자 일반 민호(民戶)에게도 종자를 주어 추수 때 곡식을 거두는 제도로서 이성계가 폐지 시켰던 것을 태종 9년(1409)에 군량미의 부족으로 다시 실시하니 백성들의 부담이 큰 문제였다.

그리고 태종 15년 9월, 한성부가 겨울철 화재 위험에 대비해서 사복시(司僕寺) 등 관아에 인접해 있는 민가를 철거하려 하자, 조은은, 반드시 철거해야 할 민호가 1천여 호나 된다고 하는데 겨울철이 가까워진 지금 그 많은 백성들이 거처를 잃을 것이니, 헐지 말고 방화 시설을 갖출 것을 주장하여 백성들이 거처 잃는 것을 막았다. 또 세종 1년에는 중국 사신의 객사(客舍)인 태평관(太平館)이 협착하다고 해서 다른 곳에 옮겨 짓자는 논의가 있자. 또 박은이 현재의 관사(館舍)는 태종께서 지정한 곳이고, 옮겨 짓자면 어차피 도성 내의 다른 민가를 헐어야 하는 폐단이 있을 것이므로 그 자리에 시설을 확장하는 것만 같지 못하다고 해서 증축(增築)하는 것으로 결론이 났다.

후술하겠지만, 신분은 양인이면서 천역을 하는 척(尺)·간(干) 등을 보충군에 편입시켜 양인(良人) 신분층을 증대시키려 한 것이라든지, 시대착오적인 기인제(其人制)의 폐지를 주장한 것 등은 당시 신분 제도 틀 안에서의 애민 사상 발로라 하겠다.

제4장

민본 사상과 정치 경륜

세종 4년(1422) 5월 9일. 전 좌의정 금천부원군(錦川府院君) 박은이 향년 53세로 생을 마감하자, 사관(史官)은 졸기(卒記)의 말미에 이렇게 적었다.

"박은(朴블)은 식견이 밝고 통달하며, 활발하고도 너그러우며, 의논이 확실하였다. 내외의 직을 역임하여 업적이 심히 많았는데, 태상왕[太宗]이 크게 소중히 여겨, 큰일을 의논할 때는 반드시 그를 참여시켰다."

《조선왕조실록》에는 대개의 경우 고위직을 지냈거나 정치나 학문적으로 공로가 많은 인물이 죽으면 그에 대한 졸기가 있게 마련이다. 졸기는 사관(史官)의 인물평으로 이것이 일단 실록에 수록되고 나면 인물에 대한 공적(公的)인 평가 기준이 된다. 졸기는 사관의 성향에 따라 다르기는 하지만, 후기로 내려올수록 길이는 짧아지고 평가는 인색한 것이 특징이다. 조은의 졸기는 1천 4백여 자에 이르는 장문(長文)으로 태종조의 중신 중 조준(趙浚)과 하륜(河崙) 졸기 다음으로 긴 것인데, 이는 태종 조에서 조은의 정치적 비중이 그만큼 컸다는 것을 의미한다.

우선 그 중요한 대목을 보면, "내외의 직을 역임하여 업적이 심히 많았는데, 태종이 큰일을 의논할 때는 반드시 그를 참여시켰

다.”는 사관의 평가에서 보듯, 태종의 신임이 매우 높았고, 치적이
많았음을 알 수 있다. 졸기의 유일한 비판적인 기사는 태종이 사
냥을 가려고 하자 그 뜻에 영합했다는 것이고, 대부분은 태종과의
특별한 관계나 맡은 직임마다 치적을 올렸다는 내용으로 되어 있다.
　다음은 그 해 10월, 세종이 조은에게 내린 제문[賜祭文]의 일부
이다.

　　“경은 성품이 명민(明敏)하고, 기질(氣質)이 크고 깊었다. 문예(文
　藝)는 일찍 과장(科場)에서 승첩(勝捷)하여, 이름은 사판(仕版)에 높
　이 올랐다. 재주는 경제(經濟)1)에 능란하여, 헌장(憲章)에 밝고 익
　숙하였으며, 도(道)가 시의(時宜)에 통달했는데 유아(儒雅)함으로
　꾸미었다. 풍의(風儀)는 껄껄하고 씩씩하여[落落] 세상 사람과 합하
　기 어려웠으며, 언론(言論)은 당당(堂堂)하여 배울 만하였다. 목민관
　으로 쓰면, 아전[吏]은 두려워하고, 백성들은 감복하였으며, 대각(臺
　閣)에 있으면, 기강(紀綱)이 떨쳐지고, 기풍이 엄숙하여졌다.…中
　略…형정(刑政)을 주관함에 억울한 옥사(獄事)가 저절로 밝혀지고,
　벼슬을 떠나려 하매, 감당(甘棠)을 거듭하여 노래 불렀나니,[前任官
　의 공덕을 기리고 그리워한다는 의미] 근본이 마음속에 깊고도 튼튼
　하게 박혀, 흔들림이 없었던 것이 아니라면 어찌 영수(英秀)한 기개

————————

1) 경제(經濟) : 여기서 경제란 요즈음 흔히 말하는 economy의 의미가 아니
　라, 나라를 경영하고 세상을 구제한다는 경국제세(經國濟世)의 줄임말
　로 포괄적 의미의 정치를 말한다. 한자 문화권에서는 일본인들이 가장
　먼저 서양의 과학이나 학술 용어를 한자어로 옮겨, 한국이나 중국은 그
　용어를 그대로 사용하여 서양 문물을 받아들이는 데 덕을 보았다. 그 번
　역 과정에서 영어의 economy를 경제(經濟)로 번역하는 것과 같은 적확
　(的確)하지 못한 용어도 생기게 되었다. 한자로 economy라는 의미는 식
　화(食貨)·식화(殖貨) 또는 재화(財貨)였다.

가 밖으로 나타남이 이처럼 환하게 문채가 날 수 있으리오. 이로써 우리 집에 마음을 바쳐 마침내 우리 부왕(父王)께 천명(天命)을 도와 단서(丹書)에 그 맹세가 뚜렷이 적혀 있고, 백일(白日)이 그 충성을 비추어, 그 지위가 묘당(廟堂)에서 으뜸이었으며, 전부(銓部; 吏曹)를 전임(專任)하였음이 마땅하도다.…下略"

제문이란 고인을 추모하는 글이니 칭찬이 주류를 이룸은 당연하다. 그러나 임금이 내리는 사제문(賜祭文)은 조정의 공식문서이니 사실 아닌 것을 근거 없는 말로 분식(粉飾)할 수는 없다. 위의 표현 중 적어도 "재주는 국가를 경영하고 세상을 구제하는 데[經國濟世] 능하여, 헌장(憲章)에 밝고 익숙하였으며, 도(道)는 시의(時宜)에 통달하여 유아(儒雅)함으로 꾸미었다. 풍의(風儀)는 껄껄하고 씩씩하여[落落], 세상 사람과 합하기 어려우며, 언론(言論)은 당당(堂堂)하여 배울 만하였다."라는 내용은 조은의 평생 사업과 견주어 볼 때, 과장이 없는 사실적인 표현으로 보아도 무리가 없어 보인다. 때문에 태종은 중요한 일을 결정할 때는 매번 직접 의견을 듣거나 사람을 보내 물어보고는 그 의견에 흡족해 하였고, 헌장에 익숙하여 잠자고 있던 삼복법(三覆法)을 일깨워 인간의 생명을 귀중하게 여긴 것이라든지, 성격은 화통했으나 노비 송사에서 보이는 바와 같이 자기가 옳다고 생각한 것은 주위의 눈치를 보지 않고 끝까지 관철시킴으로써 주위 사람들과 화합하지 못했다는 말 등에서 제문의 수사(修辭)가 사실에 부합함을 알 수 있다. 이러한 성품의 조은이 실제 정치에서는 어떤 치적이 있었는지 애민 사상을 토대로 한 그의 정치경륜을 살펴보기로 한다.

I. 애민(愛民) 사상과 위민(爲民) 정치

1. 형률제도(刑律制度)의 개선

태종조는 건국 초기라 법과 제도에 미비한 점이 많았다. 조선 초기에는, 정도전(鄭道傳)의 〈조선경국전(朝鮮經國典)〉을 모체로 하여 여러 대에 걸친 헌장(憲章)의 좋고 나쁜 점을 가감, 육전(六典) 형식의 《경제육전(經濟六典)》을 완성했는데, 아직 초창기라 내용상 미비한 점이 있었고, 무엇보다 이를 실행해야 할 관원들이 그 내용을 숙지(熟知)하지 못해 법을 집행하는 데 일관성이 없을 뿐 아니라, 유교정치이념이 표방하는, '백성이 치도의 근본'이요, '인의(仁義)로 백성을 다스린다.'는 민본 사상에 대한 이해도나 실천력도 그리 높지 않아 인명을 가볍게 여기는 경우도 많았는데, 조은은 일찍부터 인명 중시 차원의 몇 가지 개선책을 건의하여 이를 관철시켰다.

그 첫째가 정종 2년(1400) 6월, 순군(巡軍)의 자질을 향상시킨 것이다. 순군이란 고려시대 이래, 수도인 개경의 도둑을 잡고 치안을 담당하던 관아인 순군만호부(巡軍萬戶府; 약칭 순군부) 소속의 군인을 말한다. 명칭은 순군이지만, 임무가 민생과 직결된 치안 업무를 맡은 까닭에 전쟁하는 군대와는 달리 사법권을 행사하는 관리로서 상당한 수준의 지적 능력과 자질이 요구되었다. 그런데 선초에는 문란했던 고려 말기의 폐습이 그대로 남아 순군도 예외가 아니었다. 즉 글자 한 자 모르는 무자격자가 치안을 담당하게 되니 많은 부작용이 발생하였다. 당시 좌산기상시(左散騎常侍)로 있던 조은이 이렇게 상소하였다.

　　"가만히 생각하건대, 순군(巡軍)은 순찰하고 포박(捕縛)하며, 겸하여 형옥(刑獄)을 다스리는데, 한번 때리고 한번 신문하는 데서 사람의 죽고 사는 문제가 결정되고, 한 마디 말과 몇 글자 사이에 죄의 경중이 분변되므로, 그 책임이 중하니, 삼가지 않을 수 있겠습니까? 가끔 세계(世系)가 분명하지 못한 사람과 글자 한 자도 배우지 못한 무리가 요행으로 속여서 관원의 열에 끼기 때문에, 비록 죄인이 묶여 있으면서도 무시하고 비웃으며 승복하지 않습니다. 이에 대답하기 곤란한 말로 심문하고 참혹한 형벌을 시행하여, 죄 없는 사람을 잔혹하게 학대하므로 화기(和氣)를 상하게 하니, 심히 통탄할 일입니다. 바라옵건대, 이제부터 순군 관원(巡軍官員)을 반드시 조사(朝士) 중에서 도량과 학식이 있는 자를 뽑아 그 책임을 맡기고, 세계(世系)가 분명치 못하거나 글자 한 자도 배우지 못한 사람은 헌사(憲司)로 하여금 핵실하여 내쫓고, 법외의 참혹한 형벌을 또한 엄금하게 하여 그 책임을 중하게 하고, 옥사를 신중히 하게 하소서."[2]

　즉, 무식한 무자격자가 순군으로 있으면서 함부로 백성들에게 참혹한 형벌을 시행하므로 백성들이 업신여겨 불복하여 범죄의 진실은 밝혀내지 못할 뿐 아니라 범죄를 밝힌다고 무리하게 고문을 가하기 때문에 폐단만 많이 생겨 화기(和氣)를 손상시키니, 무자격 순군은 조사하여 축출하고, 글자를 아는 조사(朝士)를 순군으로 선발하여 그 책임을 중하게 하고 옥사(獄事)를 신중히 해야 한다는 것이었는데, 임금이 옳게 여겨 가납하였다.

　다음은, 태종 11년(1411) 대사헌 재직 시, 의용순검사(義勇巡檢

---

2) 《朝鮮王朝實錄》 태종13년(1413) 8월 30일(丙子)

司)의 판사(判事)를겸임할 때에, 사형수에 대함 삼심제도인 삼복법
(三覆法)을 시행하고, 장형(杖刑)을 일차 30대로 한정한 것이다. 즉,

> "신이 《경제육전(經濟六典)》을 상고하니, 사죄(死罪)에는 삼복
> (三覆; 三審)한다고 하였으나, 지금 형조와 순금사(巡禁司)에서 일
> 찍이 시행하지 않습니다. 청컨대, 《육전(六典)》에 의하여 시행하소
> 서."3)

라고 상소하여 임금의 윤허를 받았다.

삼복법이란 사람의 인명을 중히 여기는 차원에서 사형에 해당
하는 죄인을 세 차례 심의하는 사형수 삼심제도(三審制度)를 말하
는데, 이에 대한 법은 이미 《경제육전》에 명문화되어 있었으나 이
또한 고려시대의 폐습이 그대로 계속되어 이제까지 시행되지 않
고 잠자고 있다가 조은에 의하여 살아난 것이다.

또, 당시 옥사를 판결할 때에 여러 사람의 의견을 수렴하지 않
고, 형장(刑杖)으로 그 정상을 캐내려 하여, 심문하는 형장에 제한
이 없는 것을 보고, 조은이 탄식하기를,

> "형장 밑에서 무엇을 구한들 얻지 못하리오."4)

하고 곧 임금에게 아뢰어 형장은 한 차례에 30대를 한정으로 하는
법을 만들게 되니, 사람들이 많은 덕을 보았다고 졸기에 기록되어
있다.

---

3) 《朝鮮王朝實錄》 태종13년(1413) 8월 30일(丙子)
4) 《朝鮮王朝實錄》 세종4년(1422) 5월 9일(乙丑) 卒記

2. 진휼 정책(賑恤政策)

전 근대 사회에 있어서 국가 재정은 대부분 전조(田租)에 의존했는데, 우리나라는 평야가 적은데다가 수리 시설이 미비했던 당시로서는 농사철에 가물이 들게 되면 실농(失農)하여 흉년이 드는 경우가 많았으므로 개인 살림이나 나라 경제가 항상 넉넉하지 못하였다. 이런 조건에서 세금 징수는 지방관의 가장 중요한 임무였고, 지방관으로 나가 공부(貢賦)를 잘 거둬들여야 유능한 관리로 인정을 받았다. 따라서 백성의 부담을 덜어 주는 데는 자연 인색할 수밖에 없었다.

그러나 조은은 부임지마다 각종 부담을 줄여 백성들의 고통을 덜어주려는 데에 심혈을 기울여, 간혹 그 청원이 중앙 관서에서 기각되기도 했으나, 대부분의 경우 임금에 의해 받아들여져 시행되었다. 그 한 예로 태종 2년(1402) 5월, 강원도 관찰사로 나갔다가 이해 흉년이 들자, 의정부에 보고하여 창고를 풀어 굶주리는 백성을 구제해야 한다고 의정부에 건의했으나 의정부가 이를 묵살하고 회보하지 않아 시행하지 못했다.5)

태종 6년(1406) 4월, 전라도 관찰사로 있을 때에는, 당시 왜구의 침노를 방비하기 위해 해안 요충지에 주둔시킨 군사들에게 미역 따기·고기잡이[捕魚] 등의 역사(役事)를 시켜 군자(軍資)에 보태게 했는데, 군사들이 괴롭기만 하고 오히려 본분인 왜구 방비에 소홀하게 되어 득보다 실이 더 많았다. 이에 전라도 도관찰사 박은(朴

---

5) 《朝鮮王朝實錄》 태종 2년(1402) 5월 7일(己丑)

訔)이 아뢰기를,

　　"각도의 해도 만호(海道萬戶)가 선군을 역사(役使)시켜 둔전(屯
　田)하고, 미역을 따고 고기를 잡으니, 거두는 이익은 매우 적은데,
　종일 노동하다가 밤이 되어 곤하게 잠을 자므로, 경비를 능히 하지
　못하여 실수(失守)하는 경우가 많습니다. 이를 혁파함이 진실로 편
　합니다."6)

하니, 임금이 그대로 따랐다.

　또, 태종 10년(1410) 5월, 서북면 도순문사(西北面都巡問使)로 나
가 여러 고을에 성을 쌓을 때는 서북면 백성의 호급둔전(戶給屯
田)을 면제해 달라고 청원하여 윤허를 받았다.7) 그 이유는 서북
지방 백성들은 성을 쌓느라 고생이 많았고 명(明)나라와의 외교
관계에 따른 수발을 하느라 쉴 틈이 없는데, 호급둔전까지 부담시
키는 것은 무리라고 상소했던 것이다. 둔전(屯田)이란 변방 지대에
주둔한 군대의 자급자족을 위해 주둔지에서 농사를 짓게 하는 제
도인데, 그래도 군자가 부족하므로 지역 백성들 가호(家戶)마다 봄
에 곡식 종자를 나누어 주고 가을에 거둬들이게 하니 이것이 호급
둔전이라는 것으로 백성들에게는 이중으로 조세를 징수는 격이라
고통이 컸다.

　그리고 같은 해 11월에는, 다시 청원하기를,

　　"의주(義州) 백성이 지난해 농사를 실패하였고, 금년에는 분명(奔

---

6)《朝鮮王朝實錄》태종6년(1406) 4월 20일(庚辰)
7)《朝鮮王朝實錄》태종10년(1410) 5월 3일(己巳)

命; 왕명을 수행하느라 분주함)으로 인하여 지쳤사오니, 청컨대, 금
년의 전조(田租)를 감면하소서."[8]

하니, 태종은 "우리나라는 땅이 좁고 사람이 적어서 전조가 대단
히 적고, 또 군국(軍國)의 일 때문에 조세를 감하기 어려우나, 의주
(義州)는 다른 고을에 비할 바가 아니니 아뢴 대로 하라."면서 윤
허하였다.

이상의 여러 예와 같이 태종은 조은이 청원하면 국가 재정의 어
려움을 얘기하면서도 거의 다 들어주었다.

이 외에 조은은 백성들을 위한 정책이라면 거리낌 없이 태종에
게 진달했는데, 비록 윤허를 받지는 못했지만, 태종 11년(1411) 8
월, 폐단이 많은 손실경차관(損失敬差官)의 폐지를 청원한 상소도
그 중 하나이다. 손실 경차관이란 각 지방의 풍흉을 살피기 위해
가을에 중앙에서 파견하는 관원을 말하는데, 이들은 소수 인원이
넓은 지역을 담당하므로 여러 지역의 작황(作況)을 두루 살필 수
도 없고, 또 지방에서는 이들을 접대하느라 이익보다는 민폐가 많
았다. 게다가 경차관 직임의 속성상 손실(損實)을 살핀다고 하더라
도 오로지 실(實)이 많은 쪽으로 보고하므로 조세(租稅)가 과중하
게 되는 경우가 많았다. 이 때문에 백성의 살림이 날로 각박해져
서 원망이 조정까지 들리니, 나라의 근본인 백성을 튼튼하게 해
야 한다는 유교정치이념에도 위배되므로 폐지해야 된다고 주장했
다. 그 대신 모든 권한을 관찰사(觀察使)에게 맡겨 관찰사가 수령
을 책려(策勵)하여 수령 책임 하에 답험(踏驗)하게 할 것이며. 수시

---

8) 《朝鮮王朝實錄》 태종10년(1410) 11월 21일(癸未)

로 행대감찰(行臺監察)을 파견하여 실정을 살피라는 것이었다. 결국 이 건의는 의정부의 지지까지 받았으나 임금이 채택하지 않아 그 당시에는 시행되지 못하였지만,[9] 결국 훗날 손실경차관 제도는 폐지되고 수령 책임하의 손실답험법(損失踏驗法)으로 귀결되니 이는 조은이 처음 주장한 그대로였다.

태종 15년(1415) 여름에는 이해 흉년이 들자 백성들이 이듬해 종자로 쓸 곡식까지 먹어버릴까 우려하여 창고에 비축한 구곡(舊穀)과 바꾸게 하고, 각종 구황 물자를 비축하게 했다. 즉 동년 7월에 이조판서로 있으면서 수재·한재의 대비책과 구황 물자를 비축할 것을 청하는 글을 올려 윤허를 받았는데 그 내용은 이러하다.

"수재(水災)와 한재(旱災)가 없는 해가 없으니, 진휼하는 정사가 흉년에 대비하는 것보다 우선하는 것이 없습니다. 지금 기후가 순조롭지 못하고 비의 혜택이 때를 잃었으나, 1백리 안에 비 오고 볕이 나는 곳이 다르고, 한 고을[縣] 안에도 마르고 습한 것이 같지 않아서, 비록 한건(旱乾)한 해를 만나더라도 반드시 풍등(豐登)하는 곡식이 있습니다. 신은 두렵건대, 농민이 오늘의 굶주림에 급급하여 명년의 계교를 미처 생각지 못하고 새 곡식을 모조리 먹어서 종자가 끊어지면, 비록 창름(倉廩)을 털어서 진휼하더라도 구제할 수 없습니다. 엎드려 바라건대, 유사(攸司)로 하여금 주현(州縣)의 창름에 있는 묵은 곡식을 많이 방출하여 민간에서 먹는 새 곡식과 바꾸었다가 명년이 되거든 나누어 주어 종자로 쓰게 하고, 또 안팎으로 하여금 널리 구황(救荒)의 물자를 비축하게 하여 생민의 목숨을 구제하소서."[10]

---

9) 《朝鮮王朝實錄》태종11년(1411) 8월 12일(辛丑)
10) 《朝鮮王朝實錄》태종15년(1415) 7월 6일(辛丑)

세종 1년(1419) 4월에도 춘궁이 닥치자 좌의정으로 있으면서 그 구휼(救恤)에 만전을 기할 것을 아뢰고 있다. 즉, 호조 참판 이지강이 빈민 구제도 좋지만 국가 재정을 생각해서 제한을 두어야 한다며 아뢰기를,

> "군자감(軍資監)의 묵은 쌀과 콩으로 저화(楮貨)를 바꾸는 일은 이미 전례가 있사옵니다. 처음 이 법을 창설한 것은 저화를 성행하게 하고, 따라서 가난한 백성을 구원하고자 한 것인데, 금년에 만약 또 흉년이 들면, 백성이 장차 나라만을 쳐다보고 있을 것입니다. 지금 전례에 의하여 저화와 바꾼다면, 국고가 고갈될 것이니, 장래에 대비하여 많이 쌓아 두는 목적에 위배되지 않을까 하옵니다."

하니, 조은이 아뢰기를,

> "지금 굶주릴 때를 당하여 구호미를 나누어 주는 일을 폐지할 수 없으니, 묵은 쌀과 콩을 주지 않을 수 있습니까. 비록 전자의 수량만은 못하더라도 바꿈질[換易]하는 것이 편의한 처사로 생각되옵니다."

하였다. 임금이, "그렇다." 하고서 동의했으나. 이에 대해 호조참판 이지강(李之剛)은,

> "밀과 보리가 익게 되면, 백성이 다 밥을 얻어먹게 될 것이니, 구제 사업을 폐하여도 될 것이옵니다."

하자, 조은은 아뢰기를,

"어찌 사람마다 밀과 보리를 심었겠습니까. 밀과 보리가 비록 익어도 구제 사업은 폐지할 수 없사옵니다."

라고 하였다.[11] 이상에서 살펴본 바와 같이 조은의 진휼 정책은 일시적인 구급 방식이 아니라 근본적이고 항구적인 대책이었다.

3. 융통성 있는 원칙주의자

세종이 조은을 제사하는 글에, "풍의(風儀)는 껄껄하고 씩씩하여, 세상 사람과 합하기 어려우며, 언론(言論)은 당당(堂堂)하여 배울 만하였다. 목민관으로 쓰면, 아전[吏]은 두려워하고, 백성들은 감복하였으며, 대각(臺閣)에 있으면, 기강(紀綱)이 떨쳐지고, 기풍이 엄숙해졌다."라고 한 기사를 보면, 조은의 풍모는 엄숙한 원칙주의자의 면모를 떠올리게 한다.

사실 조은은 태종에게 기회 있을 때마다 "예전 제도를 고치지 마소서."라고 건의했다.[12] 그리하여 태종 16년 5월에는 사전(私田) 하삼도(下三道) 이급은 "경기 과전(科田)의 법은 태조의 성헌(成憲)이니 가볍게 고칠 수 없다."고 하여 극력 저지했고,[13] 태종 17년 3월, 임금이 현량과(賢良科)라는 특별 과거를 시행하려 하자 "기존의 법을 폐함은 불가하다."라고 하면서 실시하지 말기를 주장했으

---

11) 《朝鮮王朝實錄》 세종 1년(1419) 4월 19일(癸巳)
12) 《朝鮮王朝實錄》 태종15년(1415) 8월 4일(戊辰)
13) 《朝鮮王朝實錄》 태종16년(1415) 5월 20일(辛亥)

며.14) 저화(楮貨)의 유통을 활성화시키고자 태종이 중죄인을 저화로 속전(贖錢)을 받고 사면하려하자 이에 반대했다. 세자 양녕의 일탈(逸脫)이 계속될 때 태종이 그 대책을 하문하자 "애초에 양녕을 오도(誤導)한 구종수(具宗秀)를 엄벌했더라면 그런 일이 재발되지 않았을 것"이라고 강경론을 주장하였다. 이렇게 성격이 과감하고 결단력이 있었기 때문에 태종은 대소의 난제(難題)가 있으면 모두 자문했는데, 난제 중의 난제인 세자 폐립하는 문제에도 조은은 영의정 유정현(柳廷顯)과 함께 주도하였다.

세종 즉위년(1418) 9월, 사면령을 내리게 되었는데, 아비를 죽이려다 장형을 받고 유배된 자를, 사면시키는 문제를 정부와 육조로 하여금 이를 의논하게 하니, 이의(異議)가 많았다. 이에 좌의정으로 있던 조은이 아뢰기를,

> "강도(强盜)로 장형(杖刑)을 받고 사면되지 못한 경우가 있었으니, 아내가 남편에게, 종이 주인에게, 자식이 아버지에게 대한 것은 비록 사형에 처할 죄가 아닐지라도, 또한 사면될 수 없습니다."

라고 하자, 많은 사람들이.

> "다른 죄는 모두 사면되었는데도, 장형에 처할 죄가 사면되지 않는다면, 죄의 경중에 따라 형벌을 마련한 뜻이 아니다."

라고 반대하여, 해가 저물도록 의논이 결정되지 못하였다. 결국

---

14)《朝鮮王朝實錄》태종17년(1417) 3월 21일(丁未)

임금은 조은의 의견을 좇아,

> "자식이 아버지에게, 아내가 남편에게, 종이 주인에게 대한 것과,
> 말로써 저주한 죄 및 사형에 처할 죄는 사면하지 않는다."

라는 구절을 사문(赦文)에 넣었다.[15]

사면이 끝난 며칠 뒤, 살인 미수자를 사면한 것에 대해 조은이
아뢰기를,

> "사람을 모살(謀殺)하려다가 이루지 못한 자들을 지금 모두 사면
> (赦免)하였으니 옳지 못한 듯합니다."

라고 이의를 제기하니, 임금은,

> "죄가 사면 조항에 있으니 사면에 무슨 하자가 있으랴."

하며 대수롭지 않게 여겼다. 그러나 혹시나 하여 조은 등이 나간
뒤에 지신사(知申事) 원숙(元肅)을 불러 형률 맡은 자에게 이 문제
를 물어보게 했더니 모두 조은의 말과 같았다.[16] 조은은 이처럼
해박한 형률(刑律) 지식을 가지고 있었던 것이다.

이런 면만 본다면, 조은은 해박한 법률 지식을 가지고 매사를
철두철미 법조문과 원칙에만 의거하여 처리한 것처럼 보이나, 민
생이나 민심, 인성(人性) 등과 관련된 문제에 있어서는 항상 인간

---

15) 《朝鮮王朝實錄》 세종 즉위년(1418) 11월 9일(乙卯)
16) 《朝鮮王朝實錄》 세종 즉위년(1418) 11월 20일(丙寅)

본성에 바탕을 둔 너그러움이 있었다. 그 대표적인 것이 형률제도
의 개선과 진휼(賑恤) 정책 등으로, 이에 대해서는 앞에서 이미 언
급했으니 여기서는 재론하지 않기로 하고 기타 몇몇 사례를 살펴
보기로 한다.

태종 15년(1415) 9월, 한성부에서 아뢰기를,

> "사복시(司僕寺)·내자시(內資寺)·군자감(軍資監)·제용감(濟用
> 監)·풍저창(豐儲倉) 등 각사가 인가가 조밀하고 가까워서 화재가
> 염려되고, 또 행랑의 북쪽에 인가가 매우 가까이 붙었으므로, 아울
> 러 모두 분간하여 헐어 버리고, 위의 집이 헐린 사람은 자원을 들어
> 서 사람들이 집을 다 짓고 난은 남은 땅과 성 안 각사(各司)·사원
> (寺院)의 채전(菜田)과 반송방(盤松坊)·반석방(盤石坊)·마을 창고·
> 남전(藍田)·청태전(靑苔田)의 채지(菜地)와 성 안의 사청(射廳)·침
> 장고(沈藏庫)의 채지(菜地)를 나누어 주는 것이 어떠하겠습니까?"

라고 건의하자 임금이 그대로 따르려고 하였다. 이에 대해 영의정
유정현(柳廷顯)과 좌의정 박은(朴訔)이 아뢰기를,

> "마땅히 헐어야 할 집이 1천여 호로 계산되니, 백성이 반드시 살
> 곳을 잃을 것입니다. 청컨대, 헐지 말고 꼭 헐어야 할 집과 행랑에
> 사는 자로 하여금 각각 힘을 써서 외영(外楹)에 담을 쌓아 불이 번
> 지지 못하게 하고, 또 물을 비축하여 불을 방비하게 하소서."[17]

하니, 임금이. "불을 쓰는 것은 겨울이 심하니, 금화(禁火)의 영
(令)을 엄하게 더하고, 명년 봄을 기다려 담을 쌓게 하라."하였다.

17)《朝鮮王朝實錄》태종15년(1415) 9월 21일(乙卯)

또 세종 1년 8월, 중국 사신의 객관인 태평관(太平館)이 협소하
다는 논의가 있자, 상왕 태종이 좌의정 박은과 우의정 이원(李原)
을 불러 묻기를,

  "태평관이 좁고 누추하여, 다시 짓기로 이미 의논하였는데, 경복
  궁과 창덕궁의 중간 되는 곳에 땅을 간택하여, 고쳐 짓는 것이 어떠
  하겠는가?"

하니, 조은이 아뢰기를,

  "만약 땅을 새로 간택하여 옮긴다면, 반드시 많은 인가를 헐어야
  할 것이요, 또 대궐 문에 가깝게 할 수도 없으니, 그대로 옛터에 짓
  되, 다시 조금 넓히는 것이 마땅할까 합니다."

고 하니, 상왕도,

  "그렇다. 옛터는 곧 태조께서 정하신 곳이니, 옮길 수 없다."[18]

하여 이건 계획을 중지시킴으로써 옛터에 개축하는 것으로 결
론이 났다.

태종 18년 3월, 도총제(都摠制) 김만수(金萬壽)가 친속(親屬)으로
아버지의 은인이었던 김여하(金慮遐)가 탈옥해 도망쳐 오자, 선대
(先代)의 은혜를 배반하지 못하여 숨겨 주었다가 죄를 지어 곤장
을 맞고 유배된 사건에 대하여 조은은 이렇게 말했다.

─────────────

18)《朝鮮王朝實錄》세종 1년(1419) 8월 5일(丁丑)

"김만수는 재상(宰相)으로 임금의 곁에서 모시면서도 도망하는
죄인을 숨겨 주었으니, 죄가 너무나 크다. 비록 그렇지만 오륜(五倫)
가운데 붕우(朋友)도 하나의 조목이 있는데, 김만수가 붕우(朋友)를
환난(患難)에서 구하고자 하여 후일의 책임을 돌아보지 않았으니,
국가를 위한 계책으로는 이런 사람이 없을 수가 없다. 하물며 김여
하의 죄는 종사(宗社)에 관계되지 아니하고, 또 모두 친속(親屬)이
되지 않는가?"19)

이상에서 살펴본 바와 같이 조은은 성헌(成憲)과 원칙을 지키는
데는 철저한 보수주의자였지만, 인정이나 인간 윤리에 어긋난다
고 생각하는 문제에 대해서는 그 적용에 융통성을 항상 생각한 온
정주의자였다.

II. 정치 경륜(政治經綸)과 치적(治績)

조은은 19세에 과거에 급제한 이래, 30여년을 사환(仕宦) 하면서
인신(人臣)으로서 최고의 관직인 정승[左議政]에까지 이르렀으니,
이는 아무리 태종의 신임이 두터웠다고 하더라도 이를 뒷받침할
능력과 경륜이 없이는 불가능한 일이다. 그 정치적 경륜으로 어떤
치적을 남겼는지를 살펴보기로 한다.

중국 전국시대 말기의 법가(法家)인 한비자(韓非子)는 정치가의
평가는 오로지 실적으로 해야 한다면서 이렇게 갈파(喝破)했다.

---

19)《朝鮮王朝實錄》태종 18년(1418) 3월 23일(丙辰)

　　"신하가 일에 대해 진술하면 군주는 그 말에 따라 일을 맡기고, 일에 대해 효과를 책임 지워서 말과 일과 효과가 틀리지 않으면 상(賞)을 주고, 말과 일이 상치될 때에는 벌(罰)을 주어야 한다. 그렇게 되면 신하들이 당(黨)을 만들지 못하리라."

　　한비자의 이 말은 정치가는 자신이 한 말에 실적이 뒷받침 되어야 한다는 것인데, 이 교훈을 평생토록 군주의 통치 준칙으로 삼았던 임금은 태종이었다. 이러한 태종 치하에서 사환(仕宦)이 시종여일했던 인물이 드문데, 조은은 그러한 신하 중 한 사람이었다. 수많은 공신들이 화를 당했고, 공신 중의 공신이라 할 수 있는 이숙번(李叔蕃)이 전리(田里)에 방축(放逐)된 것도, 태종이 평한 대로, 이숙번은 천성이 본래 광망(狂妄)한데다 일을 처리함에 자주 차오(差誤)를 가져 왔기 때문이었다.[20] 이에 반해 조은의 의견은 태종의 뜻과 대부분 일치되었고, 일을 맡기면 반드시 치적을 올렸기 때문에 사람들은 '박은은 췌마(揣摩; 남의 뜻을 잘 맞춤)의 재주가 있었다.'라고 비판했지만, 췌마의 재주만 있었다면, 조은은 간신(姦臣)이고 태종은 용렬한 군주에 지나지 않았을 것이다.

　　조은은 일찍부터 그 정치 능력을 발휘했다. 태조 1년(1392) 8월, 약관(弱冠)을 갓 지난 23세라는 청소년 나이에 지금주군사(知錦州郡事)가 되어서는 1년 만에 고과(考課)가 제일이었다,[21]는 기사를 시작으로 내외의 문무(文武) 직임을 두루 역임하면서 지방관으로 나가서는 민생(民生)을 우선하였고, 중앙에 들어와서는 대소 국가

---

20) 《朝鮮王朝實錄》 태종16년(1416) 6월 9일(己巳)
21) 《朝鮮王朝實錄》 세종4년(1422) 5월 9일(乙丑) 朴訔卒記

경영에 참여하여 많은 치적을 남겼는데, 이는 앞서 사제문(賜祭文)에서 말했듯이 '경국제세의 재능에다 헌장(憲章)에 밝고 익숙했으며' 진심에서 우러난 애민 정신이 투철했기 때문이었다. 그 대표적인 사례 몇 가지를 들어 그 정치 경륜의 일면을 살펴보기로 한다.

1. 사전(私田)의 하삼도(下三道) 이급(移給) 문제

전 근대 사회에 있어서 농지는 농민들의 생활 터전인 동시에 국가를 경영하는 재정의 원천이었다. 조선 왕조의 건국도 고려 말 조준(趙浚) 등에 의해 이루어진 전제(田制) 개혁인 과전법(科田法) 토대 위에서 성공할 수 있었다. 이처럼 농지는 국가나 개인의 존립 근거였으므로 이를 차지하기 위한 경쟁은 무엇보다 치열할 수밖에 없었다. 때문에 전제 개혁을 한 지 불과 10년이 안 된 정종 대에 이미 그 부조리가 노정(露呈)되었으니, 임금의 특지(特旨)를 빙자한 관전의 불법적인 체수(遞受; 신고자가 대신 넘겨받음)가 그것이었다. 정종 2년(1400) 6월, 조은은 문화부 좌산기상시(左散騎常侍)로 있으면서 이렇게 상소했다.

"고려 말년에 기강이 해이해져 전제(田制)가 크게 무너졌는데, 우리 태상왕께서 즉위하던 처음에 법(法)을 세우고 기강을 확립하여 경계(經界)를 바로잡고 전제(田制)를 정하여, 자손 만세에 특별히 지킬 법을 만들었습니다. 지금 전하가 천명(天命)을 이어받았으니 마땅히 태상왕의 마음을 본받아 준수하고 잃지 아니하는 것이 가합니다. 과전(科田)을 받은 자가 혹 범죄(犯罪)하거나, 혹 무후(無後)

하거나, 혹 과전 외에 남는 전지가 있으면, 과전이 부족한 자나 새로 와서 종사(從仕)한 자로 하여금 진고(陳告)하여 체수(遞受)하게 하는 것을 허락한다는 법이 이미 정해져 있습니다. 그러므로 혹 사리에 진고하는 것이 합당한 전지가 있으면, 급전사(給田司)에서 예(例)에 의하여 진고장(陳告狀)을 접수하고 곧 공문(公文)을 발급합니다. 그러나 왕왕 법을 흔들고 정치를 어지럽히는 무리가 모람되게 특지(特旨)를 간청하여, 다른 사람이 이미 진고한 전지를 빼앗아 성문법(成文法)을 무너뜨리니, 그 불가한 것의 한 가지요, 어떤 사람이 법에 의하여 진고하였는데도 전하가 특지(特旨)를 내려 빼앗아서 다른 사람에게 주니, 이것은 백성을 속여서 서로 다투게 하는 것이므로, 그 불가한 것의 두 가지요, 또 전지를 나누어 주는 법은 유사(有司)가 있어서, 유사가 삼가 정해진 법을 준수(遵守)하는데, 전하가 매양 특지를 내려 그 법을 흔드니, 그 불가한 것의 세 가지입니다. 원하건대, 이제부터 과전(科田)을 진고하여 체수(遞受)하는 것을 한결같이 전제(田制)에 의하여 시행하고, 만일 내지(內旨)를 모람되게 간청하여 다른 사람의 진고한 전지를 빼앗으려고 도모하는 자가 있거든, 임금을 속이고 법을 무너뜨리는 것으로 논죄하여, 간사한 소인이 법을 흔들고 정치를 어지럽히는 싹을 막고, 태상왕의 창시하여 내려 주신 법을 굳건하게 하면, 심히 다행하겠습니다."[22]

즉, 상소문의 요지는, 과전(科田)은 체수(遞受)하는 원칙이 법으로 정해져 있는데, 임금이 이 법규를 무시하고 수시로 특지(特旨)를 내려 법을 무너뜨리니, 이를 시정하여 조종(祖宗)의 성헌(成憲)을 준수해야 한다는 것이었다. 이 상소에 대해 임금은, "이미 시행한 것들은 일체 거론하지 말 것"을 조건으로 윤허하였다.

그러나 과전(科田) 등 토지에 대한 문제점은 태종 조에도 꾸준

---

22) 《朝鮮王朝實錄》 정종2년(1400) 6월 16일(己酉)

히 제기되었다. 고려 말 전제(田制)를 개혁할 때, 과전을 외방에까지 확대하게 되면 국가의 통제가 느슨해져 고려 말기와 같은 권문세가들의 농장이 출현할 것이란 염려에서 과전은 경기에만 국한하는 '과전 경기(京畿)의 원칙'을 세웠었다. 따라서 국용이나 군향(軍餉)은 삼남(三南; 경상·전라·충청 삼도)의 조세(租稅)로 충당하였다. 그러나 곡창 지대인 호남의 조세는 바다를 통한 조운선(漕運船)에 의존하는데, 조운선이 침몰되거나 왜구에게 탈취되는 경우가 많아 군량미 등 양향(糧餉)의 공급에 차질을 빚는 일이 잦았다. 그리고 경기 지역은 과전주가 경작자를 지나치게 수탈하여 원성이 잦았다. 뿐만 아니라 세월이 흐르면서 과전의 수요도 포화 상태에 이르러 경기의 전지만으로는 해결할 길이 없게 되었다. 그 대안으로 태종 13년 8월, 사헌부에서 아뢰기를,

  "경기 안의 전지는 전부 녹과(祿科)에 속해 있는데, 사대부(士大夫)의 과전(科田)을 하도(下道)에 옮겨 준다면 전라도 조운의 폐단은 없어질 것입니다."[23]

하고, 뒤에 영의정 성석린(成石璘) 등도 같은 주장을 했는데, 그 내용은 과전 등을 일부 하삼도(下三道; 三南)에 이급(移給)하고, 환수한 토지의 조세를 국용(國用)과 군향(軍餉)에 쓴다면 국가에서 조운할 필요가 없어 조운의 폐단은 저절로 없어질 것이라는 뜻이다. 그런데 그렇게 되면 서울에 쌀이 품귀해질 것이라는 부정적인 의견이 있어 시행되지 않았다. 그러나 이듬해에도 조운선의 침몰이

---

23) 《朝鮮王朝實錄》 태종13년(1413) 8월 6일(壬子)

계속되자 태종은 전년 성석린의 의견을 채택하지 않은 것을 후회
하면서 이급 논의를 본격화시켜, 결국 호조의 계목(啓目)에 따라,
경기 내의 공신전(功臣田)·별사전(別賜田)·각품(各品) 과전(科田)·
시사전(寺社田)·수신전(守信田)의 반을 충청도·경상도·전라도로
옮겨 절급(折給)하되, 20결(結) 이하는 그전대로 두기로 하는 선에
서 이급 문제가 확정되었고, 그 준비에 들어갔다.24)

　　이러한 결정에 대해, 일인(日人) 학자 후카다니 빈데쓰[深谷敏
鐵]는,

　　　　"조운이나 경기 도민의 고통, 군량미의 부족이란 것은 표면적인
　　　　구실이고, 국가의 감시를 피해 자유롭게 토지를 집적(集積)·겸병(兼
　　　　倂)하려는 귀족 대신들의 욕망에서 비롯되었다."

라 하여, 군량미의 부족이란 구실이고 사실은 귀족 대신들의 토지
겸병 사욕(私慾)에서 비롯되었다고 보았다. 물론 이 결정이 관료들
의 이해관계와 전연 무관하다고는 할 수 없으나 근본 동기가 "토
지를 집적·겸병하려는 귀족 대신들의 욕망에서 비롯되었다."는 주
장은 정당한 평가라고 할 수 없어 수긍하기 어렵다. 모든 생명체
는 생태적으로 이기적이고, 현대 인류 문명도 인간 이기심의 결정
체(結晶體)로 보아 '인간은 이기적인 동물'이라는 말이 있기도 하
지만, 인간에게는 다른 동물에게 없는 이성(理性)이라는 시비(是
非) 판단력을 가지고 있다. 따라서 모든 사상(事狀)을 이기심의 결
과물로만 본다면 인간 이성의 존재 의미가 없어진다.

---

24)《朝鮮王朝實錄》태종14년(1414) 8월 18일(戊午)

　과전의 하삼도 이급 결정 배경은, 조운(漕運) 문제 외에도 ① 경기 과전 용지의 포화 상태, ② 국용(國用)과 군향(軍餉)의 부족, ③ 사전(私田) 확대와 점유의 불균형 ④ 사전의 확대로 인한 경기 농민의 곤고(困苦) 등 여러 원인이 복합적으로 작용했는데, 계속되는 조운의 침몰 사건이 발생하자, 앞에서 보았듯이, 태종은 전년에 성석린 등이 올린 상소를 채택하지 않은 것에 대해 후회하면서 여러 의견을 듣고, 호조로 하여금 구체안을 마련케 한 것이, 사전(私田; 功臣田·別賜田·科田·寺社田)의 절반을 옮겨 충청도·경상도·전라도에 절급(折給)한다는 '사전의 하삼도 이급'이었다. 이 문제는 오로지 태종의 결심에 따른 정책 결정으로 신하들 간의 이해타산이 끼어들 수가 없는 문제였다. 따라서 일이 학자 후카다니가 갈파(喝破)한 "귀족 대신들의 욕망에서 비롯되었다."는 단정은 설득력이 없다.

　하삼도 이급 준비가 한창인 이듬해 5월에도 가뭄이 계속되자 태종은 의정부(議政府)·육조(六曹)·삼공신(三功臣)·삼군 도총제(三軍都摠制)·예문관(藝文館)·대간(臺諫)에 명하여 각각 한재(旱災)를 가라앉힐 방책을 진술하게 하는, 구언 교서(求言教書)을 내렸는데, 이때 이른바 귀족 대신 중의 한 사람으로 좌명공신 박은이 누구보다 강력한 반대 상소를 올렸다.

　　"전조(前朝)의 말년에 전제(田制)가 크게 무너졌으나, 우리 태조(太祖)께서 처음으로 사전(私田)을 혁파하여 전제를 정하고 과전(科田)과 공신전(功臣田)을 기내(畿內)에 한하여 준다고 한 것이《경제육전(經濟六典)》에 실려 있어서, 영구한 법[恒式]으로 되었습니다.

지금 의논하는 자들이 말하기를, '경기의 백성들이 조세의 납부를 괴로워하여 한재(旱災)를 불렀다.'고 하고, 위 항목의 전지(田地) 1/2 을 경기 이외에 옮겨 주도록 청하여, 그 의논이 이미 결정되었습니다. 신은 그윽이 의혹하건대, 경기 안에 과전(科田)을 마련한 이래로 서울에 있으면서 조정을 모시는 집들이 모두 전조(田租)를 먹고 각 각 그 집을 보전하여 왔고, 소민(小民)들도 또한 서로 여기에 힘입어[資賴] 살아 왔으며, 그리고 경기의 백성으로서 조세를 바치는 자 들도 익숙해져 일상으로 여겨온 지 오래 되었는데, 어찌 화기(和氣) 를 상하게 하여 재앙을 불러왔을 리가 있겠습니까? 이제 만약 경기 밖으로 옮겨 준다면 오로지 성헌(成憲)을 훼손시키게 될 뿐만 아니라, 앞으로 기외(畿外)의 공전(公田) 또한 문란해질 것입니다. 또 왕 래하면서 조세를 징수하고 수송하는 폐단과 잡물(雜物)을 무역하느라 소요를 일으킴이 장차 오늘날보다 심할 것이요, 서울에 있는 신 민(臣民)의 집에 조석의 끼니꺼리도 전과 같지 않을 것입니다.…중략(中略)…장차 여러 신하가 받은 경기 안 전지의 1/2을 경기 밖으로 옮겨 절급(折給)해서, 기외(畿外)의 백성들이 이를 기뻐하고, 전지를 받은 자도 이를 기뻐하고, 서울에 사는 소민(小民)도 이를 기뻐하고, 수재(水災)와 한재(旱災)도 반드시 이로 말미암아 가라앉게 된다면, 비록 성헌을 고치더라도 그렇게 하는 것이 가하겠으나, 만 약 옮겨 절급(折給)하여도 기외(畿外)의 백성이 기뻐하지 않고, 전 지를 받은 자도 기뻐하지 않고, 서울에 사는 소민(小民)도 기뻐하지 않고, 그리고 수재(水災)·한재(旱災) 또한 반드시 가라앉힐 수 없다 면, 무슨 까닭으로 가볍게 성헌(成憲)을 고쳐서 중외 신민(臣民)의 새 원망을 부르겠습니까? 경기 백성의 구습에 따라 공전(公田)의 예 와 같이 수조(收租)의 법을 다시 정함으로써 중외(中外) 신민(臣民) 의 소망을 잃지 않게 하는 것만 같지 못합니다.[25]

---

25) 《朝鮮王朝實錄》 태종16년(1416) 5월 20일(辛亥)

상소의 요지는, 첫째. 성헌(成憲)에 어긋난다. 둘째. 그렇게 하면
외방의 공전(公田)까지 문란해질 것이다. 셋째. 전주(田主)들이 개
별 수송이 불편해진다. 넷째. 서울을 비롯한 기내(機內)에 식량이
부족해질 것 등이었는데, 조은이 이렇게 강력하고 선명하게 반대
한 이유는, 평소 성헌을 함부로 고쳐서 안 된다는 보수적 소신을
가지고 있었고, 그 부작용의 발생 가능성이 불을 보듯 분명했기
때문이었다. 조은은 이외에 기인(其人)·노비 문제 등에 대한 개선
책을 상소하였고, 전 경기 도관찰사(京畿都觀察使) 구종지(具宗之)
또한 상소하여 과전 삼남 이급을 반대하였다. 태종은 조은과 구종
지의 상소를 칭찬한 뒤, 지신사(知申事) 조말생(趙末生)을 시켜 "경
기 과전(科田)의 법은 태조의 성헌(成憲)이니 가볍게 고칠 수가 없
다."고, 의정부·육조(六曹)·대간(臺諫)에 전지(傳旨)하게 함으로써
사전(私田)을 삼남으로 이급하려던 정책은 일단 중지되었다. 그러
나 태종은 이듬해(1417) 7월, 의정부(議政府)·육조(六曹)·공신(功
臣)·대간(臺諫)의 의논에 따라 과전(科田)의 3분의 1을 하삼도(下
三道)로 옮겨 주는 조치를 취하였다.[26]

그 결과 과전의 하삼도 이급은 조은이 지적했던 대로 각종 부작
용이 노정(露呈)되어 세종 13년 1월에는 과전의 경기 환급(還給)이
논의되기도 하는 등[27] 논란이 분분하게 되었는데, 이 문제는 과전
법이 시대의 흐름과 함께 폐기되고 세조 12년 관수관급제(官收官
給制)인 직전법(職田法)으로 대체(代替)됨으로써 일단락되었다. 어
떻든 과전 삼남 이급을 반대한 조은의 논리는 경세가로서의 면모

---

26) 《朝鮮王朝實錄》 태종16년(1416) 5월 20일(辛亥)
27) 《朝鮮王朝實錄》 세종13년(1431) 1월 19일(甲申)

를 살필 수 있는 좋은 본보기가 된다.

2. 기인제(其人制) 폐지 건의

기인(其人)이란 지방의 향리가 중앙 정부에 차출되어 노예처럼 고역(苦役)을 하는 제도를 말하는데, 조은이 태종의 하교(下敎)를 근거로 기인 폐지를 건의한 것이다. 즉, 태종 16년(1416) 5월 20일, 조은은 시행을 목전에 둔 과전(科田)의 하삼도(下三道) 이급(移給)을 강력하게 비판하고 그 중지를 청하는 상소문을 올리면서 그 말미에 기인제 폐지를 이렇게 주장했다.

"우리 태조(太祖)께서 즉위한 처음에 하교(下敎)하시기를, '기인(其人)을 설치한 것에는 스스로 그 직임이 있기는 하나 법이 오래되고 폐단이 생겨서 노예와 같이 사역(使役)하니, 그 괴로움을 이기지 못하여 원수로 여김이 실로 많다. 금후로는 일체 모두 혁파하여 버리라.'고 하였습니다.[태조 7년(1392) 7월 28일(정미)] 그 뒤에 기인(其人)을 다시 세우고, 또 액수(額數)를 더하여 오늘에 이르기까지 얽매여 역사(役事)시키니, 원망과 괴로움이 더욱 심합니다. 오늘날 공처 노비(公處奴婢; 公奴婢)가 10만으로 집계(集計)되는데, 어찌 양인(良人)을 가지고 강제로 천역(賤役)을 하게 하겠습니까? 원컨대, 기인(其人)을 태조의 하교(下敎)에 의하여 영구히 혁파하소서.28)

---

28) 《朝鮮王朝實錄》 태종16년(1416) 5월 20일(辛亥)

태조가 즉위 초에 기인제의 폐단이 많으니 이를 폐지시킬 것을 명했는데, 그 후 폐지하지 않았을 뿐만 아니라 오히려 숫자가 늘어났다. 그 당시 즉시 폐지하지 못했던 까닭은 기인의 역할은 있는데 대체할 인력이 없어 계속 존속시켜 왔으나 이제 공노비가 10만 명이나 되니, 이들에게 기인의 임무를 맡기면 될 것을 어찌 양인(良人)으로 천역을 시켜 원한을 살 필요가 있느냐? 그러니 태조의 하교대로 기인 제도를 영구히 혁파하라는 것이었다.

그러면 기인이란 무엇인가. 역사적 배경을 보면, 그 유래는 신라시대 상수리제도(上守吏制度)에서 시작된 것으로, 근본 취지는 지방 호족(豪族)들의 세력을 기미(羈縻), 억제하기 위하여 설치한 제도이다. 상수리제도란 신라시대 지방의 향리가 경주(慶州)의 중앙 관아에 뽑혀 올라가 일정 기간 동안 그 지방 관련 사무를 담당하여 처리하던 제도였다.

이 제도는 통일 신라를 거쳐 고려시대까지 계승되었는데, 다 알다시피 고려는 호족 연합 정권으로 건국 초기에는 중앙 정부에서 지방에 관원을 파견하지 못하고 지방 호족들을 통한 간접 통치 형식이었다. 따라서 신라시대의 상수리제도는 호족 연합 정권이라고 할 수 있는 건국 초기의 고려로서는 지방 호족들과의 관계를 긴밀히 하고 호족들을 통제하기 위해서도 꼭 필요한 제도였다. 그리하여 지방 토호(土豪)의 자제들을 중앙에 불러 올려 인질로 삼고 이들에게 일정한 역(役)을 부과한 것이다. 그러다가 중앙집권화가 강화된 6대 성종(成宗) 이후부터는 기인의 효용 가치가 퇴색하고 신분 또한 점차 낮아져 후대에 이르러서는 노예와 다름없는 고역(苦役)에 종사하게 되었다. 조선을 건국한 태조 이성계는 기인제의 폐단을 익히 알고 있었으므로 즉위하자마자 그 폐지를 천명하였으나 시행되지 않았을 뿐만 아니라 그 뒤에 숫자가 오히려 증가되었다.

이렇게 된 까닭은 태조가 처음에는 민심 회유의 일환에서 일종의 공약(公約)으로 폐지를 명했으나 어느 정도 국가 통제에 자신이 붙자 일일이 공약을 지켜야 할 필요도 없었으며, 또 현실적으로 기인의 직무를 대신할 인력이 없었으므로 그 폐지에 소극적일 수밖에 없었다. 그리고 집권층으로서는, 기존의 제도가 자신들에게 얼마간 편의(便宜)한 것이라고 인식되면, 백성에게는 불리한 제도일지라도 그대로 존속시키려는 것이 지배계층의 속성이고 인간의 본능이다. 태종 때는 숯과 땔나무를 바치는 역을 담당하는 것으로 고정되자 이들이 없으면 서울의 궁중과 관아에서는 연료를 공급받을 길이 없을 정도가 되었고, 기인들은 그 질곡(桎梏)에서 헤어날 길이 없어 원한이 사무쳤다. 조은의 주장은 이전까지는 기인의 직무를 대신할 인력이 없어서 기인제를 존속시켜 왔다고 하지만, 이제 공노비의 숫자가 10만으로 헤아리게 되니, 공노비로 그 역할을 대신 시킬 수 있다는 논리로 기인제의 폐지를 건의한 것인데 받아들여지지 않았다. 지배 계층이 자신들의 권익을 포기하는 데는 인색하여 기인제는 조선 전기 내내 관습에 따라 유지되어 오다가 조선 후기 대동법(大同法)이 실시되어 공법(貢法)이 대대적으로 개편되면서 비로소 폐지되었다.

3. 노비 쟁송(爭訟) 문제점의 개선

노비(奴婢)는 전근대 사회에 있어서 국가나 개인에 예속된 부자유민으로서 공직에의 취임이 불가능한 것은 말할 나위도 없고, 사람은 사람이로되 사람으로서의 대접을 받지 못하여 일종의 재물과 같은 취급을 받아 매매·증여·상속이 가능한 존재였다. 따라서 노비는 토지와 더불어 지배 계급의 2대 재산 목록이었다. 이해관계가 큰 것인 만큼 이를 둘러싼 쟁송(爭訟)도 끊일 사이가 없어 국가에서는 수시로 노비변정도감(奴婢辨定都監)을 설치하여 판결해 주었으나 시간이 흐를수록 쟁송은 더욱 늘어났다. 또 노비 소송 상대는 남남끼리 뿐만 아니라 부모와 형제 등 가족 사이에서도 다툼이 생기게 되니, 불목(不睦)과 감상(感傷; 감정을 상하게 함)의 근원이 되기도 하였다. 이 노비 쟁송 문제에 관한 한, 조은은 자신이 직접 그 당사자의 한 사람이었기 때문에 누구보다도 해결책에 대한 전문 지식을 가지고 있었다. 조은의 주장은 국가의 여민(黎民)을 위한 계책으로 크게 노비 제도를 정하여 감상(感傷)의 근원을 막는다면, 만세에 심히 다행이겠다는 뜻으로 다음과 같이 그 폐단을 조목별로 열거하고 그 대안을 진달하였다.

① 오늘날 신서(臣庶)가 노비로 인하여 차원(嗟怨; 원망하고 탄식함)하는 정상(情狀)에 대해서도 화해하도록 영을 내리시기를 바라옵니다. 혹 아비가 죽고 아비의 노비를 가지고 어미와 다투는 자도 있어서 분하게 여기고 원망하며 서로 소송하니, 성상(聖上)의 교화에 누(累)가 됩니다. 원컨대, 형률(刑律)에 의하여 엄하게 금지하고, 관아에서 그 정상을 알고도 심리 판결한 경우에는 같이 죄를 줄 것

입니다. 만약 망부(亡夫)와 망처(亡妻)의 노비를 자식에게 불균등하게 분배해 준 경우가 있어서, 부모가 죽은 뒤에 그 자식이 관가에 고하거든 평등하게 분배하고, 부모 생전에 감히 쟁단(爭端)을 일으키는 자는 불효(不孝)로 논하소서. 혹 부모가 아직 분배하지 아니한 노비와 이미 분배한 노비를 합집(合執; 여러 사람이 나누어 가져야 할 노비를 1인이 독차지하는 것)하고 거집(據執; 문서를 위조하여 남의 노비를 차지하여 부리는 것)하여서 연한 내에 신정(申呈)하지 못했다고 핑계대고서 평등하게 분배하여 환급(還給)하기를 기껍게 여기지 아니하니, 형제가 서로 시기함이 항상 여기에서 연유합니다. 원컨대, 부모가 아직 분배하지 않은 노비와 이미 분배한 노비를 합집(合執)·거집(據執)한 자는 연한에 구애하지 않고 사유를 듣고 판결하도록 허락하소서.

② 속공(屬公)한 노비로서 이미 관적(官籍)에 등재되어 입역(立役)하고 공물(貢物)을 바쳤다면 본주(本主)와는 관계가 없는데, 혹 도망하거나 물고(物故; 사망)한들 무슨 명문(名文; 분명한 文件)이 본주(本主)에게 있겠습니까? 근래에 강제로 본주로 하여금 대신 입역(立役)하게 하니, 대단히 불법하여 실로 화기(和氣)를 감상(感傷)하는 단서가 됩니다. 원컨대, 속공한 노비를 그 본주(本主)가 용은(容隱; 숨김)하여 부리다가 도망하거나 사망한 것 외에, 용은한 흔적이 없는 경우는 도망하거나 죽었거나 명문(明文)이 있고 없음을 논하지 말고 본주(本主)로 하여금 대신 입역(立役)하게 하지 말아서 여러 사람들의 바램을 위로하소서.

③ 노비(奴婢)는 본래 양민(良民)이었으나 혹 공천(公賤)이 되기도 하고 사천(私賤)이 되기도 했으니, 그 유래가 오래 됩니다. 무릇 노비로서 공천(公賤)에 관계되는 자는 진실로 속공(屬公)하는 것이 마땅하겠지만, 그 공천(公賤)과는 상관없는데도 부린 지 이미 오래 된 사천(私賤)을 혹 전부를 빼앗거나 혹은 반을 빼앗기도 합니다. 갑오년(甲午年)에 새로 속공(屬公)한 경우는 그 수가 많지 않으니, 원컨대, 모두 환급(還給)하여서 잃어버린 자의 소망을 위로하소서."29)

①은 부모와 자식 사이, 그리고 동기간에 노비를 다투어 불효와 불목이 심하니 가족들 간에 노비를 가지고 다투는 것은 형률로 다스리어 엄금하고, 그 실정을 알면서도 판결한 관원은 같이 죄를 주어야 한다. 그리고 부모가 아직 분배하지 않은 노비와 이미 분배한 노비를 독차지하거나[合執] 불법으로 차지한[據執] 자는 연한에 구애하지 않고 사유를 듣고 판결하도록 허락하라는 것이다.

②는 일단 속공(屬公)하였으면, 원래의 주인과는 관계가 없는데, 속공된 노비가 도망을 가거나 죽는 경우, 본 주인에게 책임을 묻는 것은 잘못이다. 따라서 속공 노비를 그 본주(本主)가 숨겨두고 부리다가 도망(逃亡)하거나 사망한 것 외에, 용은(容隱; 숨김)한 흔적이 없는 경우는 도망하거나 죽었거나 명문(明文)이 있고 없음을 논하지 말고 본주로 하여금 대신 입역(立役)하게 하지 말아서 여러 사람들의 기대를 위로하라는 것이다.

③은 노비(奴婢)의 공천(公賤)·사천(私賤) 유래는 오래 된 것인데, 공천과는 상관없는데도 부린 지 이미 오래된 사천(私賤)을 혹 전부나 혹은 반을 빼앗아 공천으로 만드는 것은 사리에 어긋난 것이다. 특히 갑오년(甲午年; 1414, 태종14)에 새로 속공한 경우는 그 수가 많지 않으니, 모두 환급(還給)하여서 잃어버린 자의 소망을 위로하라는 것이었다. 즉 사천을 걸핏하면 공천으로 만드는 것은 잘못된 것이다. 그러니 그것을 다 바로잡을 수 없다고 하더라도 갑오년의 속공만은 환급하라는 것인데, 이 마지막 ③번 문제는 조은 자신의 노비 쟁송에 관련된 문제로서, 갑오년이란 자신이 부리

---

29) 《朝鮮王朝實錄》 태종16년(1416) 5월 20일(辛亥)

던 노비가 정탁(鄭擢)·이내(李來) 등과의 소송으로 속공된 경우를 말하는데, 이에 대한 불만을 표출한 것이다. 이에 대해서는 뒤에 언급하겠지만, 결국 3년 뒤에 환급 받았다.

4. 보충군(補充軍) 문제

보충군은 보충(補充)이란 글자 그대로 정규 군사력을 보충하는 군대란 의미이다. 고려 말기 우왕 때, 왜구의 창궐로 중앙군만으로는 국방에 어려움이 있자 이를 보강하기 위해 지방 한량(閑良)의 자제를 차출하여 부대를 편성, 보충군이라 명칭을 붙인 데서 비롯했는데, 조선 태종 7년 영의정 성석린(成石璘)에 의해 1차 그 설립이 제기되었으나 시행되지 않았다. 그러다가 태종 15년, 양인(良人)의 수를 늘리고 천인(賤人)을 줄이려는 국가 정책에서 창설하게 된 병종(兵種)이다.

즉, 태종 15년(1415) 3월, 신분은 양인이면서 천한 역에 매여 양인 대접을 받지 못하던[身良役賤] 척(尺; 揚水尺·禾尺 등)·간(干; 鹽干·烽火干 등) 중 일부와 품관(品官)의 천첩(賤妾) 자식 중 한역(閑役)에 있는 자들을 보충군에 소속시켜 군역을 담당하게 하고 소정의 역을 마치면 양인 신분으로 승격시키거나 품관(品官)의 자제는 한품서용[限品敍用; 父의 품계에 따라 한계를 두어 서용함]할 수 있도록 하였다.[30]

---

30) 《朝鮮王朝實錄》 태종15년(1415) 3월 8일(丙午)

양인은 병역과 조세의 의무를 지므로 국가로서는 나라의 근본인 양인이 많을수록 좋은 것이나, 신분제 사회에서 지배 계층들은 신분 간의 계층 이동을 차단하여 신분 상승을 가능한 억제하려는 것이 인간의 본능이었기 때문에 천인이 양산되는 정책을 고수하였다. 즉, 부모 중 어느 '한 쪽이 천인이면 그 자식이 천인이 된다.[一賤則賤]'는 관습이 고착화되었다. 특히 우주 만물은 종류와 우열에 따라 차별성 등급성을 가지고 세상에 태어난 것이라는, 명분론적 신분질서를 합리화하는 성리학 사상체계에서는 이 원칙이 더욱 고착되었다. 그리고 '천인은 어머니에게 귀속된다.[賤者隨母法]'는 법을 따르게 됨으로써 천인의 숫자는 산술급수로 늘어나고, 그 양산되는 노비를 서로 차지하려는 소송이 끊일 사이가 없었다. 태종이 보충군제를 실시한 목적은, 노비 쟁송을 줄여 국가 행정력을 절약하고, 동시에 양민의 수를 늘림으로써 국가의 근본을 튼튼히 하자는 것이었다.

그러나 보충군제를 실시한 지 2년이 지나자 양반 관료들은 시행상의 모순점을 지적하면서 이의 시정을 요구하기 시작했으니, 태종 17년 10월 중순, 보충군제의 실시에 따른 지배 계층의 불만이 사간원(司諫院)을 통해 제기되었다. 사간원에서 상소하여 논하기를,

  "공사(公私)에서 소량(訴良; 천인이 양인임을 관청에 호소함)하는 자는 시비를 묻지 말고 모두 보충군(補充軍)에 붙이는 법이 대단히 미편하니, 청컨대, 파하소서."

하니. 태종은,

　　"전일에 법을 만들 때에 간관(諫官)이 좌우에 있으면서 묵묵히
　　과감히 말을 못하였고, 물러가서 의논하는 데에도 또한 그간에 가부
　　가 없었다가, 이제 이미 법을 만든 뒤에 이 말을 하는 것은 무슨 까
　　닭인가? 보충군은 모두 양인(良人)이다. 양인이 적고 천인이 많은
　　것이 나라에 무슨 이익이 되는가?"

하였고, 좌의정으로 있던 조은은 임금의 말에 적극 동조하였다.

　　"주상의 분부를 참으로 옳습니다. 가볍게 고칠 수가 없습니다.[31]

　　그러나 며칠 지나지 않아 대간은 또 보충군 문제를 들고 나왔다.

　　"양인(良人)이나 천인을 불문하고 모두 보충군에 속하게 하니, 양
　　인과 천인이 서로 섞이어 실로 미편합니다. 원컨대, 모두 바른 결절
　　(決折; 판결)로 양인과 천인을 분변하소서."[32]

하였는데, 이는 표면상으로는, 노비 송사를 분명하게 하여 양인과
천인의 신분을 엄격하게 구분함으로써 성리학에서 중요시하는 명
분론적 계급 질서를 엄하게 하자는 주장이었다. 그러나 보충군제
도의 실시는 결과적으로 피지배 계층인 노비마저 양인으로 전환
될 가능성이 많아질 것에 대한 관료층의 반발이었다. 이에 대해

────────

31) 《朝鮮王朝實錄》 태종17년(1417) 10월 16일(戊戌)
32) 《朝鮮王朝實錄》 태종17년(1417) 10월 22일(甲辰)

임금은,

> "양인이 적고 천인이 많아서 송사가 몹시 번거롭고 바쁘다. 지금 소량(訴良)하는 사건이, 문서가 분명하지 못하여 오래 지체되고 판결되지 못하므로, 송사를 없애고자 생각하여 이 법을 세운 것이다. 양인이 많고 천인이 적은 것이 국가에 어찌 해가 되겠는가?"

하고, 정부(政府)·육조(六曹)·대간(臺諫)에 내리어 의논하게 하니, 여러 사람의 의논이 갑론을박으로 결정이 나지 않았다. 그 때 좌의정으로 있던 조은이,

> "역대 임금들[人君]이 간혹 사천(私賤)으로도 천역을 면하고 양인이 되게 하였으니, 지금 이 법이 실로 편하고 이익이 됩니다."

라고 하였다. 여러 사람들이 반대 의견을 계진(啓陳)했으나 임금은 조은의 말을 쫓아서 모두 보충군에 속하게 하였다. 조은은 이때도 계급 질서를 중시하는 성리학적 명분론이 아니라 국가적 이익에 입각하여 역사적 사례를 들어 그 당위성을 역설함으로써 보충군 제도가 폐지를 면하게 된 것이다.

보충군은 병조에 소속시켜 통솔하게 했는데, 그 신분을 정확히 따지자면, 양인과 천인의 중간 신분으로, 양인 출신 군인들과는 자연 신분상으로 차이가 있어 차별을 받았고 정규군보다 더 힘든 노역(勞役)에 동원되는 경우도 많았다. 또 보충군의 역을 마치고 양인이 된다고 해도, 군역과 조세의 부담을 져야 하기 때문에 신분 상승에 대한 매력이 크지 않았다. 이런 상황이었으므로 보충군

에 편제된 자들은 고역(苦役)을 피하여 도망자가 많았는데, 워낙 숫자가 많다보니 규제가 어려워 조정으로서는 이에 대한 강력한 조치를 시행하지 않을 수밖에 없었다. 세종 2년(1420) 3월, 형조도관(都官; 노비 전담 부서, 후일의 掌隷院)이 계하기를,

> "간(干)이니, 척(尺)이니 하는 자들을, 보충군(補充軍)에 붙였는데, 뒤에 병역을 도피한 자는, 이미 각기 소속된 관청의 노비로 영구히 매이게 하였습니다. 사삿집의 노비로서 보충군에 붙였다가 뒤에 병역을 도피한 자는, 그 본손(本孫)으로 하여금 신고하게 하고, 이제부터 관청의 노비로서 보충군에 붙였다가 뒤에 누락하거나 병역을 회피한 자는, 위의 규례에 의하여 영구히 그 관청의 노비로 예속시키소서."[33]

하니, 임금이 그대로 윤허했다는 내용인데, 그 주지(主旨)는, 간(干)이나 척(尺)으로 보충군(補充軍)에 붙였다가 도피한 자에 대해서는 공노비로 삼았는데, 지금부터는 보충군에 소속되었다가 도피한 자는 공천(公賤)이냐 사천이냐를 불문하고 모두 천인인 노비로 삼는다는 것이다. 그러나 병역을 피하여 도망간 자를 모두 노비로 삼게 될 경우 많은 문제점이 생기게 마련인데, 아직 정치 경험이 일천한 세종으로서는 그 문제를 인식하지 못하고 윤허했던 것이다. 도망간 보충군은 일괄해서 도로 천인으로 만드는[還賤] 법이 시행된 지 반 년 만에 좌의정으로 있던 조은은 문제점을 조목조목 지적하여 헌의(獻議)한 내용은 다음과 같다.

---

33) 《朝鮮王朝實錄》 세종2년(1420) 3월 19일(丁亥)

"그윽이 생각하건대, 국가에서 백성이 천인은 많고 양인(良人)은 적다고 하여, 보충군(補充軍) 제도를 마련하여 종량(從良; 천인을 양인으로 만듦)하는 길을 넓힌 것입니다. 그 종류가 다섯 가지가 있으니, ①양인(良人)의 신분으로 수군(水軍)이 된 자는 양천(良賤) 관계를 분변할 때에, 양인이냐 천인이냐의 호적이 모두 분명하지 못하여, 양(良)이나 천(賤) 어느 한쪽으로 단정하기 어려우므로 수군에다 소속시킨 것이니, 그 법이 지극히 공평한 것입니다. 이제 도피(逃避)한 까닭으로 천구(賤口)로 정한다는 것은, 신은 가하였다고 볼 수 없습니다, 그 다음은 ②간(干)이니 척(戚)이니 하는 사람은 그 하는 일이 비록 천하다 하나, 노비(奴婢)와는 다른데, 그들의 딸자식으로 공사(公私) 노비에게 출가하여 낳은 자식은 다 노역(奴役)에 종사하게 된 것입니다. 게다가 간(干)·척(尺)의 신분을 가진 사람으로 양인이 되기를 호소한 자는 백에 한둘도 없으니, 국가에서 특히 충군(充軍)하는 법을 만든 것입니다. 이제 먼 변방의 백성으로 경역(京役)을 감내하지 못하여 어쩌다 도피한 자가 있으면 바로 노비로 정하니, 신은 가하다고 볼 수 없는 일입니다. 또 ③비첩(婢妾) 소생들은, 조부(祖父)나, 아버지나, 자기(自己)의 비첩(婢妾)들이 낳은 것은 모두 동기(同氣)인 지친(至親)이거늘, 자손들이 그들을 나누어 차지하여 일을 시키는 것은 매우 불인(不仁)한 일이므로, 그들로 하여금 아비를 따라 양인이 되게 한 것은 인륜(人倫)을 소중히 여겨서입니다. 이제 도피하였다 하여 곧 천인으로 만들어 그의 동기(同氣)인 족친(族親)에게 주게 된 것은 신으로서는 옳다고 볼 수 없습니다. 또 ④시비(是非)를 물을 것 없는 자들로서, 기한 내에 소량(訴良; 양인 신분임을 호소함)하였다가 결정되지 못한 것은 본시 천민(天民; 백성)이라 하겠거늘, 이를 다시 분변하지 아니하고 모두 보충군(補充軍)에 속하게 한 것은 천인(賤人)이 많아지는 폐단을 억제하기 위한 것인데, 이제 도망간 죄로 인하여 양천(良賤)도 분별하지 아니하고 곧 천인으로 만드는 것은, 신은 가하다고 볼 수 없습니다. 또 ⑤속신(贖身)한 자에 관한 일이니, 무릇 양반의 자손으로서 천인

이 된 자가 스스로 능히 속신(贖身; 대가를 주고 천인 신분을 면함)
하였으면, 역시 아비를 따라 양인이 되게 하는 것은, 양인이 적어지
는 폐단을 구하려는 것인데, 하물며 그의 공사(公私) 간의 본주(本
主)들이 이미 그의 속가(贖價; 천인을 면하는 대신으로 내는 몸값)
를 받았으니 어찌 도로 붙잡아 둘 이치가 있겠습니까. 지금 본주(本
主)의 진고(陳告)로써 도로 천인이 되게 하는 것은, 신은 가하다고
볼 수 없는 일입니다.

　대개 이 보충군이란 것이 이미 양인이 되었으니, 비록 그 남정(男
丁)으로서 마땅히 군역(軍役)으로 세울 자는, 죄가 대역(大逆)이 아
니면 참으로 천인이 될 이치가 없는 것인데, 하물며 부녀(婦女)로서
군역을 부담하지 않는 자까지 도피하였다는 죄로 천인이 되게 한다
면, 한 사람의 자손으로서 하나는 양인이 되고, 하나는 천인이 될 것
입니다.

　이 다섯 가지로 인하여 종량(從良)의 법이 마침내 문란하게 될 것
입니다. 신은 바라옵건대, 보충군인 남정(男丁)으로 전연 나타나지
아니한 자나, 이름을 숨겨 군적(軍籍)에 들지 아니한 자나, 차역(差
役)을 도피(逃避)한 자는 모두 누구든지 진고(陳告)하게 하여, 범인
(犯人)의 전지(田地)나 곡미(穀米) 외에도 재물(財物)·노비(奴婢)·
우마(牛馬)의 다소(多少)를 불구하고 절반으로 갈라 진고한 자에게
상품(賞品)으로 충당케 하고, 범인(犯人)은 일체로 병률(兵律)에 의
하여 논죄(論罪)할 것이며, 재범(再犯)·삼범(三犯)한 자는 의논하여
형법(刑法)을 더할 것이요, 부녀(婦女)로서 호적(戶籍)에 들지 아니
한 자도 율에 의하여 속(贖)을 받을 것이며, 일괄해서 천인으로 만
드는[從賤] 것은 면제하도록 하여야 합니다."[34]

　위의 인용문은 구체적인 설명을 하느라 내용이 길고 설명이 장
황한데, 요약하면, 보충군이 된 각각의 유형(類型)을 설명하고, 단

34)《朝鮮王朝實錄》세종2년(1420) 9월 1일(丙寅)

지 군역을 회피하고 도망했다고 해서, 일괄하여 다시 천인(賤人)으로 만드는 것은 사리나 인륜으로 보아 잘못된 처사이니 이를 바로잡아야 한다는 내용이다.

즉, 보충군으로 소속시킨 배경은 ①신분은 양인이지만 천역에 종사하는 수군(水軍)이나 ②간(干)과 척(尺) ③품관(品官)의 비첩 소생, ④소량(訴良; 양인이 되려고 관에 호소함)했으나 결정을 보지 못한 자. ⑤속신(贖身; 몸값을 내고 면천된 자) 등 다섯 종류인데, 특히 ④의 경우와 같은 분명한 천인까지 보충군에 속하게 한 것은 보충군의 대상을 폭넓게 잡아 양인의 수를 늘리고 천인을 줄이려는 시책이었다. 그럼에도 불구하고 도피했다는 이유로 다시 천인으로 만든다면[還賤] 사리나 인륜, 법 집행 원칙으로 보아 부당하다는 것이다. 즉 첫째. 일단 보충군이 되었으면 이는 양인이 된 것임에도 불구하고, 반역죄도 아닌, 단순히 도피했다는 죄목으로 천인으로 만드는 것은 사리로 보아 부당하다. 둘째. 품관이나 양반의 비첩 소생으로 보충군에 소속되었다가 피역(避役)했다는 이유로 천인을 만든다면 같은 동기요 지친(至親) 사이가 한쪽은 주인이 되고 한쪽은 노복이 되니 인륜으로 보아 어질지 못한 것이다. 셋째. 여자[姉妹]는 애당초 군역 대상이 아닌데도 아울러 천인으로 넘어가는 것은 사리에 맞지 않는 일이다.

그리고 그 해결책으로 제시한 방안은, 도망자는 군율(軍律)로 다스리고, 재범 3범한 경우는 형률(刑律)을 더할 것이며, 부녀로서 위반한 자는 속(贖)을 받도록 하여, 〈도피한 자라 해서〉 일괄해서 천인으로 만드는 법은 시행하지 말아야 한다는 것이다.

세종은 이 박은의 헌의(獻議)를 정부와 육조에 명하여 다시 의

논하여 올리라고 하였는데, 10개월이 지난 세종 3년(1421) 7월에 올린 형조의 계사(啓辭)는 이러하였다.

"영락 17년 7월 20일의 선지(宣旨; 이 宣旨는 이 날짜 태종실록 기사에는 보이지 않는다.)에 '보충군(補充軍)에 소속시킨 이후에, 전혀 입역(立役)하지 않은 자와 도피한 자, 속신(贖身)한 자, 비첩의 소산(所産), 신분이 양인인 수군(水軍) 등은, 이것이 보충군인가 아닌가를 따지지 말고, 각기 본주(本主)의 진고(陳告)한 사람에게 돌려주고, 간(干)이나 척(尺)이라 일컫는 보충군은, 각기 본역(本役)으로 돌려보내어 관노비(官奴婢)를 삼도록' 하였으나, 환천(還賤)의 조목이 아직 결정되지 않았으므로 지금 의논하여 조목별로 들어 계주(啓奏)합니다.

1. 비첩의 소생과 신분이 양민인 자[身良役賤]는, 보충군인가 아닌가를 불문하고 전혀 입역(立役)하지 않은 자와 도피한 자의 자매(姉妹)는, 간(干)·척(尺)이라 일컫는 사람의 예(例)에 의거하여, 모두 본주(本主)에게 주기로 하였는데, 만약 한 집안의 동복(同腹) 형제 4~5인 내에 한 사람은 입역(立役)하고, 한 사람은 도피하였다면, 그 자매[여자]를 모두 천인에 속하게 함이 실로 온당하지 못하니, 분간(分揀)하여 시행하기를 청합니다.

1. 비록 조선(祖先)의 노비(奴婢)일지라도 보충군에 소속시키기 전에, 만약 다른 사람이 역사(役使)하였는데도 기한 전에 소장(訴狀)을 관청에 바쳐 서로 송사(訟事)를 하지 않은 사람은, 지금 비록 소장을 바치더라도 모두 이를 들어주지 않고 중한 법에 따라 죄를 다스리게 하였는데, 그 전에 역사한 본주(本主)가 자식도 없이 죽은 사람은 사손(使孫)으로 진고(陳告)하도록 허용할 것입니다.

1. 보충군을 피하고 도로 여러 관사(官司)에 속해 있는 자는, 당해 관리가 갈려 간 후에 혹 검고(檢考)하지 않아서, 중간에서 한가롭게 노는 자가 있으니, 지금부터는 공처(公處)에 누락될 노비를 진

고하는 예에 이거하여, 관계자들에게 진고하게 하고, 상을 주도록 허용할 것입니다."35)

형조 계사는 군역 기피자와 도피자의 처분에 대한 내용이다. 첫째 조항은 비첩 소생과 양인의 신분으로서 천한 역을 하는 수군의 경우 동복 자매에 대한 처분은 분간(分揀)해야 한다는 것이고, 둘째 조항은 보충군에 소속되기 전에 소장을 내지 않은 노비는 그때까지 부리던 주인에게 소유권이 있으니, 사손(使孫; 4촌 이내의 후손) 이내의 친족에게 지급하라는 것이며, 세 번째는 관노비의 경우인데, 누락자를 신고한 자에게 상을 주라는 것이다. 이 형조의 계사는 앞서 박은이,

"군역 도피자들도 일단 보충군이 되었으면, 양민인데 양민을 도피했다고 해서 반역자에게나 적용하는 천민으로 만드는 것은 부당하니 이들 위법자들은 형법으로 다스려야지 도로 천인을 만드는 것은 부당하다."

라고 올린 헌의에 대해 형조가 왕명을 받아 검토한 방안이었다. 그런데 형조가 아뢴 계사는 기껏해야 "군역을 도피한 자들의 동복 자매(姉妹)는 분간해야 한다는 것과 쟁송 가능성이 있는 사천(私賤)의 귀속 문제, 그리고 탈루 공노비의 신고와 처리에 관한 것뿐이었다.

이 보고를 받은 세종의 조치도 이 범주에서 크게 벗어날 수 없

---

35) 《朝鮮王朝實錄》 세종3년(1421) 7월 27일(丁亥)

었으니,

> "자매인 여자는 천인에 속하지 말게 하고, 본주(本主)가 자식이
> 없이 죽은 자는, 사손(使孫)의 사촌(四寸)에 한하여 진고(陳告)하게
> 하고, 사손이 없이 다른 사람이 진고한 자는, 공처(公處; 공공 기관)
> 에서 누락된 노비를 신고한 자에게 상주는 예에 의거하여 이를 상
> 을 주게 하라."

라는 것이었다. 따라서 형조의 계사와 세종의 처분은 조은이 주장
한 ①양인을 늘리고 천인을 줄이기 위해 설치한 보충군의 존립
근거와 ②일단 양인이 된 보충군을 다시 천인으로 되돌리는 것은
불가하다는 두 가지 원칙에서 상당히 후퇴한 것이었다.

5. 집현전(集賢殿) 설치 건의

세종 1년(1419) 2월, 좌의정 박은이 아뢰었다.

> "문신(文臣)을 선발하여 집현전(集賢殿)에 모아 문풍(文風)을 진
> 흥시키는 동시에, 문과는 어렵고 무과(武科)는 쉬운 까닭으로, 자제
> (子弟)들이 많이 무과로 가니, 지금부터는 사서(四書; 논어·맹자·중
> 용·대학)를 통달한 뒤에라야 무과에 응시할 수 있도록 만들어 주시
> 옵소서."36)

---

36)《朝鮮王朝實錄》세종1년(1419) 2월 16일(辛卯)

이에 대해, 임금은 아름답게 여기고 받아들였다. 세종 시대 문화의 산실인 집현전이 본격적으로 활성화되는 순간이다. 흔히들 집현전은 세종이 설치하여 찬란한 세종조의 문화와 정치가 집현전을 중심으로 꽃피었다고 믿고 있는데, 그 단초는 조은의 건의로부터 시작되었다. 아무리 좋은 정책 건의라 하더라도 이를 받아들여 시행하지 않으면 소용이 없으니 가장 큰 공은 세종의 몫이지만, 시의 적절하게 아이디어를 내는 것 또한 아무나 할 수 있는 일이 아니다. 물론, 집현전이란 관아의 명칭은 고려 때부터 있었다. 조선 건국 초부터 고려의 제도에 의하여 수문전(修文殿)·집현전·보문각(寶文閣) 등의 문한(文翰) 관서에는 2품 이상의 대제학(大提學)·제학, 3~4품의 직제학(直提學)·직전(直殿)·직각(直閣) 등을 임명하기는 했으나, 관청도 직무도 없이 오직 문신에게 직함만 주었을 뿐이었다.

건국 초기에는 고려의 제도와 관습을 그대로 계승했는데, 불교 국가인 고려에서 유교 국가로 전환되자 제도 문물에 상고(詳考)해야 할 문제가 산적하였다. 특히 학구적인 세종은 새로운 문제가 발생할 때마다 그 전거를 고례(古例)에서 찾게 하였으므로 집현전과 같은 기구의 필요성을 절감하고 있었을 것이다. 그리고 조선의 문물제도가 집현전에서 정비되어 5백년 조선 왕조의 기틀이 되었다.

조은의 건의에 따라. 이듬해인 세종 2년(1420) 3월, 기존의 관직은 모두 폐지하고 집현전만 남겨 두어 관아(官衙)를 궁중에 두고, 문관 가운데서 재주와 행실이 있고, 나이 젊은 사람을 택하여 이에 채워서, 오로지 경전(經典)과 역사의 강론을 일삼고 임금의 자문에 대비하였다. 창설 당시의 그 직제와 인원 구성은 다음과 같다.

"집현전에 새로 영전사(領殿事) 두 사람을 정1품으로, 대제학 두 사람을 정2품으로, 제학(提學) 두 사람을 종2품으로 두되, 이상은 겸직이요, 부제학(副提學)은 정3품, 직제학은 종3품, 직전(直殿)은 정4품, 응교(應敎)는 종4품, 교리(校理)는 정5품, 부교리는 종5품, 수찬(修撰)은 정6품, 부수찬은 종6품, 박사(博士)는 정7품, 저작(著作)은 정8품, 정자(正字)는 정9품으로, 이상은 녹관(祿官; 전임관)으로 하며, 모두 경연관(經筵官)을 겸임하였다. 부제학 이하의 낭청(郎廳)은 10명을 두되, 품에 따라서 임명하고, 차례대로 가리어 전임(轉任)하며, 각 품에서 두 사람을 초과하지 아니하였다. 5·6품은 부검토(副檢討)를 겸임하였다. 각 품의 차례는 모두 본 품반(品班)의 머리로 하고.[首席官銜] 제학과 부학의 서열은 사간(司諫)의 위로 하였다. 박은·이원을 영전사(領殿事)에, 유관·변계량을 대제학에, 탁신(卓愼)·이수(李隨)를 제학에, 신장(申檣)·김자(金赭)를 직제학에, 어변갑(魚變甲)·김상직(金尙直)을 응교(應敎)에, 설순(偰循)·유상지(兪尙智)를 교리(校理)에, 유효통(兪孝通)·안지(安止)를 수찬(修撰)에, 김돈(金墩)·최만리(崔萬理)를 박사(博士)에 임명하였다.37)

직제를 보면, 정1품 영전사(領殿事)로부터 정9품 정자(正字)까지인데, 종2품 제학(提學) 이상은 겸직으로 하고, 정3품 부제학이 집현전의 실질적인 수장(首長)이었다. 그리고 신생 관아이면서도 집현전 관원은 모든 품반(品班)의 수석 부서가 되게 함으로써 위상을 높였다. 훗날 집현전의 후신(後身)인 홍문관이 삼사(三司)의 수석 관아가 된 것도 이런 연유였다.

다음, 인적 구성을 보면, 각 방면에 조예가 깊은 인물들로 구성했는데, 당대 제1의 문장가인 변계량을 비롯하여, 세종의 잠저 시

37) 《朝鮮王朝實錄》 세종2년(1420) 3월 16일(甲申)

스승이었던 이수, 신숙주(申叔舟)의 아버지 신장, 최만리(崔萬理) 등 여러 사람의 이름도 보이는데, 이들 중 상당수가 문과 중의 문과라 할 수 있는 문과중시(文科重試)에서 급제한 이들이다. 즉 김자는 문과중시에서 장원하였으며, 설순·안지·유효통 등은 중시 급제자들이었다 집현전 창설 관원이었던 이들은 그 후 임금의 총애를 받아 대부분 당상관 이상으로 승진했다. 특히 최만리는 한글 창제를 반대한 인물로 지목되어 공공의 적이 되었는데, 최만리로서는 다소 억울한 면이 있다.

사실 한글 창제는 세종의 집념과 그 주도에 의한 것으로 보수적인 집현전 학사들은 한글 창제에 비판적이었다. 최만리는 집현전 동료들이 한글 창제 반대 상소를 올릴 때 당시 집현전의 수장인 부제학(副提學)으로 소두(疏頭)가 되었기 때문에 모든 비난을 한 몸에 받게 된 것이다. 특히 그는 재주가 뛰어나 집현전 박사로부터 시작하여 부제학에 오를 때까지 세종의 총애를 받았고, 직간을 잘 하기로 유명하였으며, 뒤에 청백리(淸白吏)에 녹선(錄選)될 정도로 청렴한 인물이었다.

세종은 말년 경에는 정사를 세자(世子; 文宗)에게 대리(代理)하게 하고 자신은 궁중에서 한글 창제에 몰두했으니, 여러 사람이 알게 되면 세상이 시끄러울 것이기 때문이었다. 지금 생각으로는 황당한 얘기지만, 당시 조선은 명(明)나라에 지성사대(至誠事大)를 하고 있는 입장에서, 명나라와 다른 문자를 창안한다는 것은 참람(僭濫)한 일이라 한문으로 무장한 당시 관료들은 대부분 비판적이었다. 아무리 은밀히 진행한다고 해도 소문이 안 날 수가 없어, 당시 문한(文翰) 기관의 대표 격이었던 집현전에서 한글 창제에 반대하는 상소를 올린 것이다. 즉, 세종26년(1444) 3월, 부제학(副提學) 최만리를 소두로 하여 직제학(直提學) 신석조(辛碩祖)·직전(直殿) 김문(金汶)·응교(應敎) 정창손(鄭昌孫)·부교리(副校理) 하위지(河緯之)·부수찬(副修撰) 송처검(宋處儉)·저작랑(著作郎) 조근(趙瑾) 등 집현전 관원들이 한글 창제에 대해 강력한 반대 상소를 올리자 세종이 이들을 의금부에 가두었다가 이튿날 석방하였는데, 정창손만 파직시키고, 나머지는 그대로 출사시켰으니, 최만리는 한글 창제 반대 상소의 주역은 아니었던 듯하다. 이때 전 집현전 관원이 반대한 것을 보면, 당시 조정 신하들 사이에서 한글 창제 반대 분위기를 짐작할 수 있는바, 최만리 혼자 한글 창제 반대론자로 비난 받을 일은 아닌 듯하다. 특별히 의금부에 전지(傳旨)하여 집현전 관원 중 김문만은 말을 바꾼 것 때문에 국문하라 명했는데, 김문은 전일에 세종이 언문(諺文; 한글)에 대해 물었을 때 그때는 좋다고 하고서 반대 상소에 가담한 때문이었다.[38]

어떻든 이렇게 창설된 집현전은 세종조 문화의 산실이 되어 미비했던 조선 초기의 문물제도를 정비하는 데 지대한 공헌을 하였다. 많은 집현전 학사들이 성리학적 도덕 윤리인 절의 정신 또한 투철하여 세조가 조카의 왕위를 찬탈하자 단종 복위 운동을 꾀하다가 화를 당하였다. 세조는 자신을 제거하고 단종을 복위시키려던 인물이 많이 나온 집현전을 폐지하고 대신 홍문관(弘文館)을 세웠는데,《경국대전(經國大典)》의 홍문관은 집현전을 거의 그대로 계승하고 이름만 바꾼 것이다.

---

38)《朝鮮王朝實錄》세종26년(1444) 2월 20일(更子)

6. 행정(行政)[39]의 달인(達人)

조은은 불과 23세라는 청년의 나이에 금주 지군사(錦州知郡事)라는 행정·사법권을 아울러 가진 한 고을의 목민관이 되어, 재직 1년 만에 '치적 제일'이라는 고과(考課)를 받았다고 그 졸기(卒記)에 기록되어 있다. 목민관의 가장 중요한 임무 중 하나는 백성들로부터 공부(貢賦)와 노동력을 징발하여 국가의 수요에 응하는 것이기 때문에 많이 징수하면 백성이 괴로워하고, 적게 거둬들이면 조정으로부터 질책을 받기 일쑤인데, 중간에서 실무를 집행하는 아전들이 자기들 이익에 따라 농간을 부렸으므로 이들을 잘 통솔하지 못하면 목민관으로서의 책무를 원만하게 수행할 수가 없다. 그런데 조은은 젊은 나이로 처음 부임한 임지에서 최고의 치적을 올렸다는 것은 그 행정 능력이 탁월했던 것이었음을 알 수 있다.

박은의 지방관 이력은, 금주(錦州) 외에 영천(永川)·춘천(春川)·충주(忠州)의 수령직과 강원·전라·평안도의 관찰사를 역임했는데, 가는 곳마다 휼민(恤民)에 주력하면서 치적을 쌓았다. 재임 시의 치적에 대해서는 앞에서 이미 약술하였으므로 생략하고, 공부(貢賦) 징수에 특별한 실적을 올려 여러 사람이 주목한 충주목사(忠州牧使) 재직 시의 치적을 살펴보고자 한다.

조은이 충주목사로 부임한 것은 정종 2년(1400) 8월 4일(丙申)이었다. 이 직전까지 문하부(門下府)의 간관(諫官)인 좌산기상시(左

---

39) 행정(行政) : 우선 행정이라 개념 정리가 필요한데, 여기에서 행정이라는 용어는 사법·행정의 권한을 함께 가진 조선 시대 지방관으로서의 직무를 말하는 것으로서 현대적 의미의 행정과는 차이가 있음을 밝혀둔다.

散騎常侍) 직에 있었는데, 정종이 과전(科田) 체수(遞受)의 원칙을
어기고, 사적(私的)인 청탁에 따라 특지(特旨)를 내려 다른 사람에
게 주는 경우가 많았으므로 이를 반대하여 중지시키는 등 임금의
심기를 건드리기도 했다.40) 이 때문인지 한 달 후에 지방관인 충
주목사에 제수된 것이다. 그런데, 조은의 충주목사 재직 시의 직
접적인 기록은 찾을 수 없고, 그로부터 30여 년이 지난 세종 14년
(1432) 12월 이조 참판 김익정(金益精)의 상소에서 조은의 충주목
사 재직 시 치적이 언급된 것이다.

즉, 어떻게 해야 공부(貢賦; 국가에 대해 부담하는 조세와 노동
력)를 공평하게 할까하는 문제로 한창 고민하고 있던 세종에게 이
조 참판 김익정이 아뢰었다.

"호구와 전적(田籍)을 계산하여 공부(貢賦)를 정하는 것은 국가
의 아름다운 법입니다. 그러니 수령이 공부를 정할 때에 혹 호구의
대소와 경작(耕作)하는 전토의 다과(多寡)를 계산하지 않는 까닭으
로 공부가 고르지 못하게 되고, 또 공부를 받아들일 때 감고(監考)
에게 맡기고 친히 검수(檢收)하지 아니하므로, 수납(收納)할 적에는
여러 가지로 긁어 받아들여서 민간의 폐단이 이루 말할 수 없습니
다. 신이 일찍이 충청도의 경력(經歷)이 되었을 때에 하륜(河崙)이
신에게 이르기를, '그 전에 박은(朴豊)이 충주목사(忠州牧使)가 되
어 호구의 쇠잔하고 흥성함과 경작하는 전토의 많고 적음을 계산하
여 밝게 문안(文案)을 비치해 두고 공부를 정하였더니, 백성들이 거
의 편케 여겼다. 그대가 충주에 가거든 그것을 준수(遵守)하는지의
여부(與否)를 살피라. 만일 그 법을 준수할 것 같으면 진실로 어진
수령이라 할 것이다.' 하므로, 신이 가서 살펴보온즉, 이미 폐하고

---

40) 《朝鮮王朝實錄》정종2년(1400) 7월 2일(乙丑)

시행되지 아니하였습니다. 또 조계생(趙啓生)이 수원부사(水原府使)가 되었을 때에 박은(朴訔)이 한 것과 같이 공부(貢賦)를 정하였더니, 백성들이 편하게 여겼다는 말을 들었습니다. 그 뒤의 수령이 얼마 되지 아니하여 이것을 폐하였사온데, 이는 다름이 아니오라, 박은과 조계생의 법이 비록 백성들에게는 편하나, 관(官)에게는 불리하였기 때문입니다. 엎드려 바라옵건대, 전하께서는 여러 도(道)로 하여금 호구(戶口)의 대소와 경작하는 전토의 다과(多寡)에 따라 분명한 문안(文案)을 만들어 두고 거기에 따라 공부(貢賦)를 정함으로써 백성들에게 두루 어진 혜택을 입게 하신다면 매우 다행하겠습니다."[41)]

하니, 임금이 말하기를,

"옛날에 박은이 이러한 뜻을 가지고 태종께 아뢰는 것을 나도 들은 바 있는데, 경의 말이 옳도다."

하였다. 익정(益精)이 물러 나가매, 임금이 대언들에게 이르기를,

"익정(益精)의 말은 매우 옳으나, 당우(唐虞)·삼대의 공부(貢賦) 법을 후세에 시행할 수는 없으니, 당[李唐]나라 때의 조(租)·용(庸)·조(調) 법을 시행함이 어떠한가. 다만, 신법(新法)이 쉽사리 시행되지 못할까 염려되노라."

하니, 여러 의견 끝에 좌대언 김종서(金宗瑞)가 아뢰었다.

---

41) 《朝鮮王朝實錄》 세종14년(1432) 12월 18일(癸卯)

"신이 일찍이 수령을 지냈사온데, 호구의 대·중·소의 따라 공부(貢賦)를 정하오면 매우 백성에게 편하였습니다. 익정(益精)의 말은 조(租)·용(庸)·조(調)의 법을 가리킴이 아니라, 바로 호구와 전적(田籍)을 계산하여 밝게 문안(文案)을 꾸며 두고 일정한 법을 정하여 탐리(貪吏)로 하여금 과중한 세(稅)를 받아들이지 못하게 하고자 함이옵니다."

그런데, 세종 말년 경, 세종이 십여 년 동안의 연구와 실험 끝에 당시로서는 획기적이라 할 수 있는 세제(稅制)인 토지의 비척(肥瘠)에 따라 농토를 여섯 등급으로 나누고[田分六等] 해마다 그 해 농사의 풍흉에 따라 아홉 등급[年分九等] 제도를 실시하자, 각처에서 반대 여론이 물 끓듯이 일어났다. 전분육등과 연분구등 법은 심사숙고한 세제였으나 지역이 연안(沿岸)이냐, 내륙이냐, 혹은 평야지대냐, 산악지대냐에 따라 각기 이해가 달랐기 때문이었다. 신조세제도에 대한 반대 여론이 비등하자, 세종은 왕 28년 4월 30일, 국가의 재정은 세입(歲入)에 맞게 세출(歲出)을 정해야 한다면서 조용조(租庸調) 법에 관한 견해를 의정부에 이렇게 내렸다.

"(前略)···'전지가 있으면 조(租)가 있고, 몸(身)이 있으면 용(庸)이 있으니, 호조(戶調)도 또한 그렇다.' 하였으니, 이것으로 본다면 임금이 쓰는 것도 한도가 있어서 마음대로 할 수 없는 것인데, 지금은 그렇지 아니하여 거두는 것이 표준이 없고, 용도(用度)가 제한이 없기 때문에, 혹 일이 있으면 더 거두고, 혹 두어 해[數歲]의 공(貢)을 당겨쓰기도 한다. 박은(朴訔)이 청하기를, '당(唐)나라 조용조(租庸調)의 법에 의하여 대략적인 제도를 정하소서.' 하였는데, 그 때에 곧 시행하지 못하였다. 뒤에 내가 경연(經筵)에서 윤회(尹淮) 등에게 묻기를, '박은이 말한 것이 생각해 보면 혹 유익(有益)할 듯도 하다. 이렇게 하면 백성들이 모두 힘을 쓸 한도를 알고, 국가의 용도도 자연히 제한이 있을 것이다.' 하였더니, 윤회 등이 말하기를, '이 법이 비록 뜻은 좋으나, 행하기는 실로 어렵습니다.' 하였다. 근일(近日)에 내가 또 말하였더니, 승지(承旨)들의 말이 윤회의 말과 똑 같았다. 내가 생각하건대, 백성에게서 거두는 것이 제한이 없으면, 임금의 쓰는 것이 한정이 없게 되니, 진(秦)나라의 기렴(箕斂; 마구 거둬들임)과 당(唐)나라의 진봉(進奉)이 자연(自然)스러운 이치이다. 마땅히 당나라 제도에 의하여 조용조법(租庸調法)을 세우고, 그 수량은 시의(時宜)에 따라 가감(加減)하며, 정한 법 이외에는 털끝만큼이라도 더 거두지 못하고, 만일 부득이한 용도가 있으면 마땅히 정한 법 안에서 남은 물건은 감(減)하고, 부족한 물건을 더할 것이다.(下略)…"42)

이상의 여러 인용문들은 세종이 수십 년 동안 공부(貢賦)에 대해서 고심할 때, 조은이 충주목사 재직 시에 실시한 수취체제(收取體制)를 언급한 것들인데, 김익정(金益精)과 김종서(金宗瑞)는 호구(戶口; 家口)와 전적(田籍; 경작지 대장)을 계산하여 밝게 문안(文案)을 꾸며 두고, 이를 근거로 징수했다는 것이고, 세종은 당[李唐]나라 때의 조(租)·용(庸)·조(調) 법이라고 인식하고 있어 약간의 차이가 있다. 그러나 조(租)는 농지에 대한 세금, 용(庸)은 노동력 징발, 조(調)는 호구(戶口)에 따른 공물(貢物; 특산물) 징수를 말하는데, 조은이 충주에서 실시한, "호구와 농토의 많고 적음을 기준하여 공부를 정했다."고 한 것은 원칙적으로 같은 것이라 세종이 조용조법이라고 한 것이다. 그리고 다음 좌찬성 황보인(皇甫仁)의

---

42) 《朝鮮王朝實錄》 세종28년(1438) 4월 30일(丁卯)

의논에서도 그 유사성을 볼 수 있다.

　　"국초(國初)에 먼저 전제(田制)를 바로잡아 결부수조법(結負收租
法)을 정하여 〈정한〉 수량 외에는 더 거두지 못하게 하였으니, 이것
은 당(唐)나라의 조법(租法)입니다. 지금 또 농지의 비척(肥瘠)에 따
른 6등급[田分六等]과 그 해의 풍흉에 따른 9등[年分九等]의 법이
섰으니 조법(租法)이 바르게 되었다고 하겠습니다. 용(庸)·조(調)의
법에 이르러서는, 국가에서 이미 백성을 역사시키는 시기를 정하고,
역사하는 날짜의 수를 적당히 제한하며, 역군(役軍)을 낼 때에는 경
작하는 것의 많고 적은 것을 상고하여 그 액수를 정하고, 대호(大
戶)·중호(中戶)·소호(小戶)·잔호(殘戶)·잔잔호(殘殘戶)를 분변(分辨)
하여 공물(貢物)의 수를 정하였으니, 그 사이의 절목(節目)은 비록
모두 당나라 법의 자세한 것과는 같지 않으나, 그 대략은 이미 갖추
었으니, 지금 다시 각호(各戶)의 앞서 공물(貢物)의 수를 마감(磨勘)
하여 바꾸지 못하는 제도[不易之制]를 참작하여 정하고, 경작하는
토지에 따라 군정(軍丁)을 내는 숫자를 고핵(考劾)하여 명확한 일정
한 법[一定之法]을 세운다면, 용(庸)·조(調)의 법이 거의 시행될 수
있을 것입니다."[43]

　어쨌든 박은이 실시한 이 공법(貢法)은, 처음 명부를 작성하고
변동 내용을 일일이 기록하자면 번거롭고 일이 많아 수령으로서
는 귀찮은 일이겠지만 일단 작성된 명부를 변동 상황에 따라 부지
런히 수정해 두고 이를 기준으로 공부(貢賦)를 부과하면 백성에게
는 부담이 적게 되고 관에서는 거두기도 편리했을 것이니 당시로
서는 획기적인 공법(貢法)이었을 것이고 이 때문에 수십 년이 지

---

43) 《朝鮮王朝實錄》 세종28년(1438) 4월 30일(丁卯)

난 후일에 이르기까지 사람들의 입에서 오르내리게 된 것이다. 여기에서도 행정의 달인임을 엿볼 수 있다.

7. 화민성속(化民成俗)

화민성속이란 백성을 교화하여 미풍양속(美風良俗)을 이룬다는 의미가 되겠다. 여기에서 미풍양속이란 유교적 도덕 윤리와 사회 규범을 말한다. 우리는 흔히들 조선 전기 사회를 조선 후기의 사회 인식으로 이해하려 하는데, 이는 잘못이다. 더구나 조선 초기는 고려시대 관습이 사회를 강하게 지배하고 있었다. 남성 우위이기는 했지만, 양측적 친족세(兩側的親族制)로서 친가(親家)와 외가(外家)가 거의 동격으로 인식되고 여성의 발언권도 그만큼 강력했다. 유교 윤리가 성리학과 함께 보급되기는 했지만 《주자가례(朱子家禮)》도 일반화되기 전이라 상례(喪禮)도 백일 탈상이 일반적이어서 삼년상을 치루는 사람이 있으면 특기할 정도였으니, 자연 조상 숭배 사상도 후기와 같이 교조화(敎條化) 되지 않았다.

정종 2년 2월, 조은은 좌산기상시(左散騎常侍)로 있으면서 판삼사(判三司)로 치사(致仕)한 최영지(崔永沚)를 탄핵하는 상소를 올렸는데,

"판삼사로 치사한 최영지가 평양성(平壤城)을 쌓을 때에, 선대(先代; 조선 이전 왕조)의 능묘(陵墓)·고총(古塚)의 돌 4백 94개를 파냈으니, 청하옵건대, 유사(攸司)로 하여금 그 직첩을 회수하고, 그

죄를 국문하여 율에 의하여 형에 처하소서.”44)

하였고, 헌부(憲府)에서도 또한 상언(上言)하기를,

"세대는 비록 다르나 군신(君臣)은 한 가지인데, 최영지가 서북면(西北面) 도순문사(都巡問使)가 되어, 평양성을 쌓을 때에 선대 군왕(君王) 능묘(陵墓)의 돌을 파냈으니, 인도(人道)에 어그러집니다. 청컨대, 유사에 내려 그 직첩을 거두고, 불경죄(不敬罪)를 국문하소서."

하니, 임금이 말하기를,

"최영지는 본래 무인(武人)이므로 의리를 알지 못한다."

하면서, 해주로 귀양 보내는 데 그쳤다.

임금은 '무인이라 의리를 알지 못한다.'고 두둔하면서 가벼운 처벌을 내렸지만, 무인이 아니더라도 당시는 관리들에게 효제충신(孝悌忠信; 부모에게 효도하고, 손위를 공경하고, 임금에게 충성하고, 벗 사이에 믿음 있는)의 관념이 체질화되지 않았다. 공자는 '귀신을 공경하되 멀리 하라.' 하면서도, '죽은 사람을 산 사람 섬기듯 하라.'고 한 것은 귀신을 부정하게 되면 유교에서 가장 중요하는 윤리인 효(孝)의 존립 근거가 없어지기 때문이었다. 유교에서는 자신은 죽더라도 자손이 이어진다면 생명이 영속된다고 믿었기 때문에 조상 묘소를 중하게 여긴 반면, 고려는 불교국가로서

---

44)《朝鮮王朝實錄》정종2년(1400) 2월 25일(戊子)

만물은 다시 태어난다는 윤회(輪廻) 사상이 지배하던 사회였으므로 선대 묘소에 대한 비중이 낮을 수밖에 없었다. 최영지가 5백여 기나 되는 선대 왕조의 능침과 고총을 훼손하여 성을 쌓은 것도 이런 배경 때문이었다. 따라서 조은이 최영지를 탄핵한 것은 성리학적 도덕 윤리의 확장이라고 할 수 있다.

또 태종 10년(1410) 5월, 서북면 도순문사(西北面都巡問使)로 있으면서 영녕현(永寧縣) 사람 노귀택(盧貴澤)의 처(妻) 장귀(庄貴)의 정려(旌閭)를 상언(上言)하여 윤허를 받았으니, 즉,

> "영녕현 백성 노귀택이 죽었는데, 그 아내 장귀가 집안이 가난하여 예(禮)를 갖추지 못하는 것을 애통히 여겨, 길쌈을 하고 품팔이를 하여 정성을 다해 매장(埋葬)하고 또 산신재(山神齋)를 베풀었는데, 집으로 돌아올 때에 〈자기가〉 죽지 못한 것을 한(恨)하여, 독한 풀[毒草]을 캐어 먹었으나 죽지 않으므로, 마침내 목을 매어 죽었습니다. 자식 네 사람이 있는데 모두 어립니다. 청컨대, 문려(門閭)를 정표(旌表)하소서."45)

라고 하니, 임금이 그대로 따랐다는 것인데, 열녀 정려는 조선 시대에는 흔히 있는 일로 특이할 것도 없다. 또 정려 문제는 수령의 주관이지 방백(方伯)의 소관도 아니었다. 그러나 조선 초기에서는 특기할 만한 일이었다. 여말 선초까지만 해도 여인의 재가(再嫁)·삼가(三嫁)는 흠이 되지 않았고, 그 자손들도 출사(出仕)에 아무런 지장을 받지 않았다. 그랬는데, 태종15년(1415) 6월, 우부대언(右副代言) 서선(徐選) 등 6인이 진언하기를,

---

45) 《朝鮮王朝實錄》 태종10년(1410) 5월 12일(戊寅)

"종친(宗親)과 각 품의 서얼(庶孼) 자손(子孫)은 현관 직사(顯官職事)에 임명하지 말아서, 적첩(嫡妾)을 분별하소서."[46]

하였는데, 의논하여 '진언한 대로 시행할 것'으로 결론이 났다. 그 결과 서얼 금고(庶孼禁錮)라는 다른 나라에서는 유래가 없는 악법이 4백여 년 동안 계속되었다. 때문에 철종 조의 영상(領相)이었던 권돈인(權敦仁)은, "서선(徐選) 한 사람의 말이 4백 년의 장구한 세월 동안 한 나라의 절반을 막아버렸다."고 비판한 바와 같이 조선조의 대표적인 악법이었다. 그러나 이는 서선 혼자서 욕을 먹을 일은 아니다. 서선은 단지 6승지(承旨) 중 1인으로 소두(疏頭)였을 뿐인데, 소두였기 때문에 혼자서 모든 책임을 뒤집어 쓴 것이다. 마치 세종 때 최만리가 집현전 동료들과 함께 한글 반대 상소를 올릴 때 소두가 되었으므로 공공의 적이 된 것과 같다 하겠다. 서얼 금고법이 '의논하여 결정되었다.'고 했으나 6승지가 공동 발의한 것을 보면 서얼(庶孼) 차대(差待)는 당시 조정 분위기였고, 계모가 낳은 이복동생에게 세자 자리를 빼앗겼던 태종의 본심과도 무관하지 않을 것이다.

위서 말한 최영지나 노귀택의 처 장귀의 일은 고려 시대적 사회 관습이 유교 국가인 조선으로 넘어가는 과도기에 발생한 문제였다.

또 세종 1년(1419) 6월, 대소 사신이 관기(官妓)를 간음하는 일을 금지시켜 달라고 평안 감사 윤곤(尹坤)이 장계(狀啓)를 올렸으므로 의논에 붙였더니, 정부와 육조가 함께 의논하여 모두 말하기를,

---

46)《朝鮮王朝實錄》태종15년(1415) 6월 25일(庚寅)

"시행한 지 이미 오래되었으니, 반드시 금할 것이 아닙니다."

하였으나, 오직 조은만은,

"곤이 청하는 대로 따르는 것이 마땅합니다."

하였고, 변계량(卞季良)은 옛날 그대로 하여 많은 사람들의 마음에
맞게 하기를 청하였는데, 임금은,

"그렇게 해온 유래가 비록 오래되었다 하나, 그것이 어찌 아름다
운 풍속이며, 더구나 남편 있는 기생이랴. 곤의 청함을 따르라."

하면서 조은의 의견에 따랐다.47)

8. 사관(史官) 추천제 개선

신체적으로 연약한 인간이, 지구상의 주인이 될 수 있었던 것은
인간만이 문자를 발명하여 이를 매개로 지식과 경험을 기록하여
축적된 자료를 활용할 줄 알았기 때문이다. 따라서 찬란한 현대
문명도 인간이 그 동안 꾸준히 쌓아온 지식과 경험의 축적에 의해
이루어진 결과이다. 여기에서 역사 기록은 시작되었다. 때문에 동
양에서는 "역사란 지난 일을 보여 주어 다가올 일을 예측할 수 있

47)《朝鮮王朝實錄》세종1년(1419) 6월 18일(辛卯)

게 하는 것으로 옛날의 모든 기록은 역사이다."라는 인식을 가지고 있었다. 그래서 역사는 시대를 관통하여 인류의 역사를 살필 수 있는 거울이라는 뜻에서 통감(通鑑)으로 불리어지게 되었다. 유학의 최고(最古) 경전인 《서경(書經)》도 중국 상고사(上古史)의 효시(嚆矢)이다.

그러나 남은 역사 기록은 대부분 승리한 자의 자기 합리화이므로 항상 객관성이 의심되었다. 공자가 《춘추(春秋)》를 지으면서 직필(直筆)을 유난히 강조했는데, 여기에서 역사의 직필을 춘추필법(春秋筆法)이라 부르게 되었고, 유학자들은 이를 역사 기록의 전범(典範)으로 여겼다. 따라서 역대 왕조는 역사 기록과 그 자료의 일차 기록자인 사관(史官)의 자질을 중하게 여겼다. 사관은 비록 하급직이지만 항상 임금 측근에서 국가 대소사를 견문(見聞)할 수 있고, 임금과 가까이 있게 되므로 그만큼 출세의 기회도 많아 급제자라면 누구나 사관에 선발되는 것을 큰 영광으로 여겼다.

유교를 국시로 한 조선에서는 고급 관료의 영향력을 배제하여 역사 서술의 객관성을 확보한다는 취지에서 사관 추천을 하급 관료인 사관들의 자율에 맡겼다. 그러다 보니 자연 인정과 사심(私心)이 개입하지 않을 수 없어 자질 미달 자도 생기게 되었다. 이를 시정하자는 취지에서 일찍이 조은이 사관(史官) 천거하는 법을 상정(詳定)할 것을 청하였는데,

"붓을 잡고 기록하는 사관(史官)의 임무는 큰 것인데, 지금 사관이 된 자들은 혹 좋아하고 미워하는 데에 따라서 서로 천거하여 사관으로 천거된 자가 젖비린내 나고 서법(書法)도 알지 못하는 자가

있으니, 참으로 미편합니다. 원컨대, 이 폐단을 고치소서."

라고 하자, 임금이,

"사관의 천거제도는 유래가 오래 되었다. 새로 나온 유생(儒生)의 재행(才行)과 조계(祖系; 先代)를, 위에 있는 사람이 두루 알 수 없으므로, 스스로 그 동료를 택하게 하면 그 선발이 반드시 정선(精選)되리라고 생각한 것이다. 하물며 그 추천하는 글[表]에, '문(文)이나 행실에 있어 이 책임을 감당할 만하다.'고 한 경우이겠는가? 만일 혹시라도 불가하다면 고치는 것이 무엇이 어렵겠는가?"

했는데, 이 의견을 근거로 태종 17년 12월, 이조(吏曹)에서 이렇게 아뢰었다.

"사관(史官)은 시사(時事)를 기록하는 것을 맡아서 후세의 귀감(龜鑑)이 되니, 그 책임이 가볍지 않습니다. 단지 참외(參外; 6품 이하) 사관의 천거로써 계문하여 제수하니, 전선(銓選; 관원 선발)의 법에 실로 미편합니다. 이제부터는 사관의 궐원이 있으면 예문관(藝文館)·춘추관(春秋館)의 당상(堂上)으로 하여금 시직(時職)·산직(散職)의 문관(文官)으로 참외(參外)내에서 직품이 상당한 자를 모아 시험하여 반드시 경사(經史)에 통하고 제술에 능하고 안팎이 흔구(痕咎)가 없는 자로써 1망(望)에 3인(三人)을 추천하여 이조(吏曹)에 관문(關門)을 보내어 계문(啓聞)하여 제수하는 것으로써 항식(恒式)을 삼으소서."[48]

---

48) 《朝鮮王朝實錄》 태종17년(1417) 12월 4일(乙酉)

이를 태종이 윤허하니 비로소 사관 선발 기준이 보다 엄격해져 관원 선임의 격식을 제대로 갖추게 되었다.

제5장
조은에 대한 세평(世評)의 진실

Ⅰ. 노비 송사(訟事) 문제

1. 노비라는 신분(身分)

앞에서도 언급했지만, 노비(奴婢)는 전근대 사회에 있어서 국가나 개인에 예속된 부자유민으로서 공직에의 취임이 불가능한 것은 말할 나위도 없고, 사람은 사람이로되 사람으로서의 대접을 받지 못하는 인간으로, 일종의 재산과 같은 취급을 받아 매매·증여·상속이 가능한 존재였다. 따라서 당시에는 토지와 더불어 가장 중요한 재산 목록이었다. 노비란 용어는 남성인 노(奴)와 여성인 비(婢)를 합칭한 말인데, 소유주의 성격에 따라 구분하면, 개인이나 사원(寺院)에 소속된 사노비(私奴婢)와 국가에 소속된 공노비(公奴婢)로 나눌 수 있다. 그리고 또 사노비를 거주와 사역(使役) 방식에 따라 구분하면, 주인이 데리고 살면서 부리는 사노비를 솔거노비(率居奴婢), 주인과는 별도로 거주하면서 주로 농경(農耕)에 종사하는 노비를 외거노비라 하고, 또 공노비는 관아(官衙) 등 국가기관에서 사역하는 공역노비(公役奴婢)와 주로 국유지를 경작하는 외거노비 및 신역(身役) 대신 정해진 공물을 바치는 납공노비(納貢奴婢)로 구분된다.

처음 노비가 발생하게 된 유래를 보면, 일반 양인이 빈곤·부채 등 자활할 수 없는 경제적인 이유로 몸을 판 경우, 호강(豪强)한

자가 양인을 억압하여 불법으로 천인을 만들어 부리는 경우, 전쟁
포로, 적진 투항이나 이적 행위, 반역 등 중대한 범죄로 인해 천인
신분이 되는 경우 실로 다양하였다. 일단 노비의 신분으로 전락하
면 자유란 없고 절대적인 복종만이 요구되었다. 사노비는 60세에
이르면 역(役)이 면제되는 공노비와는 달리 종신토록 사역해야 하
므로 공노비에 비해 더욱 처우가 열악하였고, 주인이 반역과 같은
중대한 범죄를 저지르지 않는 한 주인을 함부로 고발할 수도 없어
절대적인 복종만이 요구되었다.

　노비의 신분은 당연히 세습되었고, 그 범위는 광범했으니, 양인
과 천인의 결혼은 원칙적으로 금지되었으나, 혹 결혼하는 경우[良
賤交嫁] 그 소생은 '한쪽이 천인이면 자식은 모두 천인이 된다.[一
賤則賤]'는 법이 적용됨으로써 노비 수는 급격히 늘어났다. 법적으
로는 주인과 비(婢) 사이에 출생한 자도 천인을 면할 수 없으므로
동기간에 주종(主從) 관계가 성립될 수도 있었다. 그리고 새로 생
산된 노비의 소유권은 어머니의 소유주에게 귀속되었다.[賤者從母
法] 이 때문에 가임(可姙) 연령의 젊은 여비(女婢)는 계속 노비를
생산할 수 있는, 주인 입장에서는 화수분이었으므로 가장 높은 가
격에 거래되었다. 관원이나 양인도 반역 등의 중한 범죄를 저질렀
을 경우 그 자손 중 남자는 대개 죽음을 당하고 부녀자들은 노비
의 신분으로 떨어지는데, 재산의 적몰과 아울러 그에게 속했던 사
노비들도 공노비로 충정(充定)되었다.

　노비는 개인이나 국가의 소유물로서 한 나라 백성으로서의 권
리가 없었으므로 당연히 양인(良人) 신분이 국가에 부담하는 공역
(公役)이나 관역(官役)의 의무가 없었고, 벼슬길에 나갈[出仕] 권리

나 과거에 응시할 권리[應擧權] 등 공민권(公民權)도 물론 없었다. 혹 천인 신세를 면하여 양인이 되었다고 하더라도 8세 호적(八世戶籍)에 천류(賤流)가 없어야만 벼슬살이가 가능하였고 승진할 수 있는 품계도 제한을 받았다. 따라서 일단 한 번 천인인 노비가 되면 그 신분을 벗어나는 일은 지극히 어려운 일이었다. 사노비의 경우, 간혹 인심 좋은 주인이 노비 문서를 불태워 자신의 노비를 방량(放良)하는 경우도 있고, 반역 행위를 고변(告變)하여 면천(免賤)하거나 품관(品官)이 되는 경우가 있기는 했으나 아주 예외적인 현상이었다.

이처럼 노비는 전 근대사회에서는 매매·증여가 가능한 토지에 버금가는 재산 목록이었으므로 노비를 하나라도 더 차지하기 위한 지배 계층 간의 투쟁은 치열하였다. 이해관계가 걸린 문제라 친형제자매 사이, 부모와 자식 간에도 분쟁이 끊일 사이가 없었다. 고려시대부터 조선 전기까지는 토지나 노비는 맏이건, 막내건, 어른이건, 어린이건 같은 자식이면 똑같이 분배하는 균분상속(均分相續) 체제였는데, 나이 많은 손위 형제들의 더 차지하려 하여 농간이 많았다. 부모가 일찍 죽은 뒤, 여러 사람이 나누어 가져야 할 노비를 한 사람이 모두 차지하는 경우[合執]도 있고, 거짓 문서를 꾸며 다른 사람의 노비를 강제로 독차지한 경우[據執]도 있었다. 특히 모계(母系)도 부계와 동격으로 인정되던 양측적 친족제(兩側的親族制) 하에서의 부인측 소유 노비는 외외가(外外家)로부터 상속된 것까지 있어 그 소속 관계가 불분명하기 마련이었으므로 노비 소유권 분쟁이 끊일 사이가 없었다.

노비 소송은 형조와 사헌부에서 맡아 처리하게 되어 있었으나 워낙 쟁송이 많아 기존 정부 조직만으로는 처리가 불가능하여 여말 선초에는 여러 차례 노비의 쟁송을 판결하는 임시 기구를 설치했으니 이것이 이른바 노비변정도감(奴婢辨定都監)이다. 태종 14년(1414, 甲午)에도 노비변정도감을 설치했는데, 이조판서 한상경(韓尙敬)·금천군(錦川君) 박은·호조판서 박신(朴信)을 제조로 삼고, 그 아래 사(使)·부사·판관(判官)을 두고, 작업량이 방대하였으므로 업무의 효율을 높이기 위해, 15방(房)으로 나누어 처리하게 했는데 각 방마다 사·부사·판관 1인을 두었다. 이렇게 거대한 임시 기구를 몇 달 동안 운용한 것은 당시에 정장(呈狀)한 문건만도 1만 2천 797건이나 되었으니,[1] 당시 노비 쟁송 문제가 얼마나 많고 심각하였는가를 보여 주는 사례라 하겠다.

대부분의 노비송 사건은 이해가 상반되는 문제라 원고나 피고 쌍방 모두가 이의 없이 승복할 만한 판결이 내려지기란 애당초 불가능한 문제였다. 노비 판결은 세 가지로 결정되었는데, 원고나 피고 어느 한쪽이 승리하여 노비를 독차지하는 경우, 혹은 중분(中分)하여 양쪽에 균등하게 나누어 주는 경우, 이도 저도 아닐 때는 분쟁 노비를 속공(屬公)시켜 공노비로 만드는 경우가 그것이었다. 그러나 어떻게 결론이 나건 패소(敗訴)한 쪽은 불만이 있게 마련이라 판결을 내린 뒤에는 재론을 방지하기 위하여 관련 문서를 불태워버리고 교지(敎旨)를 내리기도 했지만, 큰 이해가 걸린 문제이므로 노비 분쟁은 끊일 사이가 없었다.

---

1) 《朝鮮王朝實錄》 태종14년 6월 16일(丁巳)

2. 태종을 격노케 한 사건

태종 17년(1417) 6월, 육조 판서(六曹判書)가 계사(啓事)를 마치고 모두 나가니, 좌의정 박은(朴訔)이 아뢰기를,

"신(臣)이 사사로운 일을 가지고 천위(天威)에 앙달(仰達)함은 지극히 송구스러우나, 회민(懷悶; 민망한 감정을 품음)의 정(情)을 상달하지 않을 수 없습니다. 기망(欺罔)한 죄(罪)는 오직 근신(近臣)이 한 것입니다. 그 전에 유사눌(柳思訥)이 지신사(知申事)로 재직할 때 이숙번(李叔蕃)의 무리에 편당[比附]하였습니다. 신의 조상 황단유(黃丹儒)의 노비를 빼앗고자 하여 상의 하교(下敎)가 없는데도 방장(房掌) 원숙(元肅)을 불러서 그 사유를 물었으며, 또 신이 격고(擊鼓)·신정(申呈)하려는 소장[所志]도 성상께 상달하지 않음으로써 천총(天聰)을 가렸습니다. 또 이숙번이 신에게 말하기를, '유사눌이 상지(上旨)를 받았는데, 이르기를, 「만약에 양쪽에서 화론(和論)하면 중분(中分)하여 줌이 옳다.」고 하였다.' 하기에, 신이 대답하기를, '노비(奴婢)는 종파(宗派)에 따라 각기 다르니, 중분함은 부당하다.'고 하였습니다."[2]

했는데, 이는 3년 전 자신의 노비 송사가 오결(誤決)이었다는 불평을 호소한 것이다. 이 말을 들은 태종은 내심(內心) 탐탁찮게 여기면서도 "지신사 유사눌이 이숙번의 무리에 편당(偏黨)했다."는 말에 격노했다. 일단 박은에게는 "중분하여 줌이 옳다."는 말은 자신이 한 말이 아니었음을 해명하였다. 그리고 한편으로는 삼성(三省)[3]으로 하여금 박은의 노비송사 건을 다시 조사해 보라고 지시

[2] 《朝鮮王朝實錄》 태종17년(1417) 6월 6일(庚寅)

했는데, 태종의 의도는 노비 송사 문제보다 임금을 속이고 편당했다는 데에 방점(傍點)이 있었다. 이 지시에 대해 삼성은 전일의 속공이 타당했다고 아뢰자, 다시 대언(代言)들에게 이 문제에 대해 "각기 시비(是非)를 말해 보라."고 하니, 대언 서선(徐選)·홍여방(洪汝方·이명덕(李明德)·한승안(韓承顔) 역시,

"일찍이 속공 노비(屬公奴婢)는 쟁망(爭望; 기대를 걸고 다툼)하지 말게 하라는 교지(教旨)를 받았으니 법을 가볍게 고침은 불가하고, 접장(接狀; 소장을 접수함.)하여 다시 추핵함도 마땅하지 못하니, 청컨대, 삼성(三省)의 결정에 따르소서."

하자, 태종은 역정을 내며 이렇게 말했다.

"서선 등 4인의 말은 모두가 내가 물은 것이 아니다. 서선 등은 어찌하여 시비(是非)는 말하지 아니하고, 교지에 어긋나니 접장(接狀)함은 불가하다고만 말하는가? 임금이 만약에 신하가 임금을 속인 죄를 알았다 하더라도 또한 교지에 구애되어야 가하겠는가? 서선 등도 어찌하여 나를 속이는가?"

태종은 삼성의 의견에 불만이었는데, 대언 등도 '속공된 노비는 재론하지 말라.'고 한 교지만을 거론하면서 삼성의 의견에 동조하므로 근시(近侍)인 대언들까지 신뢰할 수 없다면서 각자 집으로

---

3) 삼성(三省) : 삼성에는 여러 가지 의미가 있는데, 강상(綱常)에 관한 죄인을 의정부·사헌부·의금부가 합좌하여 국문한 세 기관을 지칭하기도 하고[三省推鞫] 혹은 형조(刑曹)·사헌부(司憲府)·사간원(司諫院)을 말하기도 하는데, 여기서는 후자 즉 형조·사헌부·사간원을 말한다.

돌아가게 하였다. 태종은 이 문제가 단순히 노비송만이 아니라 자신이 가장 금기시(禁忌視)하는 붕당 문제가 개입되어 있다고 생각한 때문이었다. 진덕수(眞德秀)의 《대학연의(大學衍義)》를 꿰뚫고 있어 중국 정치사에 정통한 태종으로서는 조신들 간의 붕당은 국정을 마비시키는 폐습임을 너무나 잘 알고 있었으므로 불같이 화를 낸 것이다.

결국 지난 갑오년(1414, 태종14)의 삼성(三省) 관원은 물론, 현재의 삼성 관원들까지 모두 의금부에 하옥시키라 명했다. 전직 삼성은 편당하여 박은의 노비 송사를 오결(誤決)했고, 현재의 삼성은 전일의 오결을 밝히려고는 하지 않고, 을미년(1515, 태종15)의 교지(敎旨)에 "속공된 노비는 재론하지 말라."고 한 구절만을 앞세워 고식적인 답변만 하자 이들을 잡아들여 사실을 밝히라고 한 것이다. 그리고 태종은 육조 판서와 의금부 제조를 불러 이렇게 말했다.

"(前略) 전일에 박은(朴訔)이 나에게 원통함을 호소하기에 내 실로 그것을 달갑게 여기지 않았으나 천천히 그것을 살핀 연후에 효연(曉然)히 그 시비를 알게 되었다. 황단유(黃丹儒)의 자손은 바로 박은·박자청(朴子靑)·조원(曹瑗)이고, 박송비(朴松庇)의 자손은 바로 정탁(鄭擢)·이숙번(李叔蕃)·이내(李來)이다. 목진공(睦進恭)·원숙(元肅) 등이 갑오년(1414)에 변정도감(辨正都監)의 원리(員吏)가 되어, 이 소송을 판결할 때, 황단유가 옳고 박송비가 그르다고 하니, 정탁의 무리가 양언(揚言)하여 '이 노비는 속공(屬公; 公奴婢로 만듦)함이 마땅하다.' 하였고, 근신(近臣; 당시 知申事 柳思訥) 또한 '가하다' 하기에, 나도 그렇게 여겨 속공하게 하였더니, 박은이 호소하기를, '속공시킨 것은 잘못입니다.'하므로, 삼성(三省; 형조·사헌부·사간원)에 명하여 이를 변정하게 하였더니, 삼성이 이숙번의 말

에 휩쓸려 신축년 이전의 일이라고 하면서 속공시켰다. 박은이 이제
또 상서(上書)하여 전일 삼성의 잘못을 아뢰었으므로, 곧 삼성에 명
하여 변정하게 하니, 또한 전등(前等; 前任)의 결정을 따랐다. 오늘
날 군신(君臣)이 함께 다스려가는 때에 있어, 이같이 붕비(朋比; 朋
黨)와 기망(欺罔)하는 풍습이 있으니 이것이 옳겠는가? 그것을 모조
리 국문(鞠問)하게 하고, 장획(臧獲; 노비)의 시비(是非)는 함께 심
문[幷問]하지 말라. 내 뜻은 이미 결정되었다."4)

위의 지시 내용은, 조은이 3년 전에 판결이 난 자신의 노비 속공
(屬公) 문제를 거론하므로 달갑게 여기지 않았으나 자세히 살펴보
니, 소송을 제기한 원고 정탁·이숙번·이내 등은 밑져 봐야 본전이
므로 소장(訴狀)을 내었는데 승산이 없자 단자(單子)로 신정(申呈)
하기를, "원컨대, 이 노비를 속공시키소서." 하였고, 조은은 속공에
반대하였다. 임금이 그 단자를 승정원(承政院)에 내려, 속공 여부
의 타당성을 물으니, 당시 지신사(知申事)로 있던 유사눌이 이숙번
의 청(請)을 들어 아뢰기를, '가합니다.'라고 한 까닭에 속공을 윤
허한 것인데, 이제야 속공이 오결(誤決)이었음을 확연히 알게 되었
다는 것이다. 또 현임 삼성으로 하여금 이 문제를 다시 변정하게
하였더니 전일의 판결을 그대로 답습하였다. 그래서 전임 삼성 관
원은 물론 현임 삼성 관원까지 모조리 잡아 가두고 국문하라 한
것이다. 태종이 이렇게 불같이 화를 낸 이유는 앞에서도 언급했지
만, 노비송의 오결도 오결이지만, 문제는 신하들이 합심하여 국사
를 살피지 않고 자기들끼리 붕당(朋黨)을 결성하여 임금을 기만했
다고 생각했기 때문이었다. 이어서 의금부에 다음과 같이 엄명을

4)《朝鮮王朝實錄》태종 17년(1417) 6월 9일(癸巳)

내렸다.

　　"지금의 형조·대간이 황단유와 박송비의 자손들이 서로 소송한 노비를 분간(分揀)한 계본(啓本)과 박은의 상서(上書)를 근거하여, 지난 갑오년에 이 노비를 분간하였던 형조·대간의 관원이 모롱(冒弄; 멋대로 농락함)하여 계문(啓聞)한 사의(事意; 本意)를 자세히 추고(推考)하여 아뢰라. 지금의 형조·대간 관원들이 또 말하기를, '을미년 2월에 육조(六曹)에 분하(分下; 下達)한 소지(所志; 訴狀) 안에는, '양쪽이 부당하여 속공시킨 노비는 다시 거론(擧論)하는 일이 없게 하라는 교지(教旨)가 있었습니다.'고 한다. 그러나 황단유의 자손은 갑오년 12월 기한 내에 격고(擊鼓; 억울함을 호소하려 申聞鼓를 침)하여 신정(申呈; 진정서를 제출함)하였는데도 그 소장[所志]을 아직 육조에 계하(啓下)하지 못하였으니, 이것을 이미 육조에 계하한 소지(所志)와 동격(同格)으로 논함은 불가한 것이다. 그 〈육조에〉 계하하지 못한 사연(辭緣)을 즉시 취지(取旨; 임금에게 보고하여 지시를 받음)하지 아니하고, 문득 도로 속공시킨 것과, 또 갑오년에 형조·대간의 관원들이 기망한 죄와, 함부로 허론(虛論)을 가지고 계문(啓聞)한 의도도 아울러 추고(推考)하여 아뢰도록 하라."5)

　　엄명(嚴命) 내용은, 현임 삼성(三省)에게, "지난 갑오년(1414, 태종14)에 노비를 분간(分揀)하였던 형조·대간의 관원이 모롱(冒弄)하여 계문(啓聞)한 본의를 자세히 추고(推考)하여 아뢰라."고 하였더니, "을미년(1415, 태종15) 2월에, '이미 육조(六曹)에 내려 보낸[分下] 소장 중 양쪽이 부당하여 속공시킨 노비는 다시 거론(擧論)하는 일이 없게 하라.'는 교지(教旨)가 있었으니, 재론함이 불가하

---

5)《朝鮮王朝實錄》태종17년(1417) 6월 9일(癸巳)

다."고 보고했다. 이에 대해 태종은, 황단유의 자손은 갑오년 12월 기한 내에 격고(擊鼓)하여 신정(申呈)했는데도 그 소장[所志]이 미처 육조에 계하(啓下; 임금께 아뢰어 聖旨를 받아 하달함)되지 못하였으니, 이것을 이미 육조에 계하한 소장과 동격으로 논함은 불가한 것이다. 따라서 현임 삼성은 이를 구분했어야 하는데, 동격으로 보고 아뢴 것은 잘못이다. 즉, 전임과 현임이 모두 잘못했으니 갑오년의 삼성과 현임 삼성을 모두 추고(推考)하여 처벌해야 된다는 것이다.

이 명에 따라, 갑오년의 형조 참의 윤임(尹臨)·좌랑 송명산(宋命山)과 박융(朴融), 지금의 참의 오식(吳湜)·정랑 송기(宋箕)·허항(許恒), 좌랑 양수(楊脩)·김연지(金連枝), 사헌 집의(司憲執義) 이감(李敢), 지평(持平) 홍도(洪陶)·진중성(陳仲誠), 사간(司諫) 최순(崔洵), 정언(正言) 안지(安止)·정지담(鄭之澹) 등을 의금부에 하옥시키고, 병조 판서 윤향(尹向)과 지신사 조말생(趙末生)에게 명하여, 의금부에 가서 그들을 국문(鞫問)하게 하였다. 조말생은 자신의 동모형(同母兄) 여흥부사(驪興府使) 조유중(趙惟中)이 박송비의 자손들과 같은 소장[同狀]에 있는 까닭에, 상피(相避)함이 있어 이 옥사를 심문할 수가 없다고 피혐하자 태종은,

"이번에 묻는 일은 본래 노비의 결절(決折; 判決)과는 관계가 없고, 전후(前後)의 삼성(三省)이 기망(欺罔)한 죄만을 묻는 것이다. 또 비록 상피함이 있다 하더라도 그대는 내 명(命)을 받들었으니 어찌 개인적인 사연이 용납될 수 있겠는가?"[6]

6) 《朝鮮王朝實錄》 태종17년(1417) 6월 9일(癸巳)

하고, 한편으로 임금이 조계(朝啓; 아침에 아룀) 재상과 조말생·하연 등으로 노비 변정에 대해 의논하게 하니. 의금부 제조 박신(朴信) 등은,

"대저 노비에 대한 것은 남집(濫執)·잉집(仍執)으로써 신축년(辛丑年)에 정한(定限)하였는데, 박송비의 자손도 또한 남집으로 정장(呈狀)하였고, 또한 박은은 바로 황단유의 육촌제(六寸弟) 이지성(李之誠)의 증손(曾孫)으로 황단유에 대해서는 손외(孫外)가 되는 까닭에 신 등의 생각으로는 타인의 노비를 남집한 것으로 여겼습니다."

하였고, 조말생·하연 등은,

"박은이 전(傳)해 가진 결절한 입안(立案) 3도(道)가 본문(本文)은 아니나, 모두 전한 것이 천적(賤籍)입니다. 그리고 3차(次)나 득결(得決; 판결을 받음)하였으니, 어찌 근거 없이 타인의 노비를 거집(據執)한 예(例)로 논할 수 있겠습니까?"

하여, 박신과는 달리 조은의 문권이 원본은 아니나 세 차례나 노비 소유권을 인정받은 것이니 "함부로 남의 노비를 불법으로 차지한 것[據執]"은 아니라고 조은의 손을 들어 주었다. 임금도 박신 등의 말해 노하여 말하면서,

"내 뜻도 또한, 타인(他人)의 노비를 거집(據執)한다는 것은 관련이 없는 타인의 노비를 거집하는 것을 말한다고 생각한다. 황단유의 자손은 허위이건 실지이건 간에 4차(次)나 종천(從賤; 천인 신분이

계승됨)한 관결(官決)이 있는데, 어찌하여 거짓이라 말하여 다시 나를 기망하는가? 군신(君臣) 사이에 어찌 이런 이치가 있겠는가? 나는 국가에 정형(政刑)의 실책이 없도록 하고자 하는데, 이제 이같이 나를 기망하니 경등은 나를 속(粟; 밥)이나 먹는 임금으로 여기는가? 임금을 속인 죄를 경등도 또한 면치 못할 것이다. 또 공사(公事)란 그 양쪽을 공평하게 하고자 함이고, 승부(勝負)란 공평에 있을 뿐인데, 어찌 유독 죄를 박은에게만 돌리는가? 또 대언(代言)의 직임은 임금의 과실(過失)이나 출납(出納)을 관장하여 규간(規諫)하지 아니함이 없어야 하는 까닭에 반드시 도리를 아는 사람을 택하여 좌우에 두는 것인데, 현임 삼성(三省)이 갑오년의 삼성이 기망한 죄와 부당하게 속공(屬公)시킨 사연(辭緣)에 대해 하문(下問)하였을 때에도 서선 등은 도리어 지금 삼성을 옳다고 여겨 몽롱하게 계달(啓達)하였으니, 임금을 속인 죄를 모두 추국(推鞫)하여 아뢰라. 만약 정직하지 못한 말이 있게 되면 형문(刑問)을 가하여 추국하라."

라 하였다. 위의 인용문에서 보면 태종이, "황단유의 자손은 허위이건 실지이건 간에 4차(次)나 종천(從賤)한 관의 판결[官決]이 있었으니 박은이 불법으로 남의 노비를 차지한 것이 아니다."라고 한 것을 보면, 조은의 주장이 타당하다는 인식을 가지고 있다. 이 바탕 위에서 진위를 조사하는데 만약 사실대로 대답하지 않을 때는 고문을 해서라도 사실을 규명하라는 것이다. 또 직접 의금부에 명하여, 관련자들을 모두 잡아들이라고 했다. 이리하여 전임관인 지수천군사(知隨川郡事) 김희(金熙)·나주 교수관(羅州敎授官) 이초(李椒)·지진산군사(知珍山郡事) 유선(柳善)·전 헌납(獻納) 정곤(鄭坤)을 잡아 오게 하니, 김희와 이초는 갑오년의 형조 정랑이었고, 유선은 장령이었으며, 정곤은 헌납이었기 때문이었다.

그리고 6월 11일(乙未)에는, 전 판홍주목사(判洪州牧使) 유사눌(柳思訥)·형조참판 신상(申商)·우헌납(右獻納) 배윤(裵閏)을 의금부에 가두었는데, 유사눌은 갑오년에 지신사로 있으면서 이숙번(李叔蕃)에게 편당(偏黨)했다는 혐의 때문이었다. 6월 12일(丙申)에는 의금부 제조(義禁府提調) 박신(朴信)과 정역(鄭易), 위관(委官) 윤향(尹向)·진무(鎭撫) 이척(李陟)·지사(知事) 정종성(鄭宗誠), 도사(都事)인 김안경(金安卿)·양질(楊秩)·이초(李椒)·정곤(鄭坤)·김희(金熙) 등과 서선(徐選)·홍여방(洪汝方·이명덕(李明德)·한승안(韓承顔)을 의금부에 하옥하였는데, 박신은 조은과 함께 노비변정도감 제조에 제수되었다가 조은이 제조를 사임한 뒤 조은의 송사 사건을 최종 결재했던 인물이고, 서선·홍여방·이명덕·한승안은 현직 대언(代言)들로서 임금의 하문에 대답을 잘못했다는 이유였다.

영의정 유정현(柳廷顯)·예조판서 변계량(卞季良)·동부대언 하연(河演)·병조참의 우균(禹均)·이조정랑 우승범(禹承範)·호조정랑 서적(徐勣)·공조정랑 박신생(朴信生)에게 명하여 이들을 잡치(雜治)하게 하였는데, 이상 20여 명에 대한 국문 결과를 아뢰니 태종은 다음과 같이 처분하였다.

박신·정역·윤향은 석방하게 하고, 신상(申商)·유사눌(柳思訥)은 논하지 말게 했으나, 전후(前後)의 대간(臺諫)·형조(刑曹)의 관원에게 모두 장(杖) 80대를 속(贖)바치게 하고, 직첩(職牒)을 거두게 하였다. 김연지는 원종공신(元從功臣)의 아들이라 하여 그 직책만 파면하였다. 오직 오식(吳湜)의 직첩과 속(贖) 거둔 것을 도로 주게 했는데, 오식은 제주목사(濟州牧使)에서 체대(遞代)하여 서울에 온 지 오래지 아니하여 교지(敎旨)를 알지 못하였던 까닭이었다. 또 현직 대언 4명은 임금의 질문에 답변을 잘못한 때문이었다.

그리고 속공되었던 노비는 박은에게 환급함으로써 3년이 지나 재론되어 온 조정을 요동치게 한 박은의 노비 소송은 일단락을 보게 되었다.[7]

3. 노비 소송의 전말

앞에서 언급했듯이, 노비는 토지와 전근대사회의 주요 재산 목록이었으므로 이를 다투는 쟁송이 빈번하였고, 특히 권문세족들의 점탈이 우심했던 여말 선초에는 정도가 더욱 심하여 여러 차례 임시 기구인 노비변정도감(奴婢辨定都監)을 설치하여 이 문제를 해결하곤 했다. 태종 14년(1404) 4월에도 노비변정도감이 설치되었는데 이조판서 한상경(韓尙敬)·호조판서 박신(朴信)·금천군(錦川君) 박은(朴訔)을 제조(提調)로 삼고, 그 아래에 일처리에 능숙한 인물을 사(使)·부사(副使)·판관으로 삼아 15방(房)으로 나누어 노비 쟁송을 처결하게 하였다.[8]

그리하여 한 달도 안 되어 조은 대신 대사헌 유관(柳觀)이 제조에 임명되었는데,[9] 이는 아마도 박송비(朴松庇)의 후손 정탁(鄭擢) 등이 황단유(黃丹儒)의 후손 조은 등이 부리고 있는 노비에 대해 소송을 제기하게 되자 조은은 혐의를 피하여 변정도감 제조를 사

---

7) 《朝鮮王朝實錄》 태종17년 6월 12일(丙申)~6월 16일(庚子)
8) 《朝鮮王朝實錄》 태종14년 4월 14일(丁巳)
9) 《朝鮮王朝實錄》 태종14년 5월 19일(辛卯)

임했던 것으로 보인다.

정탁 등이 변정도감에 호소하기를,

"황단유(黃丹儒)의 자손 박은(朴訔)이 우리 노비를 거집(據執)하였습니다."

하니, 이에 대해 박은 등은 반론하기를,

"변정도감에서 접장(接狀)하는 법은 조부모(祖父母)·부모(父母)의 노비를 합집(合執; 형제의노비를 혼자 차지함)하고, 결절(決折)된 뒤에도 잉집(仍執; 전과 같이 그대로 소유함)하고, 타인(他人)의 노비는 거집(據執; 불법으로 차지함)할 뿐입니다. 이제 우리 노비들은 윗 항의 3건(件)의 예(例)가 아니고 바로 4차(次)나 소량(訴良; 良人임을 진정함)하여 내가 소유한 천적(賤籍)의 종천 노비(從賤奴婢)이니, 변정 도감은 정탁·이숙번 등의 청탁 때문에 접장(接狀)을 공정하지 못하게 하였습니다."

하였다. 이상 양변(兩邊)의 주장에 대해 소장을 토대로 변정도감에서 이를 추고하니, 정말로 거집(據執)한 것이 아니므로 그전대로 조은 등에게 주었더니, 정탁 등이 다시 소장을 내기를[申訴],

"변정도감이 오결(誤決)하였습니다. 법에 의거하여 논한다면 모두 역사(役使)하는 것이 마땅하지 않으며 다만 속공(屬公)하여야 마땅합니다. 만약 한년(限年; 기한 내) 이전에 양쪽이 잇달아 소송한 것으로 논한다면 중분(中分)의 예(例)에 두는 것이 마땅하고, 온전히 한쪽에 주는 것은 마땅하지 않습니다."10)

하였고, 조은은 이에 반대하여, 힘껏 노비의 근각(根脚; 외모 등 특
징)을 설명하고, 또 정탁(鄭擢)과 이내(李來)가 천총(天聰)을 기망
한다고 말하였다. 임금이 이를 읽어 보고 대언(代言)에 명하여 그
글을 봉(封)하여 궁중에 머물러 두게 하여 내려 주지 않고, 다만
양쪽에서 만들어 신정(申呈)한 단목(單目)을 대간(臺諫)과 형조(刑
曹)에 내려서 시비를 조사하여 밝히게 하였다. 대간과 형조에서
안핵(按覈)하여 상언(上言)하기를,

> "황단유(黃丹儒)와 박송비(朴松庇) 후손들의 노비(奴婢) 사건은
> 양쪽이 역사(役使)하는 것이 마땅치 못하니, 속공(屬公)하는 것이
> 마땅합니다."11)

라는 결안(決案)을 상달했는데, 그 근거 사유는, 박송비의 자손이
남집(濫執; 남의 노비를 함부로 차지함)한 것으로 정장(呈狀)하였
고, 조은은 바로 황단유의 육촌제(六寸弟) 이지성(李之誠)의 증손
(曾孫)으로 황단유에 대해서는 손외(孫外)가 되는 까닭에 타인의
노비를 남집한 것으로 여겨 속공(屬公)이 타당하다고 한 것이다.
이에 임금이 모두 속공시키도록 이렇게 명했다.

> "원고(元告) 박송비(朴松庇)의 후손은 전계(傳係)한 명문(明文)이
> 없고, 피고[隻] 황단유(黃丹儒)의 후손은 수교(受敎)한 한일(限日)
> 안에 문자(文字)를 바치지 않았는데, 도감(都監)에서 이에 황단유의
> 후손에게 결급(決給)한 것은 실로 부당하다. 이 노비들을 일체 모두

---

10)《朝鮮王朝實錄》태종14년(1414) 11월 20일(己未)
11)《朝鮮王朝實錄》태종14년(1414) 11월 20일(己未)

속공(屬公)하도록 하라."12)

그리고 속공이 결정된 뒤, 태종은 조은에게 노비(奴婢) 7구(口),
박자청(朴子靑)에게 노비 13구(口)를 주라고 명하면서 이렇게 말하
였다.

"황단유(黃丹儒)의 손자 등이 송사(訟事)한 노비는 전계(傳係)가
불분명하기 때문에 아울러 모두 속공(屬公)시켰다. 그러나, 박자청
(朴子靑)은 부지런히 봉공(奉公)하였고, 박은은 공신(功臣)이다. 집안
에서 여러 해 부리던 노비를 속공시켰으니, 그 정상이 가긍하다."13)

결국 조은 등의 노비는 태종 14년 말, 속공으로 결론이 났는데,
이 문제는 3년 뒤인 태종 17년(1417) 6월 12일 조은의 문제 제기로
앞에서 본바와 같이 모두 조은에게 환급(還給)됨으로써 조은의 손
을 들어 주었다. 결국 속공되었던 노비는 조은 등에게 환급되는
것으로 결론이 났으나 이 사건에 대해 당시 조정의 여론은 조은에
게 비판적이었던 듯한데, 장령 정흠지(鄭欽之)가,

"박은은 재상으로서 국가의 큰일을 말하지 아니하고 자주 사삿일
을 진달하였으니 대신의 체모를 잃었다."

라고 하며 조은을 탄핵하자 태종이 정흠지를 파직시키는 등 계속
조은을 감싸 더 이상의 논란은 없었다. 그러나 이 노비 소송에서

12)《朝鮮王朝實錄》태종14년(1414) 11월 20일(己未)
13)《朝鮮王朝實錄》태종15년(1415) 1월 21일(庚申)

속공(屬公)으로 판결했다가 곤욕을 치른 이십여 명의 관원들은 조은을 적대시했을 것이고 조정 분위기도 비판적이었을 것임을 미루어 알 수 있다.

조은의 노비송 문제를 다시 간략하게 정리하면 다음과 같다.

조은 노비송의 단초(端初)는, 태종 14년 4월, 노비변정도감(奴婢辨定都監)을 설치하여 노비 쟁송 사건을 접수하게 되니 청성군(淸城君) 정탁(鄭擢)·계성군(雞城君) 이내(李來) 등이 평장사(平章事) 박송비(朴松庇)의 후손이라 칭하면서, 영해부 호장(寧海府戶長) 황단유(黃丹儒)의 후손이라고 일컫는 박은(朴訔)·박자청(朴子靑) 등이 자신들의 노비(奴婢)를 거집(據執)하여 부리고 있다고 변정도감에 소장(訴狀)을 제출함으로써 비롯되었다.

그런데 이 소장을 심의하는 과정에서, 정탁 등은 구적(舊籍)을 바치지 못하였고, 박은 등은 비록 바치기는 하였으나 또한 적실(的實)하지 못했다는 것이다. 여기서 구적이란 노비를 소유하게 된 증빙 서류를 말하는데, 정탁 등은 아무런 증빙서를 제출하지 못했으나 박은 등에게는 몇 차례 전해 받은 문서가 있고, 현재 소유하여 부리고 있다는 것이 무엇보다 확실한 증거였다.

당시는 재산 상속에 있어서 모계(母系)도 부계(父系)와 동등한 권리를 갖는 양측적 친족제(兩側的親族制)였으므로 모계의 토지나 노비를 상속 받았을 경우 타성 인척과의 분쟁이 많았다. 조은이 이들 노비를 소유하게 된 연유도 외가로부터 상속 받은 노비일 가능성이 큰데, 조은 노비 소유의 근거가 되는 황단유가 영해부(寧海府) 호장(戶長)이라 했고, 박자청도 영해 출신이고, 조은의 외조모 즉 가정(稼亭) 이곡(李穀)의 처가가 영해 괴시리(槐市里)로 목은

이색도 여기에서 태어났다. 조은은 바로 황단유의 육촌제(六寸弟) 이지성(李之誠)의 증손(曾孫) 자격으로 노비를 전수(傳受) 받았다고 했는데, 그러려면 박은과 황단유·박자청·이지성과의 인척관계가 구명되어야 한다.

황단유는 영해 호장이니 그 인근인 평해 황씨(平海黃氏)일 가능성이 많고, 박자청은 영해 박씨(寧海朴氏)인데 황씨네 가인(家人)으로 고려 말에 무(武)로 입신하여 세종 초에 판서를 역임한 인물이다. 더 자세한 인척 관계를 알아보기 위해 평해 왕씨와 영해 박씨의 초기 세보(世譜)를 검토해 본 결과 세보가 작성되기 이전의 인물이어서인지 두 사람의 인명을 찾을 수 없었다. 이지성이란 인물도 혹 조은의 외가쪽 인물로 한산 이씨가 아닐까 하여 한산 이씨 족보에서 찾았으나 발견되지 않았다. 정탁·이내 등의 선조라고 칭하는 박송비는 함경도 덕원(德源)의 향리로 김준(金俊) 등과 함께 최씨(崔氏) 무신정권을 타도하여 왕정(王政)을 복고한 공로로 공신에 책훈되고 참지정사(參知政事)에 오른 인물인데, 이들 역시 인척(姻戚) 관계로 얽혀졌을 가능성이 많다.

따라서 조은이나 정탁이나 노비의 소유권을 주장하는 근거는 모두 모계(母系)쪽이었다. 문제는 증빙서류의 유무인데, 조은쪽 노비는 상속 규정에는 벗어났으나 몇 차례 전해 받은 서류가 있으며 또한 현재까지 부리고 있었던 데 반해, 정탁 등에게는 아무런 증명할 자료가 없었다. 정탁 등은 단지 인척 관계 족보를 따져 보니 관계가 걸리므로, "혹 잘 되면 반이라도 차지할 수 있지 않을까." 하는 기대에서 노비 소송을 제기했을 것이다. 이렇게 조금이라도 인연이 있는 사람들은 너도나도 소장을 올리게 되어 이때 접수된

소장(訴狀)만도 1만 2천 797장이나 되었다.[14]

이렇게 볼 때, 조은으로서는 중분(中分)이건 속공(屬公)이건 절
대로 받아들일 수 없는 문제였는데 반해, 정탁 등은 중분이 되면
횡재인 셈이고, 속공한다고 해도 아쉬울 것이 없는 것이니, "못 먹
는 감 찔러나 본다."는 격으로 속공을 강력히 주장하여 관철시켰
는데, 여기에는 당시 조은과 라이벌 관계에 있던 이숙번(李叔蕃)도
가세하였다. 조은은 다시 이의를 제기하는 소장(訴狀)을 올렸으나
당시 지신사 유사눌이 이숙번에 편당(偏黨)하여 조은의 소장을 묵
살함으로써 속공이 기정사실로 되고, 조은도 속공 판결을 그대로
받아들이지 않을 수 없었지만, 그렇다고 승복한 것은 아니었다.
이숙번은 누구인가. 1차 왕자의 난 때는 지안산군사(知安山郡事)
재직 시 정릉(貞陵; 태조 계비 神德王后 康氏의 능) 역사(役事) 동
원군을 거느리고 태종을 도와 2등 공신이 되었고, 2차 왕자의 난
에는 개성(開城) 시가전(市街戰)에서 시석(矢石)을 무릅쓰고 방간
(芳幹)의 군사를 격퇴하여 1등 공신에 오른, 공신 중의 공신이라고
할 수 있는 인물이다. 그러나 성격이 광망(狂妄)하여 일에 실수가
많았는데, 태종이 자신을 중용(重用)하지 않는다고 태업(怠業)을
하다가 전리(田里)에 방축된 인물이다. 태종이 이숙번을 끝까지 중
용(重用)하지 않은 이유는, 자신은 이숙번을 통제할 수 있지만, 혹
시라도 다음 임금이 아버지가 중하게 여기던 신하라 하여 중용하
게 되면 미래의 정사를 그르치지 않을까 하는 원려(遠慮) 때문이
었다.

---

14) 《朝鮮王朝實錄》 태종14년 6월 16일(丁巳)

태종 15년 1월 21일(庚申)에 조은 등이 부리던 노비를 속공(屬公)시킨 보상으로 조은에게 노비 7구(口), 박자청(朴子靑)에게 13구(口)를 주었으니, 보상 받은 노비가 도합 20구인데, 아마도 속공된 노비는 이보다 많았을 것이나, 어느 정도의 보상은 받았다고 보아야 한다. 그리고 박은과 박자청의 보상 비율이 7 : 13이니 속공 노비도 이에 비례했을 것으로 보이는데 조은은 박자청의 반(半)이 약간 넘는다. 그렇다면 조은은 속공 노비에 대한 얼마간의 보상은 이루어졌다고 보아야 한다. 그렇다면 조은은 왜 이미 과거사가 된 3년 전의 노비 소송 문제를 다시 거론하여 20여 명이나 되는 관료들이 연루되어 벌을 받고 온 조정을 소란케 함으로서 조정 여론도 자신을 등지게 하였을까. 이는 단지 노비 몇 구가 탐이 나서 그런 일을 했다기보다는, 그 성품으로 보아 이 노비 송사는 자존심 때문에 그냥 지나쳐 버릴 문제가 아니었기 때문이었던 듯하다. 세종 4년 10월 12일(丙申) 임금이 제사를 내린 제문에 "풍의(風儀)는 껄껄하고 씩씩하여 세상 사람들에게 합하기 어려웠다.[風儀落落乎難合]"는 한 마디 말이 조은의 성품을 가장 적절하게 표현한 말이라 하겠다.

그런데 결과적으로 이 노비송 문제는 조은이 태종 묘정(廟廷)에 배향되지 못하는 중요 요인이 되었다. 세종 6년, 태종의 배향 공신을 논의할 때, 조정 신하들 간에는, 수년 전[1417년 6월]의 노비 재론 문제를 발론하여 20여 명이 처벌을 받아 온 조정이 소란했던 기억이 새로워 조은에 대한 여론이 좋지 않았을 것이다. 그리고 세종으로서는 아무리 부왕 태종이 신뢰한 조은이었다고 하더라도 자기의 장인 심온이 원수로 지목한 인물이니 좋게 볼 수가 없었다. 이러한 분위기 아래서, 전일 태조묘 배향 공신을 논할 때, "남은(南誾)이 비록 태종의 정적이었지만, 개국에는 공이 많았다."고 남은을 강력하게 추천한 조은 같은 인물도 없었던 것이다.

Ⅱ. 심온(沈溫)의 유언(遺言) - 반남 박씨(潘南朴氏)와 혼인하지 마라.

위의 제목에 나온 이 말은 세종의 장인인 심온이 세종 즉위년 12월, 명(明)나라에 사신 갔다 귀국 도중 압록강을 건너자마자 상왕 태종에 의해 반역죄로 체포되어 사약(賜藥)을 받고 죽으면서 후손들에게 남긴 유언이라는 것이다. 이는 조은의 7세손인 기재(寄齋) 박동량(朴東亮)의 저술로 《대동야승(大東野乘)》에 편록(編錄)된 〈기재잡기(寄齋雜記)〉에 수록된 것인데, 이 유언 때문에 "청송 심씨(靑松沈氏)는 반남 박씨와는 수백년 동안 혼인을 맺지 않았고, 혹 혼사를 맺어도 후사가 없었다고 전해진다."라는 말이 야사에 기록되어 있다.

이 사건의 연원(淵源)은 세종 즉위 초로 거슬러 올라간다. 즉, 태종은 세자를 양녕대군(讓寧大君)에서 충녕대군(忠寧大君)으로 바꾸자마자 당장 선위(禪位)하겠다고 폭탄선언을 하니, 모든 신하들이 들고 일어나 강력하게 반대하여 조정이 또 한번 시끄러워졌다. 태종의 선위 파동은 전에도 두 번이나 있었지만, 이번만은 달랐다. "아버지가 아들에게 선위하겠다는데 무슨 불가할 것이 있겠느냐?" 하면서 선위 의사를 굽히지 않았고, 신하들의 반대 또한 수그

러들지 않았다. 임금이 선위 의사를 밝히면 신하들로서는 극구 만
류하는 것이 신하의 도리인데, 감정의 기복이 심한 태종의 진의를
정확히 모르니 그 말을 곧이곧대로 믿고 덥석 그에 동조했다가는
또 어떤 역풍이 몰아칠지 모를 일이었기 때문이다. 결국 태종은,

"선위(禪位)하더라도 군사 사무는 내가 직접 챙기겠다."[15]

고 언명함으로써 그 진심을 드러냈다. 이때 좌의정 박은이,

"성상께서 전위하려 하심을 신들은 편안히 쉬시려는 것으로 생각
하였삽더니, 이제야 성상의 뜻을 알았습니다. 청컨대, 교서(敎書)를
내리시어 전위하시는 뜻을 밝게 타이르시어 신민의 마음을 편안하
게 하소서."

라고 아룀으로써 변계량(卞季良)에게 전위 교서를 짓게 하여 이를
반포하자 전위는 순조롭게 진행되었다. 이렇게 신하들의 거센 반
대를 잠재우고 이튿날 세종에게 왕위를 물려 줄 수 있었는데, 여
기에는 태종의 의중을 잘 아는 조은의 건의가 크게 주효했던 것이
다. 태종이 군사 문제를 유난히 챙긴 이유는 "권력은 군사력에서
나온다."는 진리를 자신의 경험으로 채득한 때문이다.

그런데 사건은 세종이 즉위한 지 불과 보름 만에 터졌다. 상왕
이 병조참판 강상인(姜尙仁)과 좌랑(佐郞) 채지지(蔡知止)를 잡아
의금부(義禁府)에 가두라고 명한 것이다.[16] 병조가 매양 군사에

---

15) 《朝鮮王朝實錄》 태종18년(1418) 8월 10일(丁亥)
16) 《朝鮮王朝實錄》 세종 즉위년(1418) 8월 25일(壬寅)

관한 일을 상왕에게 아뢰지 아니하고 먼저 임금에게 아뢰므로, 임금이 그럴 때마다 "어찌하여 부왕께 아뢰지 않느냐?"하면서 물리쳤다. 상왕이 이러한 사실을 알고, 강상인을 불러 몇 가지를 시험해 보고는 강상인이 자신을 속인다고 생각하였다. 강상인은 태종이 정안공(定安公)으로 있던 시절부터 30여 년간 태종을 따르던 측근 무신으로 원종공신(原從功臣)에까지 녹훈된, 수족처럼 믿었던 사람인데 임금이 바뀌자 자신을 배반하고 새 임금에 아부한다고 생각한 것이다. 상왕 태종은 우부대언(右副代言) 원숙(元肅)과 도진무(都鎭撫) 최윤덕(崔閏德)을 불러 임금에게 다음과 같은 교지(敎旨)를 전하게 했다.

> "내 일찍이 교서를 내려 군국(軍國)의 중요한 일은 내가 친히 청단하겠노라고 말하였는데, 이제 상인 등이 모든 군사에 관한 일을 임금에게만 아뢰고 나에게는 아뢰지 않았으며, 또 전일(前日)에 상인에게 명하여, '벼슬시킬 만한 사람을 적어내라.'고 하였더니, 상인은 제 아우 강상례(姜尚禮)를 더 적어 주상에게 아뢰어, 사직(司直)의 벼슬을 내리게 하고는, 와서 사례하기를, '주상께서 신의 아우 상례로 사직을 삼으셨나이다.'고 하였으니, 이는 임금을 속이는 것이다."17)

또 의금부에 대하여는,

> "내가 오래 왕위에 있어서 아는 사람이 많으니, 군국(軍國)의 중요한 일은 내가 친히 청단(聽斷)하겠노라고 하였는데, 이제 병조는

---

17) 《朝鮮王朝實錄》 세종 즉위년(1418) 8월 25일(壬寅)

궁정에 가까이 있으면서, 다만 순찰[巡綽]에 관한 일만 아뢰고, 그 밖의 일은 모두 아뢰지 않았으니, 이렇게 된 경위를 밝히라."

라는 엄명을 내렸다. 이리하여 병조는 대죄(待罪)하고, 환관 노희봉(盧希鳳)에게 명하여 군사(軍事)를 점검(點檢)하게 하고, 병조를 담당하고[知兵曹事] 있던 우부대언 원숙(元肅)이 병조를 접수하니, 병조는 초토화되었다. 병조판서 박습(朴習)을 비롯하여 참의 이각(李慤), 정랑(正郎) 김자온(金自溫)·이안유(李安柔)·양여공(梁汝恭), 좌랑 송을개(宋乙開)·이숙복(李叔福) 등도 모두 심문을 받았다.

이들은 한결같이 "특별한 의도는 없었고, 단지 사리를 제대로 살피지 못한 불찰 때문이었다."고 변명하니, 다시 태종은,

"강상인은 나의 은혜를 많이 입었거늘, 임금의 교지(敎旨)를 거짓 핑계하고 나를 속인 죄가 중하다. 죽지 않을 한도까지 고문하여 진실을 밝히라."[18]

고 하였다. 일차 심문을 끝낸 뒤, 상왕은 8월 29일, 박습과 강상인을 원종공신이라고 용서하여 면죄한 뒤 그의 고향으로 방축하였다, 나머지 사람들은 장형(杖刑)을 속전(贖錢; 벌금으로 형벌을 대신함)하는 선에서 마무리 되어 사건이 일단락되는 듯했다.

한 바탕 소란이 끝난 9월 1일, 세종의 장인 심온을 사은사로 임명하고, 이튿날에는 "심온은 국왕의 장인이니 그 존귀함이 비할 데가 없다."고 하면서 영의정에 제수했는데, 이때 나이 불과 44세

18) 《朝鮮王朝實錄》 세종 즉위년(1418) 8월 27일(甲辰)

였다. 심온은 고려 말부터 태조와의 깊은 친분으로 공신에 올라 정종 때 좌의정을 지낸 심덕부(沈德符)의 다섯째 아들인데, 그 동생 심종(沈淙)은 태조의 딸 경선공주(慶善公主)와 혼인했기 때문에 태종과는 동복(同腹)의 처남 매부 사이였다.

9월 22일, 태종은 지신사 하연(河演)과 이런저런 이야기를 나누다가 눈물을 흘리면서 묻기를,

"경은 원 참의(元參議; 元肅)의 말을 들었는가?"

라고 운을 떼니, 하연이 아뢰기를,

"원숙이 주상과 일을 아뢰는 신료들에게 〈상왕의〉 선교(宣敎)를 전하여 말하기를, '내가 들으매, 간사하고 교활한 자가 있으니 주상이 30세에 이르기 전에는 내가 군사를 살펴 보좌할 뿐이다.' 하신 말씀을 듣고 신료들이 감축하지 않은 자가 없었습니다."

하였다. 상왕이 탄식하여 말하기를,

"내가 근심을 잊고자 하면서도 아직 잊지를 못하고 있음은 간사한 사람이 있는 까닭이다."

하였다.[19] 여기서 태종이 말하는 간사한 사람은 바로 심온이었다. 심온은 전일 하륜이 권세를 부릴 때, 하륜이 뇌물을 많이 받는다는 등의 비행을 사위 충녕대군[뒤의 세종]에게 말하여 아버지 태

---

19)《朝鮮王朝實錄》세종 즉위년(1418) 9월 22일(己巳)

종에게 보고하도록 한 적이 있었고, 세자 양녕이 실덕(失德)을 계속할 때 많은 신하들의 관심이 충녕대군에게 쏠리자 공공연히 세자의 비행을 말하고 다니다가 태종으로부터 "감히 세자의 실덕을 공공연하게 말하지 말라."는 경고를 받기도 했다. 이런 일련의 일들로 인해, 태종의 머리 속에는 심온은 간사한 사람으로 각인된 것이다.

마침내 양녕이 세자 자리에서 쫓겨나고 충녕이 세자가 되었을 때, 심온은 사위 충녕에게,

> "사대부들이 나를 보면 모두 은근한 뜻을 보내니 심히 두렵습니다. 마땅히 사람들이 찾아오는 것을 사절하고 조용히 여생을 보내야겠습니다."

라고 했는데, 충녕이 이 말을 태종에게 전하니 태종이 심히 옳게 여겼다고 한다. 태종으로서는 간절히 바라던 바였으나 심온은 말만 그렇게 했지 처신은 그 반대였다. 뿐만 아니라 권력욕을 더욱 드러냈다.

심온은 의정(議政) 중에서도 인사권을 쥐고 있는 좌의정 자리를 탐하였다. 당시 좌의정은 문무관의 인사권을 관장하는 이조와 병조, 그리고 예조를, 우의정은 호조·형조·공조를 분장(分掌)하여, 영의정은 수상으로서 지위만 높았지 실무적인 권한은 없었다. 영의정에 임명된 뒤에 어떤 사람이 "국구(國舅)가 권력을 잡아서는 안 된다."고 말하자 "좌의정에 임명된 예가 있다."라고 반박했으니, 이는 태종의 장인 민제(閔霽)가 전일 좌의정을 역임한 경우를

말한 것이다.20) 민제는 정종(定宗) 때의 정승 지위가 태종 초까지 계속 이어지기는 했으나 워낙 신중한 성격이라 여흥부원군(驪興府院君)의 작위를 받은 뒤에는 정사에 적극적으로 참여하지 않았다. 사실 국구는 왕비의 아버지로서 그 존재감만으로도 위압적인데, 의정의 직위까지 겸한다면 신료들이 대등한 위치에서 국정을 논할 수 있을 것이며, 임금 또한 그 눈치를 보지 않을 수 있겠는가? 그러나 국초에는 금지 규정이 없어 본인의 체면과 염치에 의존할 뿐이었다.

그 후 10월 말까지, 강상인 등의 죄를 엄격히 다스려야 한다는 대간의 상소가 두어 차례 있었으나 태종은 그들에 대한 처벌 강도를 높이는 선에서 끝내고 더 이상 문제 삼지 않았다. 그러나 이는 태종이 이 문제를 더 이상 확대하지 않겠다는 것이 아니었고 그 진원(震源)을 제거하기 위한 방도를 모색하고 있는 중이었다. 드디어 11월 3일, 태종은 편전(便殿)에서 조말생(趙末生)·원숙(元肅)·장윤화(張允和)·하연(河演)에게 말하기를,

"전일에 강상인의 일을 말하다가 마치지 못하였으니, 다시 경들과 이를 말하려 한다. 〈태종은 강상인의 그간 잘못을 열거한 뒤〉 이런 일을 하는 것은 장차 뒷날의 준비를 하려는 것이다. 그 마음을 살펴본다면, 그가 심히 용렬하고 악하다. 다시 국문(鞫問)하여, 만약에 반역할 마음이 없는데 이를 죄주면 실로 원통하고 억울함이 될 것이니, 마땅히 이를 용서해야 되겠지마는, 진실로 반역할 마음이 있었다면 신하가 유독 상인뿐만이 아니고, 임금도 지금 임금만이 아니니, 어찌 왕법(王法)으로써 이를 다스리지 않겠는가. 그때의 행수

20) 《朝鮮王朝實錄》 세종 즉위년(1418) 11월 23일(己巳)

(行首; 병조판서 朴習)인 당해 관원도 또한 마땅히 심문해야 될 것이다."21)

하니. 원숙은

"박습이 비록 상인의 말만 따랐다고 하지마는 그러나 일에 경험이 많으니, 어찌 알지 못하고 이 일을 하였겠습니까."

하였다. 이에 장윤화를 명하여, 좌(左)·우의정(右議政)의 집에 가서 묻게 하였더니, 박은(朴訔)은,

"상인이 범한 죄가 이보다 큰 것이 없습니다. 임금께서 인자(仁慈)하여 경한 형벌에 처하였으므로 온 나라 사람이 논청(論請)하였으나 윤허를 얻지 못하였는데, 지금 다시 신문하게 하시니, 신은 실로 기뻐합니다."

하였고, 이원(李原)이 나아가 아뢴 말도 박은의 의논과 같았다. 이렇게 조정에 비판 여론을 조성한 태종은, 의금부 진무(義禁府鎭撫) 안희덕(安希德)을 단천(端川)으로, 홍연안(洪延安)을 고부(古阜)로, 도사(都事) 노진(盧珍)을 사천(泗川)으로, 진중성(陳仲誠)을 무장(茂長)으로 보내어, 강상인·박습·채지지(蔡知止)와 참의 이각(李慤)을 잡아오게 하였다. 이렇게 중신들의 동의를 구해 강상인 등의 죄를 재심하게 되었는데, 이때 태종의 머릿속에는 이미 옥사(獄事)의 방향이 잡혀 있었다.

---

21)《朝鮮王朝實錄》세종 즉위년 11월 3일(己酉)

11월 13일부터 이들에 대한 국문이 시작되었다. 이날 병조판서 박습의 공초에,

> "이각(李慤)이 '군사(軍事)는 마땅히 상왕전(上王殿)에 아뢰어야 될 것이다.'라고 하였으나, 상인은 빙긋이 웃으면서 대답하지 아니 하였습니다."

라는 말도 있었다. 며칠 뒤 태종은,

> "강상인(姜尙仁)이 이각을 대하여 빙긋이 웃은 것은 반드시 다른 뜻이 있을 것이니, 상세히 심문할 것이다.…만약 의문의 단서[疑端] 가 있는데도 복죄(伏罪)하지 않는다면, 어찌 세 번까지 기다린 뒤에 압슬형을 쓸 것이 있느냐."22)

라며, 국문 방법까지 제시하였다. 압슬형을 가하자 강상인은, "끝 까지 실수일 뿐 상왕을 깔보고 그렇게 한 것은 아니라."고 대답하 기도 하고, 또 "국가의 명령은 한 곳에서 나와야 한다는 생각에서 상왕에게 아뢰지 않았다."고도 하며, 심지어 "내가 신왕의 덕을 보 려고 그랬다."는 말까지 했으나23) 태종이 기대한 배후에 대해서는 일절 말하지 않았다.

11월 22일, 상인이 또 압슬형을 당하면서 다음과 같은 의미 있 는 진술을 했다.

---

22) 《朝鮮王朝實錄》 세종 즉위년(1418) 11월 13일(己未)
23) 《朝鮮王朝實錄》 세종 즉위년(1418) 11월 19일 및 20일

"날짜는 기억하지 못하지만 영의정 심온을 상왕전의 문밖에서 보고 의논하기를, '군사를 나누어 소속시키는데 갑사(甲士)는 수효가 적으니, 마땅히 3천 명으로 해야 되겠다.'고 한즉, 심온도 옳다고 하였으며, 그 후에 또 의논할 일이 있어 날이 저물 때에 심온의 집에 가서, '군사(軍事)는 마땅히 한 곳으로 돌아가야 된다.'고 하였더니, 심온도 '옳다'고 하였고, 또 장천군(長川君) 이종무(李從茂)를 보고, '군사(軍事)는 마땅히 한 곳으로 돌아가야 된다.'고 하였더니, 종무가 빙긋이 웃으면서 수긍하였으며, 또 우의정 이원(李原)을 대궐 문밖 길에서 만나, '군사를 나누어 소속시키는 것이 어떠냐.'고 하였더니, 대답하기를, '이를 어찌 말할 수 있느냐.'고 하였다."[24]

위의 내용은 강상인이, 군부 책임자로서 양왕 체제하에서 두 임금을 경호하면서 군사 업무를 양쪽에 보고해야 하니 번거롭고 불편한 점이 많았을 것이니, 가까운 이들에게 "군사(軍事)는 마땅히 한 곳으로 돌아가야 된다."는 생각을 실토한 것으로 이 정도는 있을 수도 있는 일이겠으나, 태종의 선위(禪位) 조건이 '군무는 자기가 맡기로 한' 이상 이에 반론을 제기하거나 그 반론에 동조하는 것은 반역이요, 이를 듣고서 아뢰지 않은 것 또한 죄를 면할 수가 없었다.

다음날(11월 23일), 의금부로부터 강상인의 진술을 보고 받은 상왕 태종의 반응은 이러했다.

"과연 내가 전일에 말한 바와 같이 그 진상(眞狀)이 오늘날에야 나타났구나. 마땅히 대간(大姦)을 제거하여야 될 것이니, 이를 잘 살펴 문초하라."[25]

24) 《朝鮮王朝實錄》 세종 즉위년(1418) 11월 22일(戊辰)

이 말의 의미는 강상인이 "군사(軍事)는 마땅히 한 곳으로 돌아
가야 된다고 했더니, 심온도 '옳다'고 찬동하며 맞장구를 쳤다."는
것이다. 이리하여 장천군 이종무와 영의정 이원도 강상인과 대질
심문을 받아야 했다. 이원은 불충한 말을 듣고서 보고하지 않았다
는 죄목이다. 이원이 옥에 나가 강상인을 보고 "강참판은 사람을
죄에 빠트리지 말라."고 호통을 쳤다. 이종무도 대변하니, 강상인
이 "고문을 견디지 못해서 한 말이니 실상은 모함이다."라고 말함
으로써 이원은 죄를 면하게 되었고, 이종무도 얼마 후 석방되었다.

승전색(承傳色) 내관(內官) 김용기(金龍奇)가 의금부에서 신문한
일을 세종에게 아뢰면서,

> "심 본방(沈本房; 왕의 장인을 본방이라 부른다.)이 군사가 한 곳
> 에 모여야 된다는 말을 들었다고 하옵니다."

하니, 임금이 답하기를.

> "비록 그렇지마는 상왕의 교지(敎旨)가 이미 이와 같으시니 장차
> 어찌하겠는가."

하고서, 장인의 신변이 위태롭게 된 것을 직감하고, 즉시 수강궁
(壽康宮)에 나아가서 김용기의 말을 상세히 상왕께 아뢰었는데, 요
지는 "심온도 군사가 한 곳에 모여야 된다는 말을 들었다."는 것이
었다. 그러나 상왕의 대답은 이러했다.

---

25) 《朝鮮王朝實錄》 세종 즉위년(1418) 11월 23일(己巳)

"내가 들은 바는 이와는 다르다. 과연 이와 같다면 무슨 죄가 있으랴."

상왕의 이 말은 심온은 "강상인의 불평을 듣기만 한 것이 아니라 그 말에 찬동한 주모자이니 문제가 있다."는 것이다. 상왕은 그것을 임금에게 주지(周知)시킬 필요가 있었고, 그러기 위해 자신의 마음을 누구보다 잘 아는 조은을 통해 세종에게 확인시키려 그 자리에서 불렀으나 좌의정 박은은 자신의 입장이 곤란해지는 것을 피하기 위해 병을 핑계하고 입궐하지 아니하였다. 상왕이 조은의 뜻을 헤아려 알고, 이번 사건의 처리 방향을 조은에게 확실히 통보하기 위해 원숙(元肅)에게 명하여 조은의 집에 나아가서 교지를 전하였다.

"처음 상인(尙仁)의 죄는 대간(臺諫)과 나라 사람이 두 번이나 청하였으니, 내가 그 정상을 모르는 것이 아니나, 고식적(姑息的)으로 윤허하지 않고 다만 외방(外方)으로 내쫓기만 하였는데, 그 후에 생각해보니, 나의 여생은 많지 않고 본 바가 많으므로 이와 같은 대간(大姦)은 제거하는 것이 마땅하므로, 다시 그 일을 신문(訊問)하여 이와 같은 사태에 이른 것이다. 심온이 군사가 한 곳에 모여야 된다는 말을 듣고, 대답하기를, '군사가 반드시 한 곳에 모이는 것이 옳다.'고 하였다 하니, 경은 이를 알아야 할 것이다."

조은이 고개를 숙이고 엎드려 명령을 듣고 즉시 일어나 앉으며 말하기를,

"신은 이 일이 이 지경에 이를 줄 몰랐습니다. 심온이 말한 바, 한 곳은 어찌 우리 상왕전(上王殿)을 가리킨 것이겠습니까. 반드시 주상전(主上殿)을 가리킨 것이오니 그 뜻은 묻지 않아도 알 수 있습니다. 신도 또한 아뢰올 일이 있으니 마땅히 두 임금 앞에 가서 친히 아뢰겠나이다."26)

하고 입궐 의사를 밝혔다. 상왕이 조은에게 내린 교지의 본지(本旨)는 "나의 여생은 많지 않고 본 바가 많으므로 이와 같은 대간(大姦)은 제거하는 것이 마땅하다."는 것이었는데, 상왕이 '대간'이라고 한 것은 바로 심온을 가리킨 것이다. 상왕의 뜻을 확인한 조은은 즉시 수강궁에 나아갔다. 두 임금이 동석한 자리에서 그간의 상황을 소상히 밝혀야 자신과 심온 사이에 있었던 잡음이 해소되고, 또 태종 사후에도 후환이 없을 것이라고 생각했기 때문이었다. 복잡한 상황을 한꺼번에 말하게 되니 자연 조은의 상소는 장황하고 얼핏 보면 두서가 없는 듯 보이기도 했다. 박은이 아뢰기를,

"지화(池和)가 어느 날 신의 집에 왔으므로, 신이 말하기를, '내가 장차 좌의정을 사직(辭職)하려 하는 바, 심 본방(沈本房)으로서 나를 대신하도록 청하고자 한다.'고 하였삽더니, 그 후 수일 만에 지화가 다시 와서 말하기를, '내가 정승(政丞)의 말로써 심 본방에게 말한즉, 본방이 "네가 좌의정에게 노력하도록 청하라고 했다." 하였습니다. 신이 지화의 말을 듣고 생각하기를, 외척으로서는 마땅히 겸양하는 마음을 가져야 될 것인데, 지금 이 말은 오로지 권세만을 위하여 말하는 것이오니 무슨 뜻이겠습니까. 그러므로 신이 전일 중량포(中良浦)의 주참[晝停]에서 감히 하고 싶지 않은 말을 은밀히 언

---

26) 《朝鮮王朝實錄》 세종 즉위년(1418) 11월 23일(己巳)

급한 것입니다."[27]

하였는데, 처음 심온의 예우(禮遇) 논의가 있을 때, 어떤 사람이 "〈임금의 장인이〉 나라의 정권을 잡을 수는 없다."고 말하니, 심온은 "좌의정에 임명된 예가 있다."고 했는데, 이는 앞서 언급한 태종의 장인 민제(閔霽)의 경우를 말한 것이다. 지화가 그 말을 조은에게 누설한 까닭으로, 조은이 짐짓 자기는 벼슬을 사직하고 심온으로 대신하고자 한다고 말한 것이었다. 앞에서 언급했듯이 영의정은 수상으로서 지위만 높았지 실무를 담당하지 않았고, 좌의정과 우의정이 6조(曹)를 분담했는데, 특히 좌의정은 문무관의 인사권을 담당한 이조와 병조를 맡았으므로 권력이 막강했다. 물론 이때는 아직 심온이 영의정에 임명되기 훨씬 전의 일이기는 하지만, 심온은 영의정이 권세 없는 것을 꺼려 좌상의 자리를 탐했던 것이다.

지화란 자는 신수점(身數占; 사람의 運數를 보는 점)을 치는 소경으로 두 집안에 친숙하게 왕래하였던 모양이다. 또 중량포의 낮참에서 은밀히 말했다는 말은, 임금이 일찍이 상왕을 따라 중량포에 행차하여 낮참에 한담(閒談)할 즈음, 조은이 외척이 국사에 참견하는 일을 말하면서 아뢰기를, "후비(後妃)의 아버지는 임금이 자주 접견하는 것이 마땅치 않습니다."고 했기 때문이었다. 조은이 또 아뢰기를,

"경복궁에서 시립(侍立)할 때에 심온의 사위 유자해(柳子諧)가 신을 보고 비웃으며 말하기를, '이 사람은 마땅히 물러가서 집에 엎

---

27) 《朝鮮王朝實錄》上同

드려 있어야 될 것인데, 지금 의기양양하기를 이와 같이 하는가.'고
하였다는데, 신의 족인(族人) 이계주(李季疇)가 그 곁에 있다가 이
말을 듣고 상세히 말해 주었습니다."28)

하였는데, 유자해의 이 말은, 박은이 일찍이 좌의정을 사직한다고
해 놓고 계속 출사하니 좌의정 자리를 은근히 기대하던 심온의 사
위로서 이를 비판한 것이다. 그러나 조은이 '사직 운운'한 것은 권
세를 탐하는 심온의 의중을 떠보기 위함이었지 진정 사직하고자
한 것은 아니었고, 사직을 청했지만, 태종이 사면을 허락하지도
않았다. 조은이 또 아뢰기를,

"전에 신이 신의 관직을 심온에게 주기를 청하였으나 윤허(允許)
를 얻지 못하였는데, 변계량이 이 말을 듣고 은근히 신에게 말하기
를, '신하가 사직하는 것은 의리(義理)인데, 다른 사람에게 주기를
청한 것은 임금의 마음에 어떻다고 여기시겠느냐.' 하며, 또 신으로
하여금 다시 아뢰라고 하기에, 신이 다시 아뢴 말씀이 〈위에 말씀
드린 바와 같이〉 운운했습니다. 그러한즉 전일에 제 관직을 다른 사
람에게 주었으면 좋겠다고 아뢴 것에 대해 임금의 마음에 비록 그
르게 여기셨겠지마는, 지금 이 아룀을 들으시면 반드시 의심이 시원
스럽게 풀릴 것입니다."29)

고 하였다. 즉, 전일에 자신이 좌의정의 직을 사직할 터이니 대신
심온에게 주라고 천거까지 한 것은 신하로서 참람한 것이었는데,
그런 상소를 올리게 된 까닭은 이상과 같은 배경 때문이었다는 것

---

28) 《朝鮮王朝實錄》上同
29) 《朝鮮王朝實錄》上同

을 발명한 것이다. 조은이 나간 후, 상왕이 임금에게 이렇게 말했다.

> "좌의정이 한 말은 그 의미를 알지 못하겠다. 대개 유자해(柳子諧)가 한 말은 오로지 박은 자신에 관한 것이고 공사(公事)에는 관계 없는 것인데, 하필 오늘의 옥사(獄事)를 위하여 이를 말하였을까."[30]

조은이 아뢴 말은 말이 길었지만, 근본 취지는 국구(國舅)인 심온이 권력을 탐하는 것은 옳지 않다는 것이었고, 그 의견은 상왕 태종의 생각과도 일치하는 점이었다. 그런데 조은이 옥사와 관계 없는 유자해의 말까지 언급한 것에 대해 태종이 불만을 표현한 것으로 보인다. 그러나 조은의 입장에서는 유자해 문제를 세종 앞에서 설명할 필요가 있었던 것이다. 즉, 세종이 왕위에 오른 직후, 인사권을 맡은 좌의정 박은이 새롭게 관직에 임명할 사람들의 명단을 가지고 왔는데, 거기에는 심 왕비의 큰 아버지, 작은 아버지가 포함되어 있었고, 유자해까지 승진시켜야 된다고 주장했으나 세종이 만류하여 보류되었다. 이는 조은이 세종의 환심을 사려는 의도적인 것이었다. 그러나 얼마 뒤 세종이 유자해의 승진을 조은에게 묻자 조은은 머리를 숙이고 답하지 않았는데, 이는 이계주의 말을 들은 뒤라 유자해에 대해 불쾌한 감정이 있어서였다. 본심을 숨기지 않는 것은 조은의 기질이었으므로 마지막에 유자해 문제를 언급한 것은 그간의 속내를 세종에게 알릴 필요가 있다고 생각했기 때문이었다.

사실 조은은 이미 태종과 정치적 운명을 함께하기로 결심하고

---

30) 《朝鮮王朝實錄》上同

있었는지도 모른다. 다행스럽게도 조은은 태종이 세상을 떠나기 하루 전날 운명함으로써 세종과의 숙명적인 대결을 피하게 되었다.

한편, 심온은 국내에서 이러한 사태가 벌어진 줄 까맣게 모르고 귀국길을 재촉하고 있었다. 11월 25일, 태종은 판전의감사(判典醫監事) 이욱(李勗)으로 의금부 진무(義禁府鎭撫)를 삼아 의주(義州)에 가서 심온(沈溫)이 국경을 넘어오기를 기다려 잡아 오라고 하면서, 만약 중국 사신이 동행해 오거든, "그 어머니에게 일이 생겼다."는 말로 사신을 속이고 잡아오라는 방법론까지 치밀하게 일러 주었다.31)

그리고 다음날에는 조은 등을 불러 강상인과 심온의 대질 심문을 논의했다. 상식적으로 보면 대질이 당연했다. 그런데 태종의 뜻을 잘 아는 조은은 이미 정상(情狀)이 드러났으니 대질할 필요 없이 강상인을 처벌해도 무방하다고 말했다.32)

속전속결, 바로 이날 강상인은 백관이 지켜보는 가운데 거열형(車裂刑)을 당했고, 박습은 옥중에서 이미 죽었으며, 이관과 심청은 참수형을 당했다. 심온의 형제들은 모두 귀양 가고 자식들은 관노(官奴)가 되었다. 11월 29일, 조은은 중궁의 폐비 문제를 넌지시 제기했으나 태종이 볼 때 심온만 제거하면 되는 것이기 때문에 반대했다.

심온 체포 명령을 받고 의주로 떠난 이욱이 심온을 압송해서 서울로 돌아온 것은 12월 22일이었다. 느닷없이 체포된 심온은 강상인 등이 이미 죽은 줄 모르고 그들과의 대질을 요구했으나, 결국

---

31) 《朝鮮王朝實錄》 세종 즉위년(1418) 11월 25일(辛未)
32) 《朝鮮王朝實錄》 세종 즉위년(1418) 11월 26일(壬申)

장형과 압슬형을 받고 사태를 파악했으므로 모든 것을 포기했다. 다음날 심온은 사약을 받고 세상을 떠났다. 몸을 온전히 보존하는 사약을 통한 사형이 태종이 심온에 대한 최대한의 배려였다. 심온은 국구(國舅)라는 지위로 인해 젊은 나이에 수상이 되었지만, 또한 이 때문에 45세라는 한창 나이에 생을 마감해야 했다.

이상에서 살펴 본 대로 심온의 죽음은, 앞으로의 왕권이나 정치에 걸림돌이 되지 않을까하는 상왕 태종의 의구심(疑懼心)으로 인해 대간(大姦)으로 지목하고 있던 심온이 표적이 된 때문이었다. 따라서 심온의 생사에 신하들의 의사가 끼어들 여지는 전혀 없었다. 태종이 누차 밝힌 대로 "나의 여생은 많지 않고 본 바가 많으므로 이와 같은 대간은 제거하는 것이 마땅하다."는 신념에서 심온은 제거된 것이다.

임금의 장인이 왕의 후원 세력이 될지언정 어떻게 왕권에 위해(危害)가 되겠느냐고 반문할 사람도 있겠으나 그건 그렇지 않다. 외척이란 그렇게 단순한 것이 아니다. 물론 건국 초기와 같이 여러 왕자들이 서로 왕위를 차지하려고 각축할 때라면 외척은 든든한 후원 세력이 된다. 태종 자신이 왕권을 차지한 배경에는 고려 말 명문이었던 처가 민씨(閔氏)네 집안의 도움을 많이 받았다. 그러나 일단 목표가 달성된 뒤에는 외척 세력은 부담이 되고, 이 때문에 민무구 4형제가 모조리 죽음을 당하였다. 저 옛날 서한(西漢)은 외척인 왕망(王莽)으로 인해 나라가 멸망되기도 했고, 그 외에도 외척의 농단으로 국정이 문란해진 사례는 동서고금의 역사에 흔히 있는 일이었다.

실록(實錄)에서는 심온의 인품에 대해 "성품이 인자하고 온순하였다."라고 적고 있지만. 태종은 '간사한 사람'이라고 평하였다. 어쨌든 아직 젊은 나이의 심온이 계속 정권을 잡고 젊은 임금에게 영향력을 행사하게 될 미래는 태종으로서는 상상하기도 싫은 것이었다. 따라서 심온 사건 처리에 있어서 총감독은 외척의 국정 농단을 극도로 혐오한 태종이었고, 강상인이나 박습은 도구로 이용되었을 뿐이며, 조은을 비롯한 여러 신하들은 조연에 불과했다.

조선왕조실록을 보면, 수많은 사건으로 죽고 귀양 가는 일이 비일비재하지만, 임금은 사건의 최고 책임자임에도 불구하고 언제나 초월적 위치에 있었다. 어떤 문제도 신하들끼리의 다툼으로 결론 지우고, 임금은 신하들의 주장에 마지못해 따랐다는 식으로 기술한다. 임금이 내린 사약을 마시고 죽으면서도 "성은(聖恩)이 망극하다."고 해야지 임금을 비난하는 말은 금기 사항이었다. 따라서 심온은 당시 상왕 태종의 복심(腹心)으로 가장 신뢰를 받고 있었던 박은에게 원한을 돌릴 수밖에 없었다. 심온에게 사약이 내린 뒤, 의금부에서 또 심온의 가산 적몰하기를 청하자, 상왕이 조은에게 물으니, 조은은, "죄가 있는 신하는 너그럽게 용서할 수 없사오나 이와 같은 일은 마땅히 특별한 은전(恩典)을 내려 그 가산을 적몰하지 않도록 할 수는 있습니다."[33] 조은이 특지를 내려 온정 베풀 것을 청하여 그대로 시행되었다.

---

33) 《朝鮮王朝實錄》 세종 즉위년(1418) 12월 4일(己卯)

부 록

연보(年譜)

Ⅰ. 문정공(文正公) 휘 상충(尙衷) 연보(年譜)[1]

출생 : 고려 충숙왕(忠肅王) 후원년[後元年; 1332, 元 至順3] 壬申.
　　　공암현(孔巖縣) 마산리(馬山里)에서 태어나다.

선생 22세 : 공민왕 2년[1353, 원 至正13] 癸巳.

　5월; 을과(乙科) 제2인(第二人)으로 급제하다. 당시 장원은 손위
처남인 목은(牧隱) 이색(李穡)이었고, 선생이 차석을 한 것이다. 고
려 시대에는 갑과(甲科)가 없었으니, 을과는 조선시대 갑과이다.
고시관은 이제현(李齊賢)과 홍언박(洪彦博)이었다. 선생은 경사(經
史)에 널리 통하고 글을 잘 지었으며 특히 시에 뛰어나 일찍부터
재능이 있다는 명망이 높았다. 이해 봄 국자감시(國子監試)에 응시
하였는데, 사람들은 모두 선생이 장원할 것이라고 기대했고, 선생
도 자부하였다. 과방(科榜)이 붙었을 때, 선생의 이름이 없자 고시
관이 크게 놀라 낙제자들의 시권(試券)을 뒤졌으나 선생의 시권을
찾을 수 없었다. 사람들은 명성을 다투는 자가 미혹(迷惑)한 것이
라고 하였다. 이해 5월 과거에서 이색(李穡)의 방(榜)에서 을과 제2
명으로 급제하였다.

---

[1] 이 연보는 반남박씨 세적편(世蹟篇)에 있는 연보를 토대로 선생의 행장
　　및 《高麗史》·《高麗史節要》·〈高麗禮部試登科錄〉 등 관련 자료를 참고
　　하고, 당시 역사 사실을 고찰하여 필자가 보완한 것이다.

선생 23세 : 공민왕 3년[1354, 원 지정14] 갑오(甲午).

성균관 학유(成均館學諭)에 제수된 뒤 세 번 옮겨 국자박사(國子博士)에 오르다.

선생 27세 : 공민왕 7년[1358, 원 지정18] 戊戌.

상서성 도사(尙書省都事)에 제수되다.

선생 30세 : 공민왕 10년[1361, 원 지정21] 辛丑.

대부시승(大府寺丞)으로 승진하니, 품계는 선덕랑(宣德郎)이었다.

선생 31세 : 공민왕 11년[1362, 원 지정22] 壬寅.

승봉랑(承奉郎) 봉거서령(奉車署令)에 제수되다.

선생 32세 : 공민왕 12년[1363, 원 지정23] 癸卯.

승봉랑 전의주부(典儀主簿)에 제수되었다가 조봉랑(朝奉郎) 전교시승(典校寺丞)에 올라 장복(章服; 禮服)을 하사받다.

가을 7월에 지금주사(知錦州事)로 나가 3년간 재직하며 치적을 올렸다. 재직 중 처부(妻父)인 가정(稼亭) 이곡(李穀)의 문집인《가정집(稼亭集)》을 처남 이색(李穡)과 함께 간행하다.

선생 34세 : 공민왕 14년[1365, 원 지정25] 乙巳.

2월에 중앙으로 들어와 통직랑(通直郎) 삼사 판관(三司判官)에 제수되다.

선생 36세 : 공민왕 16년[1367, 원 지정27] 丁未.

예의사 정랑(禮儀司正郎)에 제수되어 성균박사(成均博士)를 겸하니 품계는 통직랑(通直郎)이었다. 예의사 정랑에 재직하면서 제사 의례[祭儀]를 정리한 사전(祀典)을 만드니, 이후부터 국가 의례가 예모를 갖추게 되었다. 이전에는 제사 의례를 기록한 전적(典籍)이 어지럽고 순서가 없어 여러 번 포고할 시기를 놓쳤다. 예를 맡은 제공들이 살펴서 바로잡고자 했으나 할 수 없었다. 선생이 예무(禮務)를 맡게 되자 옛 전적을 참고해서 앞뒤 순서에 따라 편차하여 베껴 사전을 만드니 뒤에 이 임무를 계승한 이들이 근거할 바가 있게 되었다. 임효선(林孝先)은 매번 "박선생의 문적(文籍)이 없었다면 내가 어찌 예무(禮務)를 감당할 수 있었겠는가" 하였다.

12월; 성균관을 재건하고 경전(經典)에 정통한 명유(名儒)들로 학유(學諭)를 겸직시켜 인재를 양성하고 문치(文治)를 진작시키려 할 때, 공이 선발되어 성균박사(成均博士)를 겸하였는데, 이 후로 매 관직마다 성균관 직을 겸하였다. 신축년(1361, 공민왕10)의 병화(兵禍; 紅巾賊의 난)를 겪은 이래 학교가 오래도록 폐허가 된 채 복구하지 못하였다. 전년(1366)에 성균관을 마암(馬巖) 북쪽, 숭문관(崇文館) 옛터로 이건(移建)하고, 다른 관직에 있는 당대 명유들을 뽑아 학직(學職)을 겸임시켰는데, 목은(牧隱) 이색(李穡)이 대사성을 겸하여 수장이 되었고, 선생을 비롯하여 포은(圃隱) 정몽주(鄭夢周)·도은(陶隱) 이숭인(李崇仁)·척약재(惕若齋) 김구용(金九容)·정재(貞齋) 박의중(朴宜中) 등 제공이 함께 소속되어 성리학(性理學)을 창명(倡明)하였다.

매일 명륜당(明倫堂)에 앉아 경전을 나누어 수업하고 강학을 마치면 서로 함께 의심스러운 곳을 논란하고 변석(辨釋)하고 절충하여 반드시 정자(程子)·주자(朱子)의 뜻에 부합하기를 힘썼다. 이에 동방의 성리학이 크게 일어나 학자들이 암기하고 낭송하는[記誦]하는 사장(詞章)의 구습을 제거하고 심신(心身)·성명(性命)의 이치를 궁구하여 유가(儒家)의 도를 종주(宗主)로 삼을 줄 알고 이단(異端)에 현혹되지 않으며, 의리를 바로하고 공리(功利)를 도모하지 않아 유풍(儒風)이 찬연히 일신되었으니 모두 교육의 힘이었다. 선생은 장사(長沙) 이존오(李存吾)·정도전(鄭道傳)·김제안(金齊顔) 등과도 친밀하였다.

선생 38세 : 공민왕 18년[1369, 明 洪武2] 己酉.

  세초(歲抄; 6월과 12월에 실시하는 인사 발령)에 정랑에서 조열대부(朝列大夫)로 품계가 올라 성균사예(成均司藝)·지제교(知製教)에 제수되다.

선생 39세 : 공민왕 19년[1370, 명 홍무3] 庚戌.

  이해에 아들 은(訔)이 출생하다. 이분이 평도공(平度公)이다.

선생 40세 : 공민왕 20년[1371, 명 홍무4] 辛亥.

  중의대부(中議大夫)로 승품하여 태상소경 보문각응교(太常少卿 寶文閣應教) 겸 성균직강 지제교(成均直講知製教)에 제수되다.

선생 41세 : 공민왕 21년[1372, 명 홍무5] 壬子.

  겨울; 봉상대부(奉常大夫) 전리총랑(典理摠郎)로 승진하여 성균직강(成均直講)을 겸하다.

선생 42세 : 공민왕 22년[1373, 명 홍무6] 癸丑.

7월; 어머니 화평군부인(化平郡夫人) 김씨의 상을 당하여 삼년상을 따르려 했으나 당시 국제(國制)에는 백일이면 탈상하고 출사(出仕)해야 했다. 공은 3년 동안 육식을 들지 않았다.

12월; 승진하여 중현대부(中顯大夫) 전교령(典校令)에 제수되어 지제교(知製敎)를 겸하였다.

선생 43세 : 공민왕 23년[1374, 명 홍무7] 甲寅.

4월; 지공거(知貢擧) 염흥방(廉興邦) 주관 하의 과거에서 정몽주(鄭夢周)와 함께 동지공거(同知貢擧)가 되어 33인을 선발했다. 이전에는 과거를 시행하려면 미리 고시관[知貢擧와 同知貢擧]을 지명하였는데, 기유년(1369, 공민18)부터 옛 제도를 혁파하고 중국 제도에 따라 과거 시험 하루 전날에야 비로소 고시관을 지명하였다. 이 때문에 사람들이 과거 시험 출제를 어렵게 여겼다. 염공(廉公)이 사사로이 "박상충·정몽주 같은 사람이 아니라면 누가 출제할 수 있겠는가?" 하였다. 염공이 마침내 지공거의 명을 받고 두 선생이 동지공거가 되었으니, 그 문장이 이처럼 존중을 받았다.

9월; 공민왕이 시해(弑害)되었다.

겨울; 지왕부인(知王府印)으로 들어가 국정에 참여하여 당대의 많은 명현을 천거하였다.

선생 44세 : 우왕 원년[1375, 명 홍무8] 乙卯.

1월; 포은 정몽주와 함께 명에 사신을 보내 공민왕의 상을 고해야 한다고 이인임을 설득하여 판종부시사(判宗簿寺事) 최원(崔源)이 고부사(告訃使)로 명에 갔다.

4월; 승진하여 봉순대부(奉順大夫) 판전교시사 우문관직제학(判典校寺事右文館直提學)에 제수되다. 이때 전년 겨울 명사(明使) 채빈(蔡斌)을 죽이고 북원으로 달아났던 김의(金義)의 수행원이 귀국하니 이인임·안사기(安師琦) 등이 이들을 후대하였다. 이에 상소하여, "김의가 명나라 사신을 죽인 죄는 당연히 문책하여야 하는데, 재상이 김의의 수행원을 후대하니, 이것은 안사기가 김의를 사주하여 사신을 죽인 것입니다. 이제 만일 그 죄를 다스리지 않으면 사직의 화는 이로부터 시작될 것입니다."라고 하면서 관련자의 처벌을 강력히 주장하였다.[1차 請却北元使疏]

5월; 집권자가 북원 사신을 맞아들이려 하자 김의 사건의 주도자를 처벌하라는 강력한 소를 올렸다.[2차 請却北元使疏]

6월; 우헌납(右獻納) 이첨(李詹)과 좌정언(左正言) 전백영(全伯英)이 소를 올려 이인임과 지윤(池奫)을 처벌하고 오계남(吳季南)·장자온(張自溫)의 죄를 바로잡을 것을 청하였다. 응양상호군(鷹揚上護軍) 우인열(禹仁烈)·친종호군(親從護軍) 한리(韓理)가 이인임의 뜻에 영합하여 글을 올려 "간관(諫官)이 재상을 탄핵한 일은 작은 일이 아닙니다. 간관이 옳다면 재상이 죄가 있는 것이고, 재상이 죄가 없다면 간관이 잘못인 것이니 변별하지 않을 수 없습니다. 하였다. 마침내 이첨과 전백영을 옥에 가두고 지윤과 최영(崔瑩) 등으로 하여금 국문하게 했는데, 심문하는 과정에서 말이 선생과 전록생(田祿生)에게 연루되어 함께 잡혀가 혹독한 고문을 받았다. 이때 김구용(金九容)·이숭인(李崇仁)·정몽주(鄭夢周)·임효선(林孝先)·염정수(廉廷秀)·염흥방(廉興邦)·박형(朴形)·정사도(鄭思道)·이성림(李成林)·윤호(尹虎)·최을의(崔乙義)·조문신(趙文信) 등 많은 신흥 사대부들이 화를 입었는데, 선생의 아우 박상진(朴尙眞)도 함께 화를 당했다.

7월 5일; 심한 고문을 받고 유배 도중 청교역(靑郊驛)에서 향년 44세로 운명하였다.

선생은 천품이 고요하고 말이 적었으며 아름다운 자질이 남보다 뛰어났고 강개한 성품에다 큰 포부가 있었으며 생업에 대해서는 말하지 않았다. 한가로이 있을 때는 단지 책을 볼 뿐이었는데, 성리학에 대한 조예가 깊었고, 아울러 성명학(星命學)에도 정통하였다. 일찍이 천문 관련 서적을 남에게 빌린 일이 있었을 뿐 스승에게 지도 받은 일도 없었는데, 그 법을 자득하여 사람의 길흉을 점치면 열에 여덟아홉은 맞추었다. 집에 있을 때는 효도하고 우애하였으며, 윗사람[임금]을 섬길 때는 의(義)로 충성하였고, 관직을 맡을 때는 부지런하고 삼가 털끝만큼도 마음에 거리낌이 없었다. 의롭지 않으면서 부귀한 자를 보면 멸시하였다.

고려의 운이 끝나려 할 때, 그 존망(存亡)의 기틀이 북원(北元)을 섬기자는 논의에 있다는 것을 훤히 알고서 분발하여 자신의 안위를 돌아보지 않고 맨 먼저 배척하였다. 한 손으로 오백년 종사(宗社)를 유지하고자 하니 천하의 큰 충성, 큰 의리가 아니고서 이와 같을 수가 있겠는가. 일찍이 대언(代言) 임박(林樸)에게 부친 시에, "충신 의사가 대대로 전해 오니, 종사(宗社)와 백성이 오백년 되었다네. 간인이 나라를 팔 줄 어이 알았으랴. 역당(逆黨)에게 편안히 자도록 내버려 둘 것인가." 하였으니, 그 말이 늠연(凜然)하여 선생이 뜻한 바를 상상해 볼 수 있다.

끝내 소인의 손에 죽으니, 온 나라 사람들이 슬퍼하고 사림(士林)이 매우 애석하게 여겼다.

공양왕 3년(1391, 명 홍무24) 辛未.

12월; 겸전의시승(兼典醫寺丞) 방사량(房士良)이 상소하여 안우(安祐)·이방실(李芳實)·김득배(金得培)·박상충(朴尙衷) 등의 관직을 추증하고 제사 지낼 것을 청하였다.

방사량이 시무(時務) 십일조를 올렸는데, 그 하나에, "큰 공로의 유풍은 만세의 사직을 부지해 주는 주춧돌이고, 충의(忠義)의 기운은 만세의 난적을 꺾는 도끼입니다. 원컨대 지금부터 왕실에 공이 있고 사직에 충성한 이들로서 불행하게 형벌을 받아 죽은 이들, 에를 들면, 안우(安祐)·이방실(李芳實)·김득배(金得培)·박상충(朴尙衷) 등은 소급하여 관직을 추증하고 특별히 제물을 하사하시어 올곧은 영혼을 위로하소서." 하니 공양왕이 깊이 받아들였다.

조선 태종(太宗) 원년[1401, 명 建文3] 辛巳.

숭정대부 문하시랑찬성사 판호조사 수문전학사 지춘추관사 반남군(崇政大夫門下侍郎贊成事判戶曹事修文殿學士知春秋館事潘南君)에 추증되었다.

아들 은(불)의 훈공(勳功)으로 은혜가 미친 것이다.

조선 태종(太宗) 16년[1416, 명 永樂14] 丙申.

대광보국숭록대부(大匡輔國崇祿大夫) 영의정부사 겸 영경연사 금성부원구(領議政府事兼領經筵事錦城府院君)에 추증되었다.

아들 은이 재상에 제수된 뒤 은혜가 미친 것이다.

조선 숙종 조; 포증(襃贈)하여 문정(文正)이라 사시(賜諡)하고 개성 옛날 거주지인 오관산방(五冠山坊)에 서원[五冠書院]을 세워 향사(享祀)하다.

Ⅱ. 평도공(平度公) 휘(諱) 은(訔) 연보(年譜)[2]

출생 : 고려 공민왕 19년[1370, 明 洪武3년] 庚戌.

선생 6세 : 고려 우왕 원년[1375, 명 홍무 8년] 乙卯.

---

[2] 본 연보는 선생의 현손(玄孫)인 승임(承任)이 선조 초, 도승지로 있으면서 평도공의 중자(仲子) 세양공(世襄公)의 종가에 보관되어 있던 '금천부원군평도공정안(錦川府院君平度公政案)'을 위주로 하여 그 수말(首末)을 보충하여 연보(年譜)를 만들고, 그 행장(行狀)과 옛 간첩(簡帖)에 서술된 것을 뽑아서 각 연도의 아래에 나누어 기록하여 작성한 것이다. 물론, 숙종 때, 9세손 박세채(朴世采)가 신도비명을 지었다는 기록 이후는 후대에 추기(追記)한 것이다. 자세한 것은 본 연보 말미(末尾)의 '금천부원군 평도공 정안의 제후지(錦川府院君平度公政案題後誌)'를 참조할 것. 기존 연보에는 명나라 연호를 앞세웠으나 여기서는 나이를 앞세우고, 명 연호는 괄호 속에 넣었다. 본 연보는 임진보(2012년 간) 세적편을 기본으로 했으나 일부 오역 부분은 필자가 바로잡았는데 역시 미진한 부분도 많다.

이해에 부친이 돌아가다. 【세보(世譜)를 살펴보건대 어머니가 1년 앞서 돌아갔다.】

선생 9세 : 고려 우왕 4년[1378, 명 홍무 11년] 戊午.

　10월 24일; 문음(門蔭)으로 판숭복도감사(判崇福都監事)[3]가 되다.

선생 16세 : 고려 우왕 11년[1385, 명 홍무 18년] 乙丑.

　4월; 회시(會試)에서 2등으로 합격했는데 진사 제일인(進士第一人)이었다. 【임위(任緯)의 방(榜) 아래 합격하였는데, 좌대언 윤취(尹就)가 시관을 맡아 99인을 뽑았다.】

선생 19세 : 고려 창왕 즉위년[1388, 명 홍무 21년] 戊辰.

　10월; 전시(殿試)에서 병과(丙科) 제2인으로 급제하다. 【생원 이치(李致)의 방 아래 합격하니 을과 3인은 이치(李致; 垠으로 改名)·김초(金貂)·박희문(朴希文)이고, 병과 7인은 정포승(鄭苞乘; 包로 改名)·박은(朴訔)·최지(崔漬)·김치(金峙)·정정(鄭井)·강로(姜魯)·한은(韓殷)이고, 동진사(同進士)가 23명인데 한 사람은 누락되었고, 남하(南夏)·김사민(金思敏)·안도(安堵)·맹사겸(孟思謙)·김조(金祖)·김치(金耻)·김과(金科)·장윤화(張允和)·곽척(郭隲)·정건(鄭慶; 뒤에 宗을 더함)·정수(鄭需)·박제(朴濟)·박관(朴寬)·문중용(文中庸)·이장(李章)·양중관(梁仲寬)·최굉(崔宏)·안종약(安從約)·윤변(尹邊)·박헌(朴軒)·조계생(趙啓生)·이사단(李師旦)이다. 고시관은 상

학사(上學士) 정도전(鄭道傳)과 부학사(副學士) 권근(權近)이었다. 이해 우리 태조가 압록강에서 회군하여 우(禑)를 내치고 창(昌)을 세웠다】

19일; 구전(口傳)에 의하면 권지전교교감(權知典校校勘)에 제수 되었다고 한다.

12월 29일; 선덕랑 후덕부승(宣德郞厚德府丞)이 되다.

선생 20세 : 고려 공양왕 1년[1389, 명 홍무 22년] 己巳.

12월 22일; 조봉랑 통례문판관(朝奉郞通禮門判官; 정5품)이 되다. 【이해에 공양왕(恭讓王)이 즉위하였다.】

선생 22세 : 고려 공양왕 3년[1391, 명 홍무 24] 辛未.

12월 24일; 봉선랑(奉先郞) 시통례문부사(試通禮門副使; 정4품)가 되다.

선생 23세 : 고려 공양왕 4년, 조선 태조 1년[1392, 명 홍무 25] 壬申.

2월 16일; 봉선대부(奉善大夫; 高麗 從4) 개성소윤(開城少尹)이 되다. 【이해 7월 16일 우리 태조가 즉위하였다.】

8월 7일; 봉렬대부(奉列大夫)[4] 지금주사 겸 권농방어사(知錦州 事兼勸農防禦使)가 되다.

선생 24세 : 조선 태조 2년[1393, 명 홍무 26년] 癸酉.

---

4) 고려 말기에는 품계(品階)와 관제(官制)가 자주 바뀌었는데, 봉렬대부(奉列大夫)라는 품계가 보이지 않아 상고할 길이 없다.

9월 21일; 통덕랑(通德郎; 朝鮮 正5 上階) 좌보궐 지제교左補闕知 製敎)가 되다. 【다시 낭관의 품계를 쓰니 일시적으로 품계가 강등 되었던 일이 있었던 듯하다.】

선생 25세 : 조선 태조 3년[1394, 명 홍무 27년] 甲戌.

9월; 조봉대부(朝奉大夫; 從4下) 지영주사 하양감무 겸 권농병마 단련부사(知永州事河陽監務兼勸農兵馬團練副使)가 되다.

선생 26세 : 조선 태조 4년[1395, 명 홍무 28년] 乙亥.

4월 27일; 지영주사 겸 권농방어사(知永州事兼權農防禦使)가 되다.

선생 27세 : 조선 태조 5년[1396, 명 홍무 29년] 丙子.

5월; 조산대부(朝散大夫; 從4上階) 지영주사 하양감무(知永州事 河陽監務)가 되다.

선생 28세 : 조선 태조 6년[1397, 명 홍무 30년] 丁丑.

정월 27일; 봉정대부(奉正大夫) 사헌시사 직수문전(司憲侍史直守 文殿)이 되다.【당시에 계림윤(鷄林尹) 유량(柳亮)이 어떤 일로 공을 욕되게 하였는데 공이 굴복하지 않고 "나도 공의 나이에 이른다면 공처럼 될 터인데 어찌 이렇게 핍박하시오."라고 하였다. 오래지 않아 조정에서는 유량이 항복한 왜인과 몰래 결탁하여 본국을 배 신하려 하였다고 생각하고 헌부(憲府)에게 치죄하도록 하였다. 집 정(執政)은 공이 일찍이 유량에게 욕을 당하였기에 반드시 죄상을 적발해낼 것이라 생각하고 - 유량이 1396년 계림부윤으로 있을 때

왜구가 침입했는데, 이를 맞아 싸우다가 형세가 불리해진 그들이
항복해 오자 이를 받아들인 후 섬멸하려다가 계획이 누설되어 모
두 놓쳐 버린 일로 체포되었다가 박은 덕택으로 죽음을 면하고 합
산(合山)에 유배되었다가 1398년 나주(羅州)에 안치되었다. 뒤에
풀려나 태종 때 정승이 되었다. - 이 벼슬을 주었다. 공이 대(臺)에
오르자 유량이 뜰아래 있다가 쳐다보고 문득 머리를 숙이고 눈물
을 흘렸으니 공이 반드시 옛날의 원한을 마음에 두고 있으리라 여
긴 것이었다. 서리(胥吏)가 판결문을 가지고 공에게 이르자 공이
붓을 던지고 큰소리로, "어찌 죄가 아닌 것으로 사람을 죽음에 빠
트리는가?"라 하였다. 마침내 서명하지 않고 유량이 딴 마음이 없
음을 보증하여 그가 죽지 않을 수 있었다. 뒤에 유량이 정승이 되
어 공에게 "나는 진실로 소인이다. 공을 위해 말채찍을 잡아 평생
을 마치고자 한 지 이미 오래 되었다."라고 하였다.】

　12월 17일; 중훈대부(中訓大夫) 지춘주사 가평·조종감무 겸 권
농병마단련사(知春州事加平朝宗監務兼勸農兵馬團練使)가 된다.

선생 29세 : 태조7년[1398, 명 홍무31년] 戊寅.

　9월 5일; 시사헌중승(試司憲中丞)이 된다. 【이달 태조가 정종에
게 선위하였다. 직전 8월에 그를 세자에 책봉했었다. 이 당시 태종
은 오래 전부터 두려워할 만한 상황 속에 있었는데 공이 병사를
이끌고 이르니 태종이 그를 머물게 하여 책략을 결정하는 데 참여
하게 하였다.】

선생 30세 : 공정대왕(恭靖大王) 정종(定宗) 원년[1399, 명 건문(建

文) 원년] 己卯.

정월 26일; 통훈대부(通訓大夫) 판사수감사(判司水監事)가 되다.

11월 19일; 지형조사(知刑曹事)를 겸하다.【본직은 전과 같다. 아래에서도 이에 따른다.】

선생 31세 : 정종 2년(1400, 명 건문 2년] 庚辰.

2월 8일; 인수부좌사윤 세자좌보덕(仁壽府左司尹世子左輔德)이 되다.【사전(史傳)과 행장에는 모두 인수부가 인녕부(仁寧府)로 되어 있다.】

【정월에 이방원을 책봉하여 세자로 삼았다. 이때 역신 박포(朴苞)가 또 군대를 동원하여 난을 일으키니, 공이 태종을 도와 계책을 세우고 방자함을 다스려 그 난을 극복했다.】

5월 14일; 통정대부(通政大夫) 좌산기상시 보문각직제학 지제교(左散騎常侍寶文閣直提學知製敎)가 되다.

6월; 대사헌 권근(權近)과 교대로 상소하여 이거이(李居易)·이저(李佇)의 수행원과 필마의 수에 대하여 아뢰었다.【윤허를 받지 못하였다.】- 상소문은 본집(本集)에 보인다. 또 대간(臺諫)과 교대로 소를 올렸다.- 상소문은 본집에 보인다.【《실록》에서 나온 것이다.】

이달에 또 조정의 선비를 가려 순군(巡軍)의 직책에 충원시키자는 소를 올리니, 윤허하였다. -상소문은 본집에 보인다.【《국조보감(國朝寶鑑)》에서 나온 것이다.】

7월; 대사헌 권근, 형조전서(刑曹典書) 여칭(呂稱)과 함께 교대로 상소하여 이무(李茂)·조영무(趙英茂) 등을 소환시키기를 청하다.-

상소문은 본집에 보인다. 【《실록》에서 나온 것이다.】 상소하여 과전(科田)을 진고(陳告)하여 체수(遞受)하는 법은 한결같이 전제(田制)에 따를 것을 청하다.-상소문이 본집에 보인다. 【《실록》에서 나온 것이다.】 상소하여 최영지(崔永沚)를 법에 의거하여 다스리도록 청하다. - 상소문은 본집에 보인다. 【《실록》에서 나온 것이다.】

헌신(憲臣) 권근(權近)과 함께 교대로 상소하여 조준(趙浚)·이거이(李居易) 등의 죄를 말하였다. 【상소문은 일실되었다. 당초에 경상도 감사 조박(趙璞)이 지합주사(知陝州事) 권진(權軫)에게 “계림부윤(鷄林府尹) 이거이가 나에게 ‘내가 조준의 말을 믿었던 것이 후회스럽다.’고 하기에 ‘무엇 때문이냐?’고 물었더니, ‘사병을 혁파하려 할 때에, 조준이 나에게 왕실을 지키는 것은 강한 군대만한 것이 없으니 그대는 잘 헤아리라고 하기에 내가 즉시 패기(牌記)[5]를 삼군부(三軍府)에 내지 않았더니 죄를 얻어 오늘에 이르렀다.’고 하더라.”라고 말하였다. 권진이 간의대부(諫議大夫)에 임명된 후 조박의 말을 제멋대로 꾸며서 좌중에게 고하였다. 이에 헌신 권근과 간신(諫臣) 박은(朴訔)이 교대로 상소하여 조준과 이거이 등의 죄를 말하였다. 임금이 “조준이 어찌 이런 말을 하였으랴.”하고는 상소문을 머물러 두게 하였다. 권근 등이 다시 소를 올리고 대궐에 나아가 굳이 청하니, 이에 조준을 하옥하게 하고 참찬문하부사(參贊門下府事) 이서(李舒)·순군만호(巡軍萬戶) 이직(李稷)·윤저(尹抵)·김승주(金丞霔) 등에게 명하여 추국하게 하였다.-《실록》에서 나온 것이다.】

---

5) 패기(牌記) : 글자가 쓰인 판자 모양의 표지. 여기서는 사병에 대한 기록이 적혀 있는 문건을 의미한다.

8월 7일; 충주목사 겸 권농병마단련사(忠州牧使兼勸農兵馬團練使)가 되다. 【이해 11월에 태종에게 선위하였다.】

12월 11일; 가선대부(嘉善大夫) 형조전서 수문전직학사(刑曹典書修文殿直學士)가 되다.

선생 32세 : 태종 1년[1401, 명 건문 3년] 辛巳.

정월 25일; 익대좌명공신(翊戴佐命功臣) 호조전서(戶曹典書)가 되다. 【겸직은 전과 같다. 아래에서도 이에 따른다.】

윤3월 1일; 전의감사(典醫監事)를 겸하다.

7일; 병조전서(兵曹典書)가 되다.

4월; 이조전서(吏曹典書)가 되다.

7월 13일; 추충익대좌명공신 가정대부 반남군(推忠翊戴佐命功臣嘉靖大夫潘南君) 보문각제학 겸 판전의감사(寶文閣提學兼判典醫監事)가 되다.

12월 9일; 반성군(潘城君)으로 개칭하다.

선생 33세 : 태종 2년[1402, 명 건문 4년] 壬午.

정월; 강원도관찰출척사(江原道觀察黜陟使)가 되다.

선생 34세 : 태종 3년[1403, 명 영락(永樂) 원년] 癸未.

6월 29일; 한성윤(漢城尹)이 되다.

12월 12일; 승추원(丞樞院) 【혹은 승추부(丞樞府)라 한다】 제학(提學)이 되다.

선생 35세 : 태종 4년[1404, 명 영락 2년] 甲申.

4월 9일; 반성군(潘城君).

10월 23일; 계림윤 겸 권농관학병마절제사(鷄林尹兼勸農管學兵馬節制使)가 되다.

12월 11일; 보문각제학 겸 판전의감사(寶文閣提學兼判典醫監事)가 되다.

선생 36세 : 태종5년[1405, 명 영락 3년] 乙酉.

4월 25일; 헌관(獻官)에 차임되어 백악(白嶽)에서 기우제를 지내다.【일기에서 보충했다.】

선생 37세 : 태종6년[1406, 명 영락 4년] 丙戌.

정월 25일; 전라도관찰사 동참지의정부사(全羅道觀察使同參知議政府事)가 되다.【《실록》에는 도관찰사(都觀察使)로 되어 있다. ○ 사전(史傳)을 살펴보면 명 황제가 환자(宦者) 황엄(黃儼)을 보내어 제주도 동불(銅佛)을 구하였는데, 황엄이 탐욕스럽고 잔학하여 여러 도에서 그 소문을 듣고는 두려워하였다. 공이 홀로 예로써 접대하니 황엄이 그 사나운 위세를 거두고 감히 방자하게 굴지 못했다. 서울에 돌아가서 태종에게 "전하의 충신은 오직 박은뿐입디다."라고 하였다.】

윤7월 13일; 좌군도총제부 동지총제 집현전직제학(左軍都摠制府同知摠制集賢殿直提學)이 되다.

선생 38세 : 태종7년[1407, 명 영락 5년] 丁亥.

2월 8일; 자헌대부(資憲大夫; 정2품 下階) 판권농시사(判勸農寺事)를 겸하다.

7월 30일; 판례빈시사(判禮賓寺事)를 겸하였는데, 민무구(閔無咎)의 죄를 논의하는 데 참여하지 않았기 때문에 탄핵을 받아 연금(軟禁) 상태[拘囚]에서 상소하여 정상(情狀)을 아뢰다. 【상소문이 본집(本集)에 보인다.】

9월 14일(癸亥)에 황태후가 붕어(崩御)하여 진향사(進香使)로 연경(燕京)에 가다.

당시 이조판서 남재(南在)·반성군(潘城君) 박은·계림군(鷄林君) 이승상(李升商)을 파견하여 연경에 가게 하였는데, 남재는 진위사(陳慰使), 이승상은 부사(副使)로서 표전(表箋)을 받들었고, 박은은 진향사(進香使)가 되어 제문(祭文)을 받들었는데, 제문은 다음과 같다. "지극하도다, 곤도(坤道)의 온순한 덕이여, 진실로 건도(乾道)의 원덕(元德)과 화합합니다. 아, 황후의 크고 아름다운 덕이여, 지존(至尊)과 짝할 수 있습니다. 절조가 견고하고 백성을 사랑하였으며, 검소하고 부지런하셨습니다. 하늘의 두터운 은혜로 자식을 낳아 복을 전하니 태교가 더욱 빛나시어 장차 만세에 이르도록 황후로서 만방(萬方) 기르시리라 믿었는데 어찌 하늘이 남겨두지 않아, 천하 사람들이 근심을 머금게 하십니까. 돌아보건대 우리나라는 특별한 은혜를 입었으니 부음을 듣고 놀라고 두려워 울음을 삼키며 어쩔 줄 몰랐습니다. 멀리서 간소한 제수를 올려 작은 정성을 펼치오니, 우러러 바라옵건대 훌륭하신 신령께서는 굽어 살피시어 흠향하소서." 이에 준비한 제수 물품을 준비했는데, 모시 베와 삼베 각 백 필과 인삼 백 오십 근을 가지고 갔다.

선생 39세 : 태종 8년[1408, 명 영락 6년] 戊子.

2월 17일; 판전농시사(判典農寺事)를 겸하다.

18일; 연경에서 돌아와 숙배(肅拜)하다. 【이해 5월, 태조 승하하였다.】

10월 3일; 대사헌의 직책으로 불러 출사하게 하니 계사(啓辭; 아뢴 글)가 있다. 계사는 본집에 보인다. 【일찍이 앞의 일로써 탄핵을 받았기 때문이다. 지난 8월 18일 대사헌 남재가 의정부의 상소로 논박당해 체직되었기 때문에 필시 공이 그 대신이었을 터인데 상고할 수 없다.】 ○《실록》을 살펴보건대, 대간이 번갈아 상소를 올려 대사헌 박은을 다음과 같이 탄핵하였다. "대사헌의 임무는 임금의 득실과 백관의 잘못을 모두 바로잡는 일이니, 만약 마음이 바르지 않고 물망(物望)이 미덥지 않은 사람이라면 해낼 수 없습니다. 저번에 훈척·대간·법사(法司)가 민무구·민무질(閔無疾)의 불충한 죄를 모두 소를 올려 죄를 청할 때, 지금 참지의정부사(參知議政府使) 박은은 밤낮으로 아부하며 교분이 깊었던 까닭에, 대의를 생각하지 아니하고 병이 낫다고 핑계대고 문을 닫고서 사태의 추이를 엿보았습니다. 대간들이 이 까닭으로 심히 미워하여 아울러 그 죄를 청하다가 마침내 전하의 위엄을 범하여 옥에 갇혔는데도 박은은 자기의 죄를 모면하려고 틈을 타서 상서(上書)했으니 그 심술이 바르지 않음을 단연코 알 수 있습니다. 그런데 지금 도리어 은혜를 입어 마침내 헌부(憲府)의 수장(首長)이 되었으니 신등은 박은의 마음씨가 간사하여 사헌부의 수장으로는 적합지 않

다고 생각합니다. 임금께서는 재결해 주시기를 엎드려 원하옵니
다."하니, 임금이 대간의 상서가 번갈아 올라오는 것을 보고 재계
청(齋戒廳)에 나와 장령(掌令) 신한(辛僩)·정언(正言) 이종화(李種
華)를 불러 직접 다음과 같이 말하였다. "죄가 있는 사람은 마땅히
죄를 받아야 하겠지만, 죄 없는 공신을 죄가 있다고 하여 죄를 주
려고 하는 것은 무엇 때문인가. 과인이 대신을 뽑아 쓸 때 너희들
이 매번 탄핵하니 내가 누구와 함께 정치를 하겠느냐. 또 너희들
은 박은이 상서한 것이 잘못이라고 하는데 그렇다면 재상은 상서
도 못한단 말이냐." 이에 신한 등이 대답하였다. "재상이 어찌 상
서를 할 수 없겠습니까. 다만 수직(守直; 연금 상태) 중에 있으면서
상서하여 자기 죄를 모면하려고 꾀하였으므로 신등은 심술이 바
르지 않다는 것입니다." 임금이 다시 말하기를 "수직 중인 자는 또
한 상서도 할 수 없느냐. 너희들이 민무구와 민무질에게 벌주기를
청하는 상소에서 '삼가 전하를 위하여 취하지 않겠습니다."라고
하였으니, 내가 사사로운 은혜로써 공의(公義)를 폐했다면 너희들
의 질책을 받아야 하겠지만, 박은의 경우야 어찌 감히 그렇다고
하겠는가."라고 하였다. 신한 등이 나가자 명하여 각자 집에 돌아
가게 하고 드디어 박은을 불러 일을 보게 하였다.】

　　13일; 가정대부(嘉靖大夫; 종2품 上階) 참지의정부사 겸 사헌부
대사헌(參知議政府事兼司憲府大司憲)이 되다. 【지난 12일, 사간원
에서 대사헌 박은과 장령 신한에게 죄주기를 청하였다. 사헌부 관
원의 직책을 가지고 있으면서 머뭇거리며 민무구 등의 죄를 청하
지 않았다는 것이다. 임금이 노하여 간관(諫官)을 경상도로 유배
보냈는데, 필시 이 일로 인해 품계 한 등급이 강등되었을 것이다.】

18일(경인); 상서하여 민무구·민무질 등의 죄를 논하다. ○ 상소문은 본집에 보인다. 【《실록》을 살펴보건대, 의정부 좌정승 성석린(成石璘)이 상서(上書)하여 다음과 같이 말하였다. "민무구·민무질의 불충한 죄는 온 나라 신민들이 함께 들어 아는 바입니다. 저번에 신등이 다시 백관을 이끌고 그 죄를 바로잡기를 청하였는데 전하께서 훈척(勳戚)이라 차마 갑자기 법대로 처리하지 못하시고 목[首領]을 보전하도록 해주셨습니다. 민무구 등은 다시 살려 준 은혜를 생각지 않고 무리지어 방탕한 짓을 하고 제멋대로 행동하며 고치는 바가 없었습니다. 요사이 대간에서 누차 법에 따라 시행하기를 청하는데 전하께서는 그 죄를 이미 알면서도 즉시 윤허하지 않으시니 신등은 간악한 이들이 징계하는 바가 없고 나라의 법이 문란해질까 두렵습니다. 엎드려 바라옵건대, 전하가 지극히 공평한 도에 의거하여 한결같이 대간의 청을 따라 그 죄를 명백히 바로잡는다면 길이 만세토록 신하들의 경계가 될 것입니다." 박은이 또 상소하여 죄를 주라고 청하였고, 형조좌참의(刑曹左參議) 윤규(尹珪) 등도 소를 올려 말하였다. 임금이 이에 참찬의정부사(參贊議政府事) 유량(柳亮)·대사헌 박은·사간(司諫) 유백순(柳白淳)과 서선(徐選)·의정부사인(議政府舍人) 박강생(朴剛生)·검상(檢詳) 신개(申槩)를 불러 명하였다. "민무구·민무질이 부처(付處)한[6] 곳에 있는데 어찌 붕당을 끌어들일 수 있겠는가. 무지한 사람이 친구의 정으로 가서 보면 다만 거절하지 못했을 뿐이리라. 내가 일찍이 교서(敎書)를 반포한 것은 대중(大衆)에게 이르고자 한 것이지, 다

---

6) 부처(付處) : 벼슬아치에게 어느 곳을 지정하여 머물러 있게 하는 형벌.

시 죄를 가하려고 한 것이 아닌데, 전후(前後)의 언관(言官)이 죄를 청하기를 그치지 않는다. 지금 국가(國家)가 마침 액운(厄運)을 만나 대상(大喪)을 당하였고[7] 대신(大臣)이 많이 죽었으며, 기후(氣候)가 고르지 못하여 음기가 숨고 양기가 지나치게 성하며 혹은 어두운 안개가 사방에 가득하고, 혹은 홍수를 당해 오곡(五穀)이 익지 않았다. 또 사신(使臣)이 나라에 온 지가 이미 반년이 넘었으니, 나의 근심이 한두 가지가 아니다. 비록 이 일이 아니더라도 잠시도 마음 편안할 때가 없는데, 정부(政府)·대간(臺諫)·형조(刑曹)가 또 소장(疏章)을 올리니, 그들을 먼 땅에 옮겨 두게 하겠다. 만일 두 사람이 예전의 마음을 고치지 않고 붕당(朋黨)을 불러들여 왕래한다면 서로 만나보는 자도 반드시 딴 마음이 있는 것이니, 그때에 이르러 다시 그 죄를 청하면 내가 마땅히 들어 허락하겠다. 지금 경들을 불러서 분명하게 말하는 것은 장차 내 마음을 편케 하려는 것일 뿐이다. 마땅히 이 뜻을 깨달아 다시는 거듭 청하지[申請] 말라." 이에 민무구를 황해도 옹진진(瓮津鎭)으로 옮기고 민무질을 강원도 삼척진(三陟鎭)으로 옮겨 두었다. 조금 뒤에 두 도(道)의 감사(監司)에게 명하여, 옹진·삼척의 수령에게 농장에 적합한 땅과 넓고 깨끗한 집을 가려서 주게 하였다.】

22일; 위관(委官)·우찬성·형조참의·사간(司諫)과 함께 순금사(巡禁司)에[8] 함께 앉아 죄인을 국문하였다.【《일기》에 의해 보충하였다.】

11월 7일; 집현전대제학(集賢殿大提學)을 겸하다.【이달 1일에

---

7) 대상(大喪)을 만나고 : 이해 오월에 태조가 승하한 것을 가리킴.
8) 순금사(巡禁司) : 후에 의금부로 개칭되었음.

헌부에서 상소하여 영의정 하륜(河崙)의 죄를 청하였다. 임금이 노하여 대관(臺官) 가운데 집의(執義) 이하를 가두고 마침내 쫓아냈는데, 대사헌은 이름이 보이지 않는다. 공은 필시 10월 22일에 삼성(三省)에 함께 앉아 죄인을 국문한 뒤 체직된 것이리라.】

선생 40세 : 태종 9년[1409, 명 영락 7년] 己丑,

2월 25일; 판내섬시전의감사(判內贍寺典醫監事)를 겸하다.【정월 17일에 형조판서 박은과 정랑(正郎) 성엄(成揜)에게 직무를 그만두게 하였으니 사헌부의 장계가 잘못되었기 때문인데, 이로 말미암아 비로소 관직을 바꾸게 되었다.】

4월; 쇄권색(刷卷色)9)을 설치하니 별감(別監)이 되어 십년 이래 각 사(司)에서 사용한 재정 비용을 하나하나 비교하고 검사하다.10)【이조판서(吏曹判書) 유량(柳亮)·사간(司諫) 이회(李薈)·장령(掌令) 김익정(金益精)이 함께 임명되었다. ○《실록》에서 나온 것이다.】

8월 23일; 전라도순찰사(全羅道巡察使)가 되다.

9월 23일(임진일); 반성군 박은을 명소(命召)하여【병조판서 이귀령(李貴齡)·판한성부사(判漢城府事) 유정현(柳廷顯)이 아울러 명을 받았다.】부관(府官)으로 삼아 명일 아침 일찍 모여 죄인을 추

---

9) 쇄권색(刷卷色) : 나라의 각사(各司)에서 쓰는 재정 비용을 감사(監査)하기 위하여 임시로 특별히 설치한 기관. 쇄권은 조사·검사의 의미이고, 색(色)은 담당을 의미한다.

10) 별감(別監)이 되어 :《조선왕조실록》4월 19일 조에는 이 때 박은이 별감이 아니라 제조(提調)에 임명되었다고 기술되어 있는데 제조가 맞는 것 같다.

국하게 하면서 임금이 "내가 전임 부관들이 그르다고 여겨서 경들에게 대신하게 하는 것이 아니다. 대저 심문하는 자가 많으면 공정한 실상이 드러나기 때문이다."라 하였다. 【《실록》에서 나온 것이다.】

10월 12일; 경상도순찰사가 되다. 【이때, 황엄(黃儼)이 군사를 요청하러 온다는 소문이 있었기 때문에 이 명이 있었다.】

16일; 보문각제학 겸 판의용순금사사(寶文閣提學兼判義勇巡禁司事)가 되다. 신축일에 이귀령·설미수(偰眉壽)와 함께 대궐에 나가 이무(李茂)를 율문(律文)에 따라 논죄할 것을 청하다.

12월 24일; 【《일기》에는 19일이라고 되어 있고 《실록》에는 병진일이라고 쓰여 있다.】; 서북면도순문찰리사 겸 병마도절제사 평양윤(西北面都巡問察理使兼兵馬都節制使平壤尹)이 되다. 서북도 호구 둔전(戶口屯田; 戶給屯田)의 지출을 면제해 해달라고 주청하다. ○ 장계가 본집에 보인다. 【《실록》에서 나온 것이다.】

선생 41세 : 태종 10년[1410, 명 영락 8년] 庚寅.

정월 18일; 겸직은 모두 전과 같다. 【오직 병마도절제사의 직함만 감하였다.】

4월; 서북면 여러 고을의 성에 대한 공사가 끝났다고 장계를 올리다. ○ 장계는 본집에 보인다. 【《실록》에서 나온 것이다.】

5월; 황제가 북적(北狄; 몽고족)을 친정(親征)한다는 조서(詔書)의 녹본(錄本; 복사본)을 얻어서 바치다. 조서는 이러하다. "짐이 천명을 받고 태조 고황제(太祖高皇帝)의 큰 기업(基業)을 이어받아 만방(萬方)을 통어하고 만물을 어루만져, 무릇 사이(四夷)로서 궁벽지고 먼 곳에 있는 이들도 좇아 교화되지 않은 사람이 없다. 오직 북쪽 오랑캐의 남은 종자(種子)들만이 황복(荒服)의 변방에 처하여 감히 흉포함을 자행하므로, 여러 번 사신을 보내어 타일렀으나 도리어 번번이 사신을 구류하고 살육하였다. 근자에 그들이 변방을 노략질하므로, 변방 장수가 이를 잡아서 재차 사신을 시켜 호송해 돌려보냈더니, 다시 구류하여 죽였다. 은혜를 이처럼 빨리 배반하였으니 덕으로 어찌 회유하겠는가? 하물며 시랑(豺狼)과 같은 야심(野心)은 탐욕스럽고 사나우며 교활하고 바르지 못하여 자신의 백성들에게도 포학하니, 그 무리가 목을 늘여 소생(蘇生)하기를 기다린다. 천도(天道)로 상고하면 그 운수가 이미 마쳤고, 인사(人事)로 증험하면 그 무리가 이미 떠났다. 짐이 지금 육군(六軍; 全軍)을 친히 거느리고 가서 정벌하여 위무를 크게 떨치고, 하늘의 징벌을 밝히려 한다. 그리고 짐에게는 필승할 법도가 다섯 가지가 있으니, 큰 것으로 작은 것을 치고, 순(順)한 것으로 역(逆)을 취하고, 치도(治道)로 어지러움을 치고, 편안함으로 번다함을 치고, 기쁨으로 원망하는 이들을 위로하는 것이니 섬멸시키지 못하는 것이 없으리라. 죄 있는 자를 소탕하고 사막을 청소하여 곤란에 빠진 사람을 어루만져 주어, 강역(疆域)이 잘 다스려지고 편안하게 되어, 백성들은 물자를 보내는 괴로움이 없고, 장사(壯士)들은 굶주림과 추위를 무릅쓰고 전투해야 할 근심이 없을 것이다. 갑옷을 벗고 베개를 편히 베고 잘 수 있을 것이고, 한번 수고하면 오래 편안하고 잠시 힘들면 영원히 평안할 것이다. 중외(中外)에 포고(布告)하여 모두 들어 알게 하는 바이다.”

5월; 상소하여 서북면 백성의 호급둔전(戶給屯田)을 면제하여 백성들의 피폐를 구제해 주기를 청하다.[11] ○ 상소문이 본집에 보인다. 상소하여 영홍현(永興縣) 사람 노귀택(盧貴澤)의 처 장귀(庄貴)의 정려문을 세워줄 것을 청하다. ○ 상소문이 본집에 보인다. 【《실록》에서 나온 것이다.】

9월; 글을 조정에 올려 중국 사신이 이달 15일에 압록강을 건넌다고 알리다. 【《일기》에서 보충한 것이다】

10월; 평양성 공사가 다 끝났음을 아뢰다. ○ 장계가 본집에 보인다. 【《세고(世稿)》와 《실록》에 '관원 한 명도 태형을 가하지 않고 병졸 한 명도 곤장을 치지 않고서 60여 일에 공사를 마쳤다.'는 등의 말이 있다.】 임금이 상호군(上護軍) 우박(禹博)을 보내어 재물과 비단과 궁중술, 약물을 하사하여 위로하니 전(箋)을 올려 은혜에 사례(謝禮)하다. ○ 전(箋)은 잃어버려 전하지 않는다.

11월; 지의정부사(知議政府事)로 소환되다.

12월 10일(임인일)에 병조판서 집현전제학 겸 판훈련관사(判訓鍊館事)가 되다.

선생 42세 : 태종 11년[1411, 명 영락 9년] 辛卯.

정월 7일; 평양에서 조정으로 돌아와 사은숙배하다. 【《일기》에서 보충한 것이다.】

저화(楮貨; 종이돈)를 바치면 형벌을 면제하라는 명이 있었는데, 이응(李膺)·황희(黃喜)와 더불어 "법을 가볍게 고칠 수 없다."고 아뢰어 다른 의논을 냈다.

---

11) 이 기사는 전년 12월 24일자 기사와 중복되었다.

　6월 신묘일; 임금이 면복(冕服; 冕旒冠과 袞服, 祭禮 복장)을 입
고, 세자와 백관을 거느리고 종묘 4실(宗廟四室)과 신의왕후(神懿
王后)에게 옥책(玉册)을 올렸는데, 찬성사(贊成事) 이천우(李天祐)
을 봉책사(奉册使)로 삼고, 병조판서(兵曹判書) 박은(朴訔)에게 별
제(別祭)를 지내게 하였다. 【《실록》에서 나온 것이다.】

　7월 20일; 사헌부 대사헌이 되다.

　8월 18일; 대궐에 나아가 【좌사간(左司諫) 이덕명(李德明)과 함
께】 남은(南誾)·황거정(黃居正) 등의 죄를 청하다.

　24일; 호조판서 겸 판전농시사(判典農寺事)가 되다.

　윤12월 19일; 반성군(潘城君).

　같은 달 을해일에 사직하다. 【《실록》에서 나온 것이다.】

선생 43세 : 태종 12년[1412, 명 영락 10년] 壬辰.

　【《세고(世稿)》에 '《일기》를 잃어버려 내용이 빠져 있다.'고 되
어 있다. ○ 이제 《실록》에 의거하니 지난 윤12월에 사직한 것으
로 보인다.】

선생 44세 : 태종 13년[1413, 명 영락 11년] 癸巳,

　4월 7일; 정헌대부(正憲大夫) 금천군 겸 판사재감사(錦川君兼判
司宰監事)가 되다.

　6월 2일; 금천군 겸 판의용순금사사(錦川君兼判義勇巡禁司事)[12]
가 되다.

---

12) 태종 13년에 지방 제도 개편으로 반남현이 나주(羅州)에 통폐합됨으로
　써 반성군이 금천군으로 개칭된 것이다.

9월 병자일; 계(啓)를 올려 사형수의 경우 세 번 심리하는 법을 시행할 것을 청하다. ○ 계(啓)가 본집에 보인다. 【《실록》에서 나온 것이다.】

10월 22일; 참찬의정부사(參贊議政府事)가 되다. 【《실록》에 의하면 갑오년(1414) 2월에 이러한 제수(除授)가 있었다.】

선생 45세 : 태종 14년[1414, 명 영락 12년] 甲午,

정월 28일; 겸직은 모두 전과 같다.

2월 10일; 집현전 대제학이 되다.

4월 15일; 노비변정도감 제조(奴婢辨正都監提調)가 되다. 【한상경(韓尙敬)·박신(朴信)이 함께 명을 받았다. 《일기》에 의해 보충한 것이다.】

8월; 금천군 우군총제(錦川君右軍摠制)가 되다. 【《실록》에서 나온 것이다.】

12월 20일; 금천군(錦川君) 노비 사건을 삼성(三省)에[13] 내려 시비를 분간하게 하다.

24일; 삼성(三省)에서 금천군 노비 소장을 올리니 그대로 노비를 속공(屬公)시켰다.

25일; 사헌부에서 금천군 노비 사건으로 죄를 논하니 보류하고 회답하지 않다. 【《실록》에서는 11월 기미일이라고 하였다.】 출사하여 직무를 보도록 명하다. 【지난 11월, 사헌부에서 박은·정탁(鄭擢)·이래(李來) 등의 죄를 청하였으니, 부실한 사건을 가지고 소송

---

13) 삼성(三省) : 의정부·사헌부·의금부를 말한다.

했기 때문이었다. 두세 번 거듭 아뢰었으나 회답하지 않았다. 이로 인해 공이 사직하였기 때문에 이러한 명령이 있었다.】

선생 46세 : 태종 15년[1415, 명 영락 13년] 乙未,

정월 17일; 숭정대부(崇政大夫) 금천군(錦川君)이 되다.【공신에게는 직책을 맡기지 않았다.】○ 명하여 노비 7명을 주고 "박은은 공신이다."라 하다.【《실록》에서 나온 것이다.】

27일; 집현전 대제학을 겸하다.

4월; 윤향(尹向)과 함께 민무회(閔無悔)·윤사영(尹思永)·권집지(權執智)를 석방하지 말라고 주청하였다. ○ 계(啓)가 본집에 보인다.【《실록》에서 나온 것이다.】

상소하여 정도전(鄭道傳) 등의 죄를 바로잡기를 청하였다. ○ 상소문이 본집에 보인다.

6월 11일; 공신 유사(功臣有司) 금천군 박은·청성군(靑城君) 정탁(鄭擢)】이 민무휼(閔無恤)의 죄를 청하다.【《일기》에 의해 보충한 것이다.】

19일; 이조판서에 임명되다.【윤향은 호조판서에, 이원(李原)은 예조판서에, 유창옥(劉敞玉)은 옥천부원군(玉川府院君)에, 정탁(鄭擢)은 청성부원군(靑城府院君)에 임명되었다.】 전일의 "공신은 일을 맡기지 않는다."는 하교가 이로부터 고쳐지게 되었다.【《실록》에서 나온 것이다.】

7월; 상소하여 창고를 열어 백성 구휼하기를 청하니, 임금이 그 의견을 좇았다.【상소문이 본집에 보인다.】

글을 올려 "옛 제도를 고치지 말 것"을 아뢰니, 임금이 대언(代

言) 등에게 "박은의 말은 진실로 옳다. 옛사람이 백성 다스리기를
헝클어진 노끈 다스리는 것같이 하라고 하였으니 마땅히 육조(六
曹)와 더불어 내 뜻을 체득하여 새 법도를 만들지 말고, 다만 조용
히 다스려야 하리라." 하였다.

중외(中外) 관리들이 탐욕스러워 정치의 조목을 어지럽히니 육
조에게 의론해서 아뢰도록 하라고 주청하니, 임금이 그 의견을 좇
았다. ○ 계(啓)가 일실되어 전하지 않는다. 【《실록》에서 나온 것
이다.】

임금이 편전에서 정사를 볼 적에 민무휼·민무회에게 죄줄 것을
청하다. 【이숙번(李叔蕃), 박신(朴信)·이원(李原) 등과 함께 청하니,
하교하기를 "이 일은 이미 끝났다. 어찌 다시 청하는가? 누가 인정
이 없으리오. 특별히 장모가 있기 때문에 법대로 논하지 못하는
것이다." 하니, 이숙번이 말하였다. "누가 전하의 지극한 정리를
알지 못하겠습니까? 다만 민무휼·민무회의 범한 죄가 애매하여
사람들이 함께 알지 못하기 때문에 신등이 바라는 바는 유사에 내
리어 밝게 문안(文案)을 세워 그 죄를 환히 보인 뒤에 특별히 넓은
은혜를 내리어 생명을 보전하게 하기를 이거이(李居易)의 고사(故
事)와 같이 하면 사은(私恩)과 공의(公義) 두 가지가 다 이루어질
수 있을 것입니다. 또 삼성(三省)은 국가의 기강이라 잠시도 없을
수 없으니, 만일 모두 적당치 않거든 마땅히 고쳐 임명하고, 만일
그 죄가 없거든 마땅히 출사하도록 명해야 할 것입니다."하였다.
임금이 "삼성(三省)이 직무에 나오는 것을 내가 어찌 바라지 않을
까마는, 특별히 출사하도록 명하면 또 다시 전과 같을 것이요, 비
록 다른 사람으로 바꾸더라도 반드시 또 뒤를 이어 청할 것이다.

그러므로 즉시 다시 직무에 나오도록 명하지 않은 것이다." 하니,
이숙번이 말하기를, "조선의 신하로서 하늘을 이고 땅을 밟으면서
자고 먹는 자라면, 누가 죄를 성토하여 충성을 다하고자 하지 않
겠습니까? 또 전하가 비록 그들의 생명을 보전하고자 하더라도 나
라 사람들이 따르지 않을 것입니다. 그러나 이거이(李居易)도 또한
생명을 보전할 수 있었으니, 이 예에 의거한다면 편할 것입니다."
하였고, 이에 임금이 하교하기를, 이미 일찍이 육조와 대간에게
위임하여 조정에서 힐문하게 하였으니, 어찌 명백해지지 않았겠
는가? 만일 유사(攸司)에게 내리면 고문할 터인데, 반드시 대부인
(大夫人)의 마음을 상하게 할 것이다. 민무휼·민무회가 내가 일찍
이 민무구(閔無咎)·민무질(閔無疾)을 주살하였으므로 항상 화가
미칠까 봐 염려하고 마음에 의심을 품었다가 형적을 가릴 수 없게
되어 드디어 이 지경에 이르렀으니, 내가 비록 용서하더라도 어찌
덕(德)에 감사하겠는가? 다만 송씨(宋氏)가 세상을 떠난 뒤에 제거
해야 하리라. 지난번에 중련(中連)에 나가 있도록 명하였을 때에
내가 이질에 걸려서 민무휼 등에게 이르기를, '내가 만일 평안히
있으면 너희들도 마땅히 근심이 없을 것이고, 내가 만일 편안치
못하면 너희들의 화가 더욱 빠를 것이다.'라고 한 것도 또한 이 뜻
이었다." 하였다. 이숙번이 "민무구·민무질이 해를 당한 까닭에
복수할 마음을 품은 것이 아닙니까?" 말하니, 임금이 "그렇지 않
다. 일찍이 민무회를 살펴보니 성질이 본래 사납고 고약하여 어질
지 못하였다. 어찌 형제의 원수를 돌아보겠느냐. 지난번에 계사(啓
事)로 말미암아 두 형의 일을 가련하게 여기지 않는다는 것을 알
았다. 다만 다른 음모가 있어 화가 미칠까 염려된다."고 하였다.

이숙번 등이 끝까지 캐어묻기를 굳이 청하였으나 임금이 한참동안 천정만 쳐다보고 여전히 유사(攸司)에게 차마 내리지 못하였다.

계사(啓事)가 끝나자 여러 판서는 종종걸음으로 나가고 이숙번과 박은이 남아 있었다. 임금이 재변에 말이 미치자 탄식하였다. "근자에 재변이 거듭 이르는 것을 보고 정사를 힘껏 닦아 밝히고자 하나, 어떤 일을 반드시 행하여야 되고 어떤 일을 마땅히 그만두어야 할지를 알지 못하겠다. 매양 지극한 논의를 널리 구하여 뜻을 가다듬어 행하고자 하나, 또한 훌륭한 논의와 좋은 말을 듣지 못한다. 반찬을 줄이고 음악을 그만두는 것은 또한 말단의 일이다. 그러나 마음에 대단히 근심되므로 또한 그렇게 하지 않을 수 없다." 하고, 또, 탄식하기를, "일 년 내내 가물어서 벼가 마르고 어제는 큰 바람이 불어 나무가 뽑히고 곡식이 손실되었으니, 무슨 선하지 못한 일이 쌓여서 이러한 여러 재앙을 가져 오는가? 내가 일찍이 방문을 닫고 가만히 생각하니 살고 싶지가 않았다. 즉위한 이래로 공덕(功德)이 백성을 복되게 한 것이 없다. 근일에 교하(交河)의 백성들이 '멸망할 때를 당하여 이런 재변이 있다'고 하였다니 어찌 부끄러움이 없겠는가. 정사를 도모하는 대신은 서로 바뀌고 나는 오래 재위(在位)하였으니, 세자에게 전위(傳位)하여 조금 근심과 걱정을 풀고자 하나, 세자가 어려서 일을 경험하지 못하였으므로 또한 그렇게도 하지 못한다. 누가 밤낮으로 이처럼 근심하고 고민하는 나의 마음을 알겠느냐" 하고서 인하여 눈물을 줄줄 흘리고 슬픔을 스스로 이기지 못하니, 이숙번과 박은 등이 황공하고 놀라 우러러보지 못하고 말하였다. "전하가 지성스럽고 간절한 마음으로 하늘을 공경하고 백성을 근심하여 정성이 천지에 닿았습니다. 그러므로 사방이 다스려져 편안하고 백성들이 모두 생업을 즐깁니다. 이 같은 가뭄은 성탕(成湯)도 면하지 못한 것입니다” 하였다. 이때 임금이 가뭄을 근심하여 날마다 한 끼씩 들고 혹 땡볕 가운데 나가 앉기도 하니 병환이 나서 이질에 걸렸는데 매우 괴로워하다가 한참 뒤에야 회복되었다. ○《실록》에서 나온 것이다.】

8월 무진일; 이조(吏曹)에서 대간(臺諫)을 고공(考功; 근무 성적 평가)하는 일에 대하여 논계(論啓)하다. ○ 계(啓)가 본집에 보인다. 【임금이 “본사(本司)에서 여럿이 모여 앉아 운운한다” 하였다. ○《실록》에서 나온 것이다.】

9월 30일; 임금이 이때 동계(東界)에서 순행하며 사냥하다가 강릉 대화역(大和驛) 서쪽 들에 이르자 술을 가지고 가 문안하다. 【《일기》에 의하여 보충하였다.】

10월; 한성부 화재에 대비할 것을 주청하다. ○ 계(啓)가 본집에 보인다. 【유정현(柳廷顯)이 연명하여 계(啓)를 올렸다. ○《실록》에서 나온 것이다.】

17일(신사); 이군실(李君實)을 보내어 이천(伊川)에서 강무소(講武所)를 살펴보게 하라고 주청하다. ○ 계(啓)가 본집에 보인다. 【박신과 함께 주청하였다. ○《실록》에서 나온 것이다.】

12월; 대간에게 도력장(都歷狀)을 올리게 하라고 주청하다. ○ 계(啓)가 본집에 보인다.【《실록》에서 나온 것이다.】

15일(무인); 대군 이비(李褈)의 생일에 민씨(閔氏)의 죄를 주청하다. ○ 계는 본집에 보인다. 임금이 의정부 참찬(參贊) 황희(黃喜)·이조판서 박은(朴訔)·지신사(知申事) 유사눌(柳思訥)에게 명하여 민씨(閔氏)가 음험하고 참혹하며 간사하고 교활하여 대군 이비(李褹)가 처음 태어났을 때 그 모자(母子)를 사지(死地)에 둔 죄를 갖추어 쓰게 해서 왕지(王旨)를 내리려 하였는데, 제술(製述)한 것이 뜻에 맞지 않아 하지 않았다. 【《실록》에서 나온 것이다.】

민무휼·민무회가 대군 이비 모자를 죽이고자 한 죄를 국문하여 죄안(罪案)을 분명하게 기록하다. 【좌사간 조계생(趙啓生)·집의(執義) 정초(鄭招)·의금부 제조(提調) 이천우(李天祐)와 허조(許稠)가 함께 명을 받았다. ○ 《실록》에서 나온 것이다.】

선생 47세 : 태종 16년[1416, 명 영락 14년] 丙申.

5월 16일; 판중군도총제부사(判中軍都摠制府事)가 되다. 【《일기》에는 3월이라고 쓰여 있는데 아마도 옳지 않은 듯하다.】

29일; 추충익대동덕좌명공신 대광보국숭록대부 의정부우의정 겸 수문전대제학 영경연사 세자부 금천부원군(推忠翊戴同德佐命功臣大匡輔國崇祿大夫議政府右議政 兼修文殿大提學領經筵事世子傅錦川府院君)이 되다. 【이때에 남재(南在)는 영의정, 유정현은 좌의정이 되었다. ○ 《실록》에는 5월에 우의정이 되었다 하고, 세고(世稿)에는 3월이라고 쓰여 있다.】

5월; 전제(田制)에 관한 상소를 올리다. ○ 상소문이 본집에 보인다.

이때에 명하여 공신전(功臣田)·별사전(別賜田)·과전(科田)·사사전(寺社田)의 절반을 충청도·경상도·전라도에 옮겨 지급하고 20결(結) 이하는 그전대로 두었다. 그러므로 상소했던 것이다. 【《실록》에서 나온 것이다.】

상소하여 이숙번(李叔蕃)의 죄를 논하다. ○ 소가 본집에 보인
다. 이때에 임금이 가뭄을 걱정하고 여러 대신들이 날마다 나아가
다투어 헌의(獻議)하여 가뭄 그치게 하는 방법을 올리느라 분주했
는데 이숙번은 병을 핑계대고 여러 달 동안 대궐에 나오지 않았
다. 이날 승정원에 전지를 내려 "이숙번이 근자에 어째서 대궐에
출입하지 않는가?"라 하고, 그 불경하고 무례한 여섯 가지를 들어
말하고 이르기를 "이 같은 신하가 있으니 하늘이 무슨 비를 내리
겠는가." 하였다. 【《실록》에서 나온 것이다.】

6월 21일(신사); 명을 받아 관제(官制) 늘리는 것을 의논하다. 임
금이 편전(便殿)에서 정사를 보고, 의정부의 유정현(柳廷顯)·박은
(朴訔)·박신(朴信)·윤향(尹向)·심온(沈溫)과 육조 판서 이원(李原)·
황희(黃喜)·안등(安騰)·민여익(閔汝翼), 대사헌 김여지(金汝知), 우
사간(右司諫) 박수기(朴竪基) 등을 불러 보고 이 일을 의논하니 여
러 사람이 "쓸데없는 벼슬을 도태시켜야 지 늘려서는 안 됩니다."
라고 하였다. 【《실록》에서 나온 것이다.】

7월 15일(갑진); 명을 받아 원단(圓壇)에서 제사지내다.【제사하
여 비를 얻는 곳이다. ○ 《실록》에서 나왔다.】

12월 2일; 좌의정의 훈계(勳階)에 이르고 겸직은 모두 예전과 같
다. 【세자부(世子傅) 직함만 없어졌고《일기》에 이조의 직책을 겸
하였다고 하는 것은 사전(史傳)이나 행장의 기록과 합치한다. 이때
유정현이 영의정, 한상경(韓尙敬)이 우의정이었다.】

7일; 영서운관사(領書雲觀事)와 세자사(世子師)를 겸하고 판이조
사(判吏曹事)도 겸하다. 【《일기》에는 이조의 직책을 겸한 것이 12
월 2일로 되어 있는데, 사전(史傳)·행장과 일치한다.】

선생 48세 : 태종 17년[1417, 명 영락 15년] 丁酉.

2월 기미; 한상경·신구(申救)·심도원(沈道源)과 함께 대궐에 나아가 계(啓)를 올리다. ○ 계(啓)는 본집에 보인다.

처음에 우의정 한상경(韓尙敬)과 함께 강무할 곳을 올렸는데, 사인(舍人) 심도원(沈道源)을 시켜 아뢰기를, "충청도 순성(蓴城)을 춘등강무장(春等講武場)으로 하고, 강원도 횡성(橫城)을 추등강무장(秋等講武場)으로 하기를 청합니다."라 하니, 임금이 노하여 말하였다. "횡성은 곧 전일에 정부(政府)와 대간(臺諫)이 의논하여 결정한 곳인데, 그때는 어찌하여 한 마디 말도 언급하지 않았는가. 그리고 지금은 강무한다는 명령도 없는데 어찌하여 이런 말을 하느냐. 내가 각림사(覺林寺)에 간다고 핑계대고 강무를 하려 한다고 여기는 것 아니냐. 내 어찌 강무하고자 했겠느냐. 그러나 강무는 옛 제도인 것이다. 만일 강무하는 것을 그르다고 한다면, 이 앞서 강무하였을 때에 여러 재상과 대간은 어찌하여 저지하지 않았느냐. 이것이 곧 임금의 악(惡)을 조장하는 것이다. 원주(原州)의 각림사는 내가 어렸을 적에 유학한 곳이므로, 사우(寺宇)와 산천이 매양 꿈속에 들어오는 까닭에 한 번 가보고 싶었을 뿐 애초부터 부처를 위함은 아니었다. 만약에 눈이 녹기를 기다려서 간다면 반드시 '이를 핑계 삼아 강무한다.'고 할 것이니, 모름지기 눈이 쌓였을 적에 가야겠다."고 하였다. 그리고 대언(代言) 서선(徐選)·승전 내관(承傳內官) 최한(崔閑)을 의금부(義禁府)에 내렸으니, 서선 등은 지난 가을에 정했던 강무장을 을미년의 일이라고 했으므로 임금이 자신을 속였다고 해서 가두도록 명한 것이다. 또 조말생(趙末生)에게 명하여 집으로 돌아가라고 하였다가, 이튿날 서선·

최한 등을 방면하여 각기 집으로 돌려보내고, 조말생은 불러 직무를 보게 했기 때문에 대궐에 나가 계를 올린 것이다.

2월 12일(기사) 춘추제술법(春秋製述法)에 관한 논의를 올리다. ○ 논의가 본집에 보인다. 【《실록》에서 나온 것이다.】

윤 5월; 중국 사신 황엄(黃儼)이 온다는 말을 듣고 대궐에 나가 계를 올리다. ○ 계(啓)가 본집에 보인다.

형조판서 권진(權軫)을 보내어 북경에 가서 황제에게 문안하게 하였다. 애초에 영의정 유정현(柳廷顯)·좌의정 박은·우의정 한상경 등이 중국 사신 황엄이 온다는 말을 듣고 대궐에 가서 아뢰었다. 조말생은 "예전에 한상경이 호조 판서가 되었을 때, 흠문기거사(欽問起居使)로 경사(京師)에 갔었고 희천군(熙川君) 김우(金宇)도 이와 같았습니다. 이것이 본시 예(例)입니다."라 하였다. 한상경이 "신은 황제가 북정(北征)하였을 때 사신이 되어 행재소(行在所)에 나아갔고, 김우가 간 것은 황제가 남경(南京)으로 돌아온 뒤였으니, 남경과 우리나라는 멀리 떨어져 있습니다. 지금 황제가 가까이 북경에 있으니, 어찌 권진을 보내어 상서로운 기운을 펴는 것이 옳지 않겠습니까."라 하였고, 박은은 "인정(人情)은 가까우면 꼭 직접 보고자 하는 것입니다. 전하께서 친조(親朝)하실 수 없다면 중신(重臣)으로 대신 가게 함이 좋겠습니다."라 하였다. 임금이 "경들의 말이 매우 옳다."라 하였다. 【《실록》에서 나온 것이다.】

6월; 장제(葬制)를 논의하다. ○ 논의가 본집에 보인다. 【《실록》에서 나온 것이다.】

7월 15일(무진); 단자(緞子)와 채견(彩絹)을 하사받다.【전지(傳旨)에 "황제가 하사한 물건은 독차지해서 써서는 안 된다. 그러므로 각 전(殿)에 나누어 올리고 나도 한 필을 택해 옷을 지어 입고자 한다. 대신에게 입게 하는 것도 마땅하다.”고 하였다.】

10월 23일(을사);[14] 지방의 과전(科田)에서 조세를 거두는 법을 의논하여 만들었다. ○ 논의가 본집에 보인다. 【《실록》에서 나온 것이다.】

12월 3일, 영춘추관사(領春秋館事)가 되다.

4일(을유); 사관(史官) 천거하는 법을 고칠 것을 주청하다. ○ 계는 본집에 보인다. 【《실록》에서 나온 것이다.】

15일(병신); 명을 받들어 서운관(書雲觀)에 소장한 음양서로서 요사스럽고 허탄하여 옳지 못한 것들을 태워버렸다. 조말생이 함께 명을 받았다. 【《실록》에서 나온 것이다.】

선생 49세 : 태종 18년[1418, 명 영락 16년] 무술,

정월 신해일, 모시·생사 두 필을 하사받다. 【유정현·한상경도 같았다. 《실록》에서 나온 것이다.】

2월 무자일에 대궐에 가서 수라를 들라고 주청하다. 【영의정 유정현·우의정 한상경·육조 판서·육조 참판·삼군총제(三軍摠制)가 연명하여 계를 올렸다.】 ○ 계가 본집에 보인다. 【《실록》에서 나온 것이다.】

장서(葬書) 문제를 논의하여 올리다.

다시 논의하다. ○ 아울러 본집에 보인다. 【《실록》에서 나온 것이다.】

---

14) 10월 23일(을사) : 원 연보에는 갑진(甲辰, 22일)로 된 것을 《실록》에서 을사일(23일)로 고쳤다.

개성 유후사(開城留後司)에 이어(移御)하는 시기를 다시 정하도
록 주청하다. 【유정현도 같이 하였다.】 ○ 계는 본집에 보인다.
【하교하여 "도로가 진흙탕이라면 대소인원이 어찌 시름과 고통이
없겠는가. 경들의 말을 따르겠다."고 하였다. ○《실록》에서 나온
것이다.】

3월 병진일, 임금이 천수사(天水寺) 서쪽 산등성이에 와서 영의
정 유정현·좌의정 박은, 두 사람이 한양으로 돌아가는 것을 전송
하며 내구마(內廐馬)를 각각 한 필씩 하사한 뒤 "경들은 이 말을
타고 두 도읍을 왕래하라."고 하였다. 대답하여 "성상의 덕이 이와
같으니 만약 이 말을 타고서 불의를 한 가지라도 저지른다면 재앙
이 후손에 미칠 것입니다."라고 하였다. 【《실록》에서 나온 것이
다.】

4월 기묘일, 신효창(申孝昌)을 서용(敍用)해서는 안 된다고 비밀
히 계를 올리다. ○ 계가 본집에 보인다.

계사일에 신효창의 죄를 상소하다. 【유정현도 같이하였다.】 ○
계가 본집에 보인다. 임금이 "옛사람의 말에, '협박을 받아 따른
것은 죄를 다스리지 않는다.'고 하였는데, 정용수(鄭龍壽)·신효창
등이 동북면(東北面)에서 한 행위는 스스로 한 짓이 아니다. 다시
는 죄를 청하지 말라."고 하였다.

다시 신효창 등에게 죄줄 것을 주청하다. ○ 계가 본집에 보인
다. 【《실록》에서 나온 것이다.】

5월 갑자일에 또 신효창·김한로(金漢老) 등의 죄를 청하다. ○
계가 본집에 보인다. 임금이 "의정(議政)의 말이 옳다. 그러나 그
때 태조께서 노심초사하시었으므로 내가 신효창·정용수에게 떨어

지지 말고 시위(侍衛)하게 하여 여러 곳에서 모시고 다님으로써
태조의 마음을 너그럽게 해드리게 하였다. 이미 내 명령을 받고
갔으니 무슨 죄가 있겠느냐. 그때를 당하여 안우세(安遇世)를 시켜
나에게 알린 것도 이 두 사람뿐이었다. 지난번에 이미 죄가 없다
고 용서하고, 지금 또 죄가 있다고 벌주면 한 번을 옳고 한 번은
그르니, 그때가 혼주(昏主)라면 이때는 명주(明主)가 되는 것이요,
이때가 혼주라면 그때는 명주가 되는 것이다. 한 몸으로서 한 가
지 일을 처리하는 데 어찌 앞뒤를 서로 다르게 하겠느냐?"라고 하
였다.

박은이 "지금 여러 신하들의 마음은 잘못이 없으니, 법대로 처
리하여 뒷사람에게 감계를 보이는 것만 같지 못합니다."고 하니.
임금이 "여러 신하들의 마음이 잘못은 아니나, 내가 따르지 않는
것도 잘못이 아니다. 조정에서 법대로 처리하고자 하는 것을 내가
너그럽게 용서하는 것도 넉넉히 뒷날의 감계가 되는 것이다."라
하였다. 아룀이 끝나자 박은이 물러나 중사(中使)를 시켜서 다시
아뢰었다. 【《실록》에서 나온 것이다.】

경오일; 약주를 하사하다.

6월 8일에 세자사(世子師)가 된다. 【이달 3일, 《실록》에서는 6월
신사일로 되어 있다. ○ 양녕(讓寧)을 폐하고 충녕(忠寧)을 세워
세자로 삼았다. ○ 《일기》에 의해 보충한 것이다.】

이때에 의정부(議政府)·삼공신(三功臣)·육조(六曹)·삼군 도총제
부(三軍都摠制府)·각사(各司)의 신료들이 상소하여 세자를 폐하도
록 청하였다. 유정현·박은·한상경·유창(劉敞)·정탁(鄭擢)과 육조·
삼군·대간에서 모두 조계청(朝啓廳)에 나오니, 조말생(趙末生)·이

명덕(李明德) 등이 임금의 명령을 전하기를, "세자 이제(李褆)가 간신(奸臣)의 말을 듣고 함부로 여색에 미혹되어 불의를 자행하였다. 만약 후일에 생살여탈의 권력을 마음대로 하게 된다면 형세를 예측하기 어렵다. 여러 재상들은 이 점을 자세히 살펴서 나라에서 바르게 처리해야 하리라."고 하였다.

이에 의정부·육조·삼공신·삼군도총제부, 문무 대소 각사 신료 등이 말씀드렸다. "신등이 조용히 생각해 보건대, 신하의 직분은 충효에 있고 충효가 어그러지면 사람이 될 수가 없는데 하물며 세자이겠습니까? 지난번에 세자가 역신(逆臣) 구종수(具宗秀) 등과 통하여 불의를 자행하였으니 즉시 폐하여 추방하는 것이 합당한데 전하께서 받아들이라 하여 차마 갑자기 폐하지 못하였습니다. 또 세자가 스스로 그 잘못을 진술하여 이미 종묘에 고하게 하고 또 글을 올리게 하여 그가 자신을 새롭게 하고 스스로 다스리기를 바랐으니, 전하의 마음이 자애롭다고 이를 만합니다. 세자가 마땅히 해야 할 바는 깊이 자책하여 허물을 면해서 종묘의 중책을 이어받고 군부(君父)의 은혜에 보답할 일을 생각하는 것인데, 세자는 일찍이 허물을 뉘우쳐 자신을 새롭게 할 뜻이 없고 간신 김한로(金漢老)의 음모를 듣고 다시 전날의 잘못을 저질렀으니 심한 점이 있는 듯합니다. 그 죄가 하늘을 속이고 종묘를 속이고 임금을 속이고 아버지를 속이는 데 이르렀으니, 그가 종사를 이어받아 제사를 주장할 수 없음은 또한 더욱 분명합니다. 전하가 이에 부자(父子)의 사사로운 은혜로써 김한로를 외방으로 내치는 데 그쳤으니, 종사와 국가의 대계(大計)가 어찌 되겠으며 억조 신민들의 소망(所望)이 어찌 되겠습니까. 대소 신료들이 분하고 답답하게 여기지 않음이 없으나 다만 일이 중대하였기에 감히 말하지 못한 것입니다. 이제 세자는 허물을 뉘우치지 아니할 뿐만 아니라 도리어 원망하고 노여운 마음을 일으켜 오만하게 글을 올리니 그 말이 이치에 어긋나고 오만하여 조금도 신자(臣子)의 뜻이 없습니다. 신들이 놀라고 두려워하고 전율하여 죽음을 무릅쓰고 상서합니다. 엎드려 바라건대, 전하는 태조가 처음 나라를 세울 때의 어려움을 생각하고 종사 만대의 대계(大計)를 생각하시어 대소 신료의 소망을 따르소서. 대의(大義)로써 결단하여 세자를 폐하여 외방으로 내치도록 허락하시면 공도(公道)에 매우 다행이겠으며 종사에 매우 다행이겠습니다."

다음날 임오일에 세자 이제(李褆)를 폐하여 광주(廣州)에 추방하고 충녕대군(忠寧大君)으로서 왕세자를 삼았다. 영의정 유정현·좌의정 박은·우의정 한상경 등이 조계청에 모였다. 유정현이, "신이 배우지 못하여 옛일을 알지 못하나 일에는 상경(常經)과 권도(權道)가 있습니다. 마땅히 어진 이를 가려야 할 것입니다."라고 하니, 박은이 말하기를 "아버지를 폐하고 아들을 세우는 것이 고제(古制)가 있다면 괜찮겠지만 없다면 어진 이를 가려야 할 것입니다."라고 하였다.

7월 초하루(기유)에 명을 받아 원단(圓壇)에 제사지내다.【원단은 하늘에 제사하는 곳이다.】

계축일에 대궐에 가서 비 내린 일을 하례 드리고, 이에 계를 올려 임금께 술을 들 것을 주청하다. ○ 계는 본집에 보인다.【《실록》에서 나온 것이다.】

정해일에 새 임금이 즉위하는 일들에 대해 논의하다. 논의가 본

집에 보인다. 【《실록》에서 나온 것이다.】

8월 무자일; 명을 받고 상왕(上王)과 부왕(父王)에게 존호(尊號) 올리는 일에 대해 논의하다. 임금이 말하기를, "부왕(父王)이 나에게 효도하라는 가르침은 따르지 않을 수 없다. 그러하니 정부·육조에게 그 일을 의논하여 아뢰게 하라." 하니, 이명덕(李明德)이 명을 받아 정부·육조에 물었다. 유정현·박은·이원(李原)·박습(朴習)·조말생(趙末生) 등은 다음과 같이 말하였다. "상왕이 비록 먼저 즉위하였으나 부왕의 공덕이 깊고 무겁습니다. 하물며 주상께서 왕위를 부왕에게서 받은 경우이겠습니까. 마땅히 가까운 데서부터 먼 데에 미쳐야 하니, 마땅히 부왕을 높여 태상왕(太上王)으로 삼아야 할 것입니다. 상왕은 그대로 상왕이 되는 것입니다." ○ 이달 태종이 세종에게 선위하였다. 【《실록》에서 나온 것이다.】

8월 기축일; 봉숭도감 도제조(封崇都監都提調)가 되다. 【이원이 아울러 명을 받았다. ○ 《일기》와 《실록》에서 보충한 것이다.】

8월 14일(신묘); 임금이 상왕전(上王殿)에 행차하였다. 지신사(知申事) 하연(河演)에게 명하여 좌의정 박은의 집에 가서 일을 의논하게 하니15) 이원(李原)의 논의와 같았다. 또 박은이 "개국 이후에 상왕이 처음으로 천자의 고명(誥命)을 받아 중국을 지성스럽게 섬겨왔는데 이제 왕위를 주고받으면서 마음대로 할 수는 없는 것입니다."라고 하였다. 【병에 걸려 대궐에 나아갈 수 없었기 때문이었다. 이달 10일에 태종이 이미 세종에게 전위하였는데, 이 때 영의정 한상경·우의정 이원을 불러 일을 의논하고 이어 이런 일이 있

---

15) 일을 의논하게 하니 : 여기에서의 일은 명(明)에 세종의 즉위를 알리는 일을 말한 것이다.

었다. ○《일기》와《실록》이 같다.】

8월 을유일; 비로소 경연을 여니, 영경연사(領經筵事) 박은·이
원, 지경연사(知經筵事) 유관(柳觀)·변계량(卞季良), 동지경연사(同
知經筵事) 이지강(李之剛)·참찬(參贊) 하연(河演)·김익정(金益精)·
이수(李隨)·윤회(尹淮), 시강관(侍講官) 정초(鄭初), 유영(柳穎), 시
독관(試讀官) 성개(成槪), 검토관(檢討官) 김자(金赭), 부검토관(副
檢討官) 권도(權蹈) 등이 《대학연의(大學衍義)》를 강론하였다.
【《국조보감(國朝寶鑑)》에서 나온 것이다.】

9월 정사일; 인장(印章)과 면복(冕服)에 대한 논의를 올리다. ○
논의가 본집에 보인다.【《실록》에서 나온 것이다.】

10월 기묘일; 제사를 도운 여러 집사(執事)들에게 의정부에서 연
회를 베풀어 주었다. 아헌관(亞獻官) 박은에게 안장 갖춘 말을 하
사하였다.

신축일; 계를 올려 첫눈이 내린 것을 하례(賀禮)하다. ○ 계는
본집에 보인다. 【이원(李原)·변계량(卞季良)이 함께 올렸다. ○
《실록》에서 나온 것이다.】

11월 계축일; 봉숭례(封崇禮; 상왕으로 높이는 의식)를 올린 뒤
에 헌수(獻壽)하는 예(禮)에 대한 계(啓)를 올리다. ○ 계가 본집에
보인다. 【《실록》에서 나온 것이다.】

8일 갑인일; 봉숭(封崇) 예식의 상왕 진책관(進策官)이 되다.16)
이때 큰 눈이 와서 평지에 한 자 남짓 쌓였다. 백관이 조복(朝服)
을 입고 회랑에 서 있고, 임금은 곤룡포를 입고 면류관을 쓰고 인

---

16) 봉숭(封崇) : 여기에서는 상왕(上王)에게 존호를 올리는 의식을 말함.

정전(仁政殿)에 나아가 옥책(玉册)과 금보(金寶)를 받들어 성덕신
공상왕(聖德神功上王)이라는 상왕의 존호와 후덕왕대비(厚德王大
妃)라는 대비의 존호를 올렸다. 임금이 친히 상왕의 책보(册寶)를
진책관 박은(朴訔)과 진보관(進寶官) 이원(李原)에게 주고, 대비의
책보를 진책관 남재(南在)와 진보관 유정현(柳廷顯)에게 주어 인정
전의 문에까지 보내 왔다. 박은 등이 책보를 받들고 수강궁(壽康
宮)에 이르러 이를 올렸다. 상왕의 책(册)에는, "국왕 신(臣) 모(某)
는 재배하고 삼가 책(册)을 받들어 말씀을 올립니다. 삼가 생각하
옵건대 성신(聖神)의 신묘함은 비록 형언할 수 없사오나 신하의
정리(情理)로서는 반드시 휘호(徽號)를 높이게 됩니다. 이에 떳떳
한 법을 거행하여 효를 펴나이다. 삼가 생각하옵건대 상왕 전하는
고명(高明)함이 하늘에 짝할 만하고 박후(博厚)함은 땅과 같습니
다. 성조(聖祖)를 도와서 나라를 세웠으며, 적장(嫡長)을 높여서 성
업(成業)을 지켰습니다. 덕은 백왕(百王)에 으뜸가서 순(舜)과 문왕
(文王)의 본바탕에 합하고, 공은 만대에 높아서 탕왕(湯王)과 무왕
(武王)과 부합합니다. 하늘을 공경하고 백성을 사랑하는 정성을 돈
독하게 하고 대국을 섬기고 이웃 나라와 교제하는 도리를 다하였
습니다. 지인(至仁)이 두루 미쳐 이 세상을 태평하게 만들었습니
다. 이 어려운 자리를 물려받은 걸 생각하니 두려움이 많사온데
아름다운 덕을 밝히고자 하면 마땅히 부왕을 높이는 의식을 다해
야 되겠습니다. 이에 신료를 거느리고 책례(册禮)를 행합니다."라
고 하였다.

상왕이 "옛 사람들이 눈을 상서(祥瑞)라 하였고 더구나 유사(有
司)가 이미 준비하였으니, 날을 변경할 수가 없다. 백관(百官)을 빼

고 책사(冊使)만 오는 것이 좋겠다."고 하였다. 명령을 내려 상왕
의 뜻에 따라 궁중 길로 가서 헌서(獻書)를 올렸다. 박은·이원·남
재·유정현과 독책관(讀冊官) 변계량 등이 대궐 안의 잔치에 배석
하였다. 【《실록》에서 나온 것이다.】

  병인일; 사람을 죽이려다 미수에 그친 자를 용서하지 말라고 주
청하다. ○ 계가 본집에 보인다. 【《실록》에서 나온 것이다.】

  이원과 함께 연해(沿海) 수령들은 문무(文武)의 재주를 겸한 자
들을 선발해야 한다고 주청하였다. ○ 계가 본집에 보인다. 【《실
록》에서 나온 것이다.】

  12월 정축일; 상왕과 임금이 수강궁 연침(燕寢)에 나가 박은을
불러 가례(嘉禮)의 일을 의논하고 술자리를 베풀어 악공에게 문밖
에서 피리를 불게 하였다. 【《실록》에서 나온 것이다.】

  기해일; 명을 받들어 문소전(文昭殿) 제사를 대신해서 올리다.
임금이 문소전에서 제사를 지내려고 별궁에서 재계를 하였는데
꿈자리가 사나워 다시 날을 잡으라고 명하였다. 원숙(元肅)이 "제
사 음식이 이미 갖추어졌으니 아헌관(亞獻官)에게 대신하게 하소
서."라 하여, 즉시 박은에게 명하여 대신해서 제사를 올리게 하였
다. 【《실록》에서 나온 것이다.】

선생 50세 : 세종 원년[1419, 명 영락 17년] 己亥.

  2월 신묘일; 문무과(文武科)를 선발하는 방법을 아뢰다. ○ 계가
본집에 보인다. 【《실록》에서 나온 것이다.】

  4월 임신일; 문과 전시(殿試) 독권관(讀卷官)이 되어 책문의 글
제를 의논하고 조상치(曹尙致) 등 33인을 선발하다. 【《세고》에는

3월 29일이라 하였다. ○ 변계량·허조(許稠)·원숙·이수(李隨)가 함께 명을 받았다.】

4월 무자일; 좌의정 영경연사 겸 세자빈객(左議政領經筵事兼世子賓客)에 다시 제수되다. 【이사봉(李沙峯)의 〈명덕실기(明德實記)〉에서 나온 것이다.】

5월 정미일; 낙성된 태조의 진전(眞殿)에 대해 명을 받고 논의하다. ○ 논의가 본집에 보인다. 【《실록》에서 나온 것이다.】

신해일; 평도전(平道全)을 보내어 일본 왜선과의 싸움을 돕게 하라고 아뢰다.[17] ○ 계는 본집에 보인다. 【《실록》에서 나온 것이다.】

임신일; 박만(朴蔓)·박문숭(朴文崇)의 죄를 청하다. 【《실록》에서 나온 것이다.】

7월 기유일; 항복한 왜인들을 나누어 안치(安置)하도록 아뢰다. 【유정현과 같이한 것이다.】 ○ 계는 본집에 보인다. 【《실록》에서 나온 것이다.】

10월 갑술일; 중국에 부고(訃告) 보내기를 아뢰다.[18] ○ 계는 본집에 보인다. 【《실록》에서 나온 것이다.】 ○ 계는 본집에 보인다. 【《실록》에서 나온 것이다.】

임오일; 대마도를 초유(招諭)하는 방법에 대해 헌의(獻議)하다. 【유정현·이원·변계량·신상(申商)과 함께 논의하였다】 ○ 논의는 본집에 보인다. 【《실록》에서 나온 것이다.】

11월 3일; 기유일에 상왕이 오매패(烏梅牌)를 하사하다.[19] 【〈사

---

17) 평도전(平道全) : 일본인으로 조선에 귀화하여 벼슬이 상호군에 이르렀다.
18) 부고(訃告) : 정종의 죽음을 의미한다..

봉실기(沙峯實記)〉에서 나온 것이다.】

12월 경오일; "정안지(鄭安止)의 됨됨이가 어눌하나 정직하고 글씨를 잘 쓰니 사신이 될 만하다."고 아뢰다. 【《실록》에서 나온 것이다.】

선생 51세 : 세종 2년[1420, 명 영락 18년] 庚子.

3월 임진일; 예조에서 "시호를 올리는 예는 흉사에 속하는 것입니다. 지금 달을 날로 쳐서 3년의 상제가 이미 끝났다 하오나 만일 채붕(彩棚)을 만들고 풍류를 사용한다면 중국 사신이 아마 예에 어긋난다고 할 것이며, 또 만일 하지 않는다면 사신을 박대한다고 할 것입니다."라 하였다. 임금이 원숙(元肅)을 박은의 집에 보내 이 일을 묻게 하니 박은이 "원접사에게 통지하여 물어 보는 것이 가합니다."라고 하였다. 【《실록》에서 나온 것이다.】

4월 임인일; 임금이 내린 술을 받들고 벽제역(碧蹄驛)에 가서 사신을 맞아 위로하다. 【정역(鄭易)과 함께 명을 받았다. ○《실록》에서 나온 것이다.】

5월 경오일; 명을 받고 원구(圓丘)에서 제사 지내 비를 빌다. 【정탁(鄭擢)이 함께 명을 받았다. ○《실록》에서 나온 것이다.】

신미일; 술을 하사 받다. 【성석린(成石璘)·한상경·유정현·이원이 같이 받았다.】

병술일; 원경왕후(元敬王后)의 상을 중국에 알리는 일에 대해 헌의하다. 【《실록》에서 나온 것이다.】

---

19) 오매패(烏梅牌) : 속이 검은 매화나무로 만든 패. 임금이 대신을 부를 때 사용하는 명패다.

7월; 국장도감 도제조(國葬都監都提調)가 되다. 【이원이 함께 명을 받았다. ○ 원경왕후가 막 돌아가셨다. 《비록(秘錄)》에 의해 보충한 것이다.】

9월 병인일(초하루); 보충군(補充軍)을 노비 신분으로 되돌리는 [還賤] 조항(條項)에 대해 헌의하다. ○ 논의가 본집에 보인다. 【《실록》에서 나온 것이다.】

10월 을사일(10); 임금이 친히 광효전(廣孝殿)에 나가 겨울 제사를 지내고, 좌의정 박은을 보내어 종묘 제사를 대행하게 했는데, 국상 후에 처음으로 악(樂)을 사용하였다. 【《실록》에서 나온 것이다.】

정사일(22); 재상직의 사면(辭免)을 청하다. 【상왕이 "내가 주상을 통하여 경의 뜻을 알았거니와 다시는 청하지 말고 각자 자기의 직분을 다하여 주상을 잘 보필하라."고 하였다. ○ 《실록》에서 나온 것이다.】

11월 1일(을축); 임금이 친히 광효전에 제사를 올릴 것과 태조의 상제(喪制) 채용을 청하여 비로소 백관들이 배제[陪祭; 제사 참례]하던 것을 그만두었다.

5일(기사); 임금이 원숙(元肅)을 박은·이원의 집에 보내 동지(冬至)에 헌수(獻壽)하는 일, 도목정(都目政)에서 관직을 그만둔 자를 다시 서용(敍用)하는 일, 처음으로 주는 녹봉을 두 번으로 나누어 주는 일 등을 물었다. 대답하기를 "종묘에서 이미 음악을 사용하였으니, 헌수할 때에 어찌 음악이 없을 수 있겠습니까. 도목정과 봉록을 나누어 주는 등의 일에 대해서는 임금의 말씀이 진실로 합당합니다."라고 하였다.

12월 정미일; 임금이 광효전에 나아가 납향 제사를 올리고 낙천정(樂天亭)에 문안하니, 상왕이 유정현·박은·이원을 불러 일을 의논하고 조촐한 술자리를 베풀어 각각 꿩 10마리씩 하사하다. 【《실록》에서 나온 것이다.】

선생 52세 : 세종 3년[1421, 명 영락 19년] 辛丑.

5월 20일(신사); 명을 받들어 다시 대열(大閱)의 제도를 정하다. 【《실록》에서 나온 것이다.】

상소하여 유정현 등의 포상(褒賞)을 청하다. ○ 상소문이 본집에 보인다.

7월 경오일; 임금이 의원 양홍달(梁弘達)을 집에 보내어 문병하다.

계유일; 문소전 실안도제조(文昭殿實案都提調)가 되다. 【《실록》에서 나온 것이다.】

8월 임인일; 일찍 세자를 세워 국본(國本)을 정하기를 청하다. 【《실록》에서 나온 것이다.】

9월 경오일; 명을 받아 공정왕(恭靖王)의 신주를 종묘에 모신 뒤에 중앙과 지방의 하례를 받을 것인지 논의하다.[20] 【변계량이 함께 논의하였다.】 ○ 논의가 본집에 보인다. 【《실록》에서 나온 것이다.】

계미일; 좌의정 박은에게 술 열병을 하사하였으니 병들어 집에 있었기 때문이었다. 【《실록》에서 나온 것이다.】

12월 7일; 병으로 좌의정을 그만두다. 【《일기》에 의해 보충한

---

20) 공정왕(恭靖王) : 조선의 2대 임금인 정종(定宗)의 시호.

것이다.】

병오일; 병이 깊어지다. 두 분 임금이 김익정(金益精)을 보내어 이원에게 묻기를 "좌의정의 병이 깊으니 누가 대신할 수 있겠는가?"라고 하였다. 【《실록》에서 나온 것이다.】

선생 52세 : 세종 4년[1422, 명 영락 120년] 壬寅.

5월 9일; 세상을 떠나다. 조회를 사흘 동안 파하다. 【10일 인시(寅時)에 태종이 승하하다.】

9월 19일; 시호를 평도(平度)로 낙점하다. 【기강을 펼쳐 다스리는 것[布綱治紀]을 평(平)이라 하고, 마음이 능히 의(義)로 제어함[心能制義]을 도(度)라 한다.】

10월; 예관(禮官) 정지담(鄭之澹)을 보내어 제사를 지내고 직제학(直提學) 어변갑(魚變甲)이 동행했다. 【세종이 상중이라 시행치 못하다가 이때에 제사를 내린 것이다.】

처음에 양주(楊州) 남쪽 중량포(中良浦)에 장사지냈는데, 연산조(燕山朝) 때 그 땅에 회릉(懷陵; 廢妃 尹氏墓, 懷墓)을 썼다. 그러므로 광주(廣州) 북쪽 구천면(龜川面) 고다기리(高多歧里; 高德里) 계좌(癸坐)의 언덕으로 옮겼다. 이 즈음 행장이 이루어졌다. 【지은이의 이름이 빠졌다.】 [1980년대 초, 고덕지구 개발 사업으로 다시 경기도 파주군 문산 당동리로 이장하였다.]

연산군 6년[1500, 명 홍치(弘治) 13년] 庚申.

7월 24일; 손자 숭질(崇質)이 묘갈명을 지었다.

선조 6년(1573); 현손(玄孫) 승임(承任)이 도승지 재직 시, 각종

자료를 취합하여 연보를 찬(撰)하였다. [금천부원군 평도공 정안의
제후지[錦川府院君平度公政案題後誌] 참조.

숙종 때; 9세손 박세채(朴世采)가 신도비명을 지었다.

영종(英宗) 경인년(1770); 13세손 박지원(朴志源)이 광주(廣州)의
수령이었을 때 새 비석을 세웠고 음기(陰記)를 지었다.

순조 갑자년(1804); 13세손 박준원(朴準源)이 적곤리(迪昆里) 종
가(宗家) 우측에 따로 사당을 지었다.

신묘년(1831); 15세손 박주수(朴周壽)가 중건하였다.

고종(高宗) 때; 15세손 박규수(朴珪壽)가 종가 좌측에 옮겨 세웠
다. 경인년 6월 전쟁 화재에 파괴되었다.

순종(純宗) **정미년**(1907); 《반양세고(潘陽世稿)》가 간행되었다.
【문정공(文正公)·평도공(平度公)·참판공(參判公) 삼 세대 원고를
합하여 간행하였다.】

신축년(1961) 7월 15일; 문집이 완성되었다.

금천부원군 평도공 정안의 제후지[錦川府院君平度公政案題後誌]

5대손 승임

간찰 한 통이 선조 평도공(平度公 : 박은<朴訔>)의 중자(仲子) 세
양공(世襄公 : 박강<朴薑>)[21]의 종가(宗家)에 보관되어 있는데, 제

---

21) 세양공(世襄公) : 문집의 목판 원본에는 '양도공(襄度公)'으로 되어 있으
나, 《반남박씨세보》를 살펴면 평도공(平度公)의 중자(仲子) 휘 강(薑)의

목은 '금천부원군평도공정안(錦川府院君平度公政案)'이라고 되어
있다. 대개 홍무(洪武 : 명<明>나라 태조<太祖>의 연호) 11년(고려
우왕 4, 1378)에서 영락(永樂 : 명나라 성조<成祖>의 연호) 15년(태
종 17, 1417)까지, 말직인 숭복(崇福)에 제수될 때부터 극품(極品)인
공상(公相)에 임명될 때까지 모든 이력이 남김없이 편록(編錄)되어
있다. 지금의 3품 이하의 관직처럼 매 3년마다 개좌(開坐 : 해당
관원이 모여서 회의를 함)하여 이조(吏曹)에 초본(草本)을 통보하
였다. 다만 여기서는 개좌가 1품에까지 적용되었으니, 아마도 당
시의 법이 그러했던 것인가? 행장(行狀)의 경우는 누가 지은 것인지
모르겠으나, 대략만 갖추어 미세한 곡절은 자세하지 못한 듯하다.

　또 한 통의 간찰이 일가 집에 전해지고 있는데, 머리에 '금천부
원군박모졸(錦川府院君朴某卒)'이라고 쓰고, 그 아래에 이어서 '모
자모운운(某字某云云)'하여 썼으니, 하나같이 행장을 모방하였으
나 말이 조금 더 늘었고, 또 중간에 행장에 서술되지 않은 일들이
많이 실려 있었다. 간간히 억양(抑揚 : 평가를 내림)이 있고 말단
(末端)에서 결말을 맺기를 '자모자모(子某子某)'라고만 되어 있고
다른 것은 언급하지 않았다. 요즘 귀한 신하가 죽었을 때 사관(史
官)이 쓰는 줄기(卒記 : 역사서 뒤에 적는 사자<死者>에 대한 간단
한 평)가 정히 이와 유사하였다. 이는 필시 당시 태사(太史 : 사관)
의 기록인데, 얻어서 베껴낸 것이리라.

　이제 정안(政案)을 위주로 하여 그 수말(首末)을 보충하여 연보
(年譜)를 만들고, 그 행장(行狀)과 옛 간첩(簡帖)에 서술된 것을 뽑

　시호는 '세양(世襄)'으로 되어 있으므로 본문에서는 이것을 바로잡는다.

아서 각 연도의 아래에 나누어 기록하였다. 다만, 행장은 이미 앞에서 전부 실었으므로 그 개괄만 대략 보일 따름이다.

승임(承任)이 말예(末裔) 후생(後生)으로서 항상 공의 평생 언행을 자세하게 얻어 듣지 못한 것을 한스럽게 여겼는데, 모갑년(某甲年)에 은대(銀臺 : 승정원)의 장(長)으로 승핍(承乏)[22]되었을 적에 당후(堂后)에 소장(所藏)된 일기(日記)를 가져다가 살펴보았다. 국조(國祖)께서 창업(刱業)하던 초기에는 제도가 아직 갖추어지지 않았고 헌묘조(獻廟朝 : 태종<太宗>의 묘호<廟號>)에 이르러서 비로소 이른바《일기(日記 : 승정원일기)》가 있게 되는데, 매우 초략(草略)하여 간혹 한 달이 끝나도록 단지 상하관(上下官)의 성명(姓名)과 사·불사(仕不仕)만 기록된 것도 있었다. 비록 간간히 한두 가지 기록한 바가 있더라도 또한 단결(斷缺)이 많아 전말(顚末)을 갖추지 않았다. 그래서 공의 이름이 영락(永樂) 3년(태종 5, 1405)에 비로소 보이고 그 전에는 비어서 상고할 곳이 없었다. 3년 이후의 제배(除拜)하고 체천(遷遞)한 것은 모두 정안(政案)과 합치되었고 간혹 작은 오류가 있었다. 언론(言論)이나 시조(施措)의 경우에는 단지 몇 단(段)만 있는데, 모두 긴요한 것이 아니었다. 대부(臺部 : 사헌부)에서의 규획(規畫)과 묘당(廟堂 : 의정부)에서의 모유(謀猷)는 개략이라도 보이지 않으니, 직임(職任)을 수행하는 체제가 옛날과 지금이 달라서 그런 것인가? 어찌 하나같이 소략하기가 이처럼 심하단 말인가? 겨우 남아 있는 기록들은 비록 긴요하지는 않지만 또한 대략 연도 아래에 부기(附記)해 둔다.

---

22) 승핍(承乏) : 인재가 부족하여 재능이 없는 사람이 벼슬을 얻었다는 겸사(謙辭)이다.

참고문헌

1. 基本史料

鄭麟趾·金宗瑞 等撰;《高麗史》
金宗瑞 等撰;《高麗史節要》
實錄廳編;《朝鮮王朝實錄》중《太祖實錄》·《定宗實錄》·《太宗實錄》·《世宗實錄》

2. 文集 等

李穀;《稼亭集》
田祿生; 埜隱逸稿
李穡;《牧隱詩藁》
李存吾;《石灘集》
鄭夢周;《圃隱集》
李崇仁;《陶隱集》
鄭道傳;《三峰集》
徐居正 等撰;《東文選》
朴世采編;《潘陽二先生遺稿》
潘南朴氏大宗中編;《潘南朴氏世譜-世蹟篇》

3. 後人 著述

李相佰;《李朝建國의 研究》을유문화사, 1949.

韓永愚;《鄭道傳思想研究》서울대 출판부, 1973.

許興植;《高麗科擧制度史研究》一潮閣, 1981.

洪承基;《高麗時代奴婢研究》한국연구원, 1981.

邊太燮;《高麗史의 研究》三英社, 1982.

崔在錫;《韓國家族制度史研究》일지사, 1983.

金忠烈;《高麗儒學史》고려대출판부, 1984.

李景植;《朝鮮前期土地制度史研究》일조각, 1985.

金龍善;《高麗蔭敍制度研究》한국연구원, 1987.

申千湜;《牧隱 李穡의 學問과 學脈》一潮閣, 1998.

朴贊洙;《高麗時代教育制度史研究》景印文化社, 2001.

高惠玲;《高麗後記士大夫와 性理學 受容》一潮閣, 2001.

朴龍雲;《高麗時代史》一志社, 2008(1985 초판)

4. 論文

李喜寬;〈朝鮮初 太宗의 執權과 그 政權의 性格〉《歷史學報》vol 120. 1988.

金仁圭;〈太宗代의 公奴婢政策과 그 성격〉- 太宗17년 公奴婢推刷事目을 중심
　　으로 -《歷史學報》vol 136, 1992.

韓忠熙;〈조선 태종 왕권의 정치적 기반〉《대구사학》vol. 63, no.1.

成鳳鉉;〈朝鮮 太宗代 奴婢決折策과 그 性格〉- 太宗5年 '奴婢決折條目'을 중
　　심으로 -《진단학보》vol 88. 1999.

閔賢九;〈조선 世宗代초엽의 兩上體制와 國政運營〉《역사민속학》22. 2006.

池斗煥;〈조선초기國田體制확립 과정〉- 과전법 붕괴와 관련하여-《泰東古典研
　　究》vol 5. 1989.

朴贊洙

慶北 聞慶 出生(1939)
高麗大學校 文科大學 史學科 졸업
동 大學院에서 碩·博士 과정 마침(文學博士)
民族文化推進會(韓國古典飜譯院 前身) 附設 국역연수원 졸업
民族文化推進會 國譯·企劃室長, 事務局長 역임, 2000年 12月 停年退任, 退職 후 建國
　　大學校 忠州分校에서 5년간 講義[待遇敎授], 古典飜譯敎育院 全州分 院講師 歷任
著書: 高麗時代敎育制度史 硏究(大韓民國 學術院 推薦圖書, 서울 경인문화사)
　　　한국에서 쓴 일본역사이야기(서울, 솔출판사)
編著: 부수따라 漢字여행(도서출판 동화사〈대구〉서울지사)
　　　故事成語(서울, 코이나북스)
編譯: 十八史略選(서울, 도서출판 探求堂), 千字文(서울, 코이나북스)
譯書: 朝鮮王朝實錄·東史綱目·出林經濟·五洲衍文長箋散稿(이상은 共譯), 審理錄1·2
論文: 高麗時代敎育史 및 韓日關係史 관련 논문 多數

평도공(平度公) 박은(朴訔) 연구

2019년　3월 11일 초판 인쇄
2019년　3월 22일 초판 발행

저　　　자　朴贊洙
발　행　인　한정희
발　행　처　경인문화사
총 괄 이 사　김환기
편　집　부　한명진 김지선 박수진 유지혜
마　케　팅　전병관 하재일 유인순
출 판 신 고　제406-1973-000003호
주　　　소　파주시 회동길 445-1　경인빌딩 B동 4층
대 표 전 화　031-955-9300　팩 스　031-955-9310
홈 페 이 지　http://www.kyunginp.co.kr
이　메　일　kyungin@kyunginp.co.kr

ISBN 978-89-499-4797-6 93910
값　25,000원